高等职业教育汽车制造类专业系列教材
“互联网+”新形态立体化教学资源精品教材

新能源汽车电力电子技术

主　编·戴　璐　欧明文　熊少华

中国轻工业出版社

图书在版编目（CIP）数据

新能源汽车电力电子技术 / 戴璐，欧明文，熊少华主编. —北京：中国轻工业出版社，2022.8
高等职业教育汽车制造类专业系列教材
ISBN 978-7-5184-3903-4

Ⅰ.①新… Ⅱ.①戴… ②欧… ③熊… Ⅲ.①新能源—汽车—电力电子技术—高等职业教育—教材 Ⅳ.①U469.7

中国版本图书馆 CIP 数据核字（2022）第 037767 号

责任编辑：宋 博 王 淳
策划编辑：宋 博　　责任终审：李建华　　封面设计：锋尚设计
版式设计：霸 州　　责任校对：吴大朋　　责任监印：张 可

出版发行：中国轻工业出版社（北京东长安街 6 号，邮编：100740）
印　　刷：三河市国英印务有限公司
经　　销：各地新华书店
版　　次：2022 年 8 月第 1 版第 1 次印刷
开　　本：787×1092　1/16　印张：11.5
字　　数：265 千字
书　　号：ISBN 978-7-5184-3903-4　定价：45.00 元
邮购电话：010-65241695
发行电话：010-85119835　　传真：85113293
网　　址：http://www.chlip.com.cn
Email：club@chlip.com.cn
如发现图书残缺请与我社邮购联系调换
210508J2X101ZBW

本书编写人员

主　编　戴　璐　欧明文　熊少华

副主编　谭德权　李谟发　刘　珊

参　编　肖卫兵　卢文婕　叶　青

何丽嘉　朱建军　侯　迪

内容简介

本书系统性地介绍了新能源汽车电力电子知识，共包括六个项目。

项目一　新能源汽车充电装置。介绍常见的电子半导体器件；使学生了解和认识新能源汽车电力电子常用元件的相关知识。

项目二　新能源汽车整流电路和逆变电路一。介绍新能源汽车中的充电装置的电能转换方式，单相半波整流电路和单相逆变电路，使学生学习简单的电能转换电路。

项目三　新能源汽车整流电路和逆变电路二。介绍新能源汽车充电装置电能转换电路中更复杂的三相整流电路和三相逆变电路；使学生全面掌握整流电路和逆变电路。

项目四　新能源汽车电机控制装置。介绍新能源汽车电机控制方式，介绍单相、三相交流调压电路和工作原理，使学生学习新能源汽车的电机控制原理和相关元器件知识。

项目五　新能源汽车 DC/DC 转换器。介绍了 IGBT 元器件的知识，和新能源汽车将高压转为低压的 DC/DC 控制电路，使学生掌握新能源汽车电能转换电路。

项目六　新能源汽车变频器。介绍新能源汽车变频器的作用和工作原理，PWM 调制方式工作原理等，使学生掌握变频器的功能、作用和原理。

本书有课件、视频、动画等配套资源，扫描书中二维码即可获取。同时还有在线开放课程，网址：http://www.chlip.com.cn/qrcode/210508J2X101ZBW/mkwz.html。欢迎广大读者与我们在线交流。

在线开放课程

前 言

汽车产业的快速发展带来了能源危机和环境污染，这也成为限制汽车行业发展的主要瓶颈，因此新能源汽车产业是国家重点发展和大力扶持的产业。由于国家政策的扶持，新能源汽车产业得到飞速发展，新能源汽车市场将需要大量的销售、维修及其他相关方面的人才。教育服务于市场，领先于市场。针对几年后新能源汽车专业技术人员的“井喷”需求，职业院校必须提前培养新能源汽车专业人才，为今后的新能源汽车市场储备人才。

为此，我们通过企业调研，结合高职学校汽车专业课程目录、人才培养方案、课程标准、汽车职业资格标准、高职学生汽车专业技能大赛内容以及“1+X”等级标准，将“课、岗、证”相容，与企业技师一起编写了一套高职高专新能源汽车教材。本套教材以项目引领、任务驱动模式展开，希望将电力电子技术融入到新能源汽车运用中，以立德树人为本，将思政元素融入学习目标中，培养学生社会主义理想信念和核心价值观、将工匠精神、劳动精神、职业精神融入课程教学中，实现职业技能和职业精神培养双融合，使之更贴近职业教育特点。

本书采用任务驱动方式，技能训练为主线，学生分组接收老师安排的学习任务，学生在完成学习任务的过程中，有效地完成教学目标，并使学生逐渐养成职业习惯、安全意识、创新意识和劳动素养，树立工匠目标。并通过教学视频再现实训现场情景，提高学生视觉和听觉效果。加深对实操印象，激发学生的学习主动性，培养学生自我管理能力、分析问题和解决问题能力。本教材适合中高职新能源汽车专业及汽车相关专业的学生使用，同时还可供汽车售后服务顾问、维修技师、保险理赔员以及其他汽车行业人员阅读参考。

本书由校企合作企业江苏威睿电动汽车有限公司组织编写。在编写本书过程中，参考了大量国内外相关文献及汽车厂家的培训课件等资料，在此向有关作者及汽车厂家表示最真诚的感谢！限于编者的技术水平，书中难免存在不当之处，敬请广大读者批评指正。

编者

目　录

项目一

新能源汽车充电装置

【项目描述】

对于纯电动汽车和插电式混合动力汽车，高电压蓄电池充电系统是不可缺少的子系统之一，其功能是将电网的电能转化为车载高电压蓄电池的电能，当高电压蓄电池充满后自动停止充电。

高电压蓄电池充电系统主要由充电器、充电设备和车载充电接口三部分组成。充电器是指将电网提供的交/直流电能转化为车载高电压蓄电池所需的直流电能的装置（即 AC/DC 整流器、DC/DC 整流器）。纯电动汽车和插电式混合动力汽车充电器分为车载充电器（安装在车内）和非车载充电器（安装在充电桩内）两种，如图 1-1 所示。

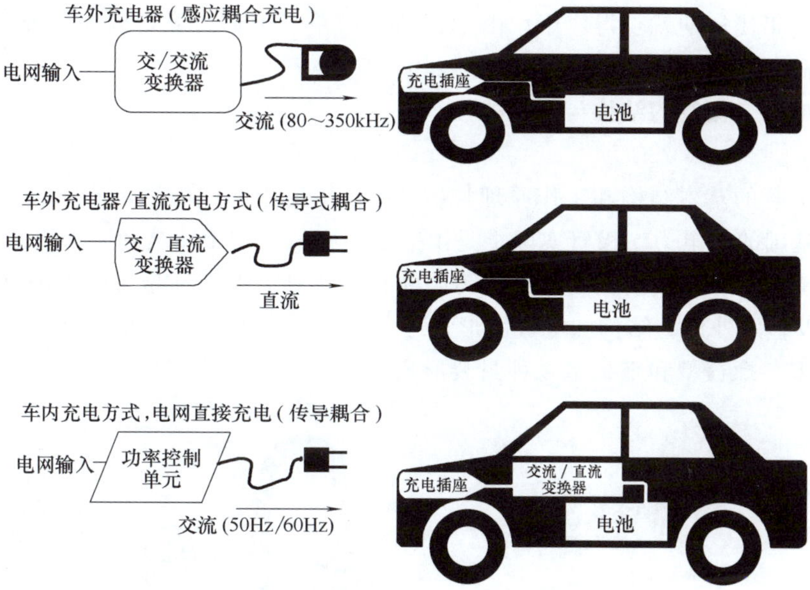

图 1-1　新能源汽车充电方式

【项目分析】

车载充电器是指将 AC/DC 整流器安装在插电式混合动力或纯电动汽车上，采用地面交流电网或车载电源对高电压蓄电池组进行充电的装置。车载充电器负责与交流电网建立连接并满足车辆充电电气安全要求。此外还通过控制导线与车辆建立通信。这样可以安全启动充电过程并在车辆与车载充电器之间交换充电参数（例如最大电流强度）。本项目主要介绍新能源汽车充电装置整流器的主电路、触发电路及其工作原理。

任务一　电力二极管的结构与工作原理分析

教学课件

电力二极管的结构与工作原理分析

一、学习目标

（1）认识电力二极管。

（2）会选用电力二极管。

（3）会电力二极管的极性判别。

（4）会检测单相半波可控整流电路。

（5）会按照实训操作流程，制定检测计划、流程并实施。

（6）遵循新能源汽车相关标准和规范流程，培养学生安全、规范、追求进步的职业素养和精益求精的工匠精神。

二、相关知识

电力二极管（Power Diode）又称为功率二极管或半导体整流器，如图 1-2 所示，其在 20 世纪 50 年代初期就获得应用。由于其结构简单、工作可靠，因此主要用于高电压、大功率及不需要调压的整流场合。

（一）电力二极管的结构与伏安特性

1. 结构

电力二极管的基本结构和工作原理与信息电子电路中的二极管是一样的，都是以半导体 PN 结为基础的。电力二极管实际上是由一个面积较大的 PN 结和两端引线以及封装组成的。从 PN 结的 P 型端引出的电极称为阳极 A，从 PN 结的 N 型端引出的电极称为阴极 K。电力二极管的外形、结构和电气图形符号，如图 1-3 所示。从外形上看，电力二极管主要有塑封型、螺栓型和平板型 3 种封装形式。

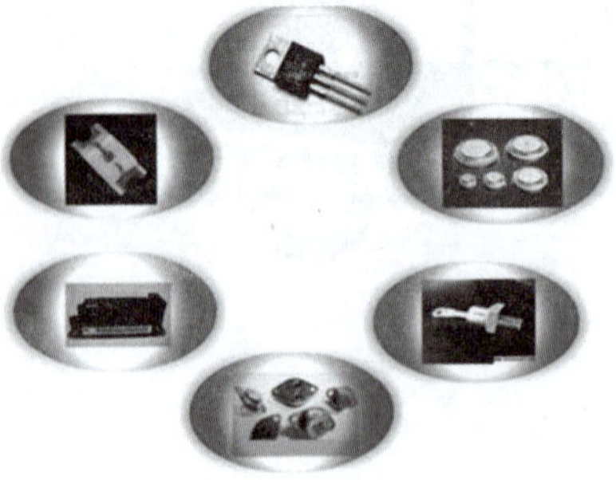

图 1-2　电力二极管

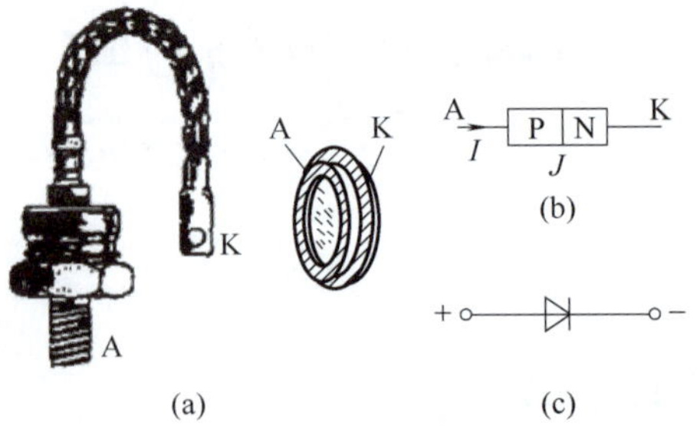

图 1-3　电力二极管的外形、结构及电气图形符号

（a）外形　（b）结构　（c）电气图形符号

2. 伏安特性

电力二极管的静态特性主要是指其伏安特性，其曲线如图 1-4 所示。当电力二极管承

受的正向电压大到一定值（门槛电压），正向电流才开始明显增加，处于稳定导通状态。与正向电流 I_F 对应的电力二极管两端的电压 U_F 即为其正向电压降。当电力二极管承受反向电压时，只有少数微小而数值恒定的反向漏电流。但当反向电压增加到雪崩击穿电压时，PN结内产生雪崩击穿，反向电流急剧增大，这会导致电力二极管击穿损坏。

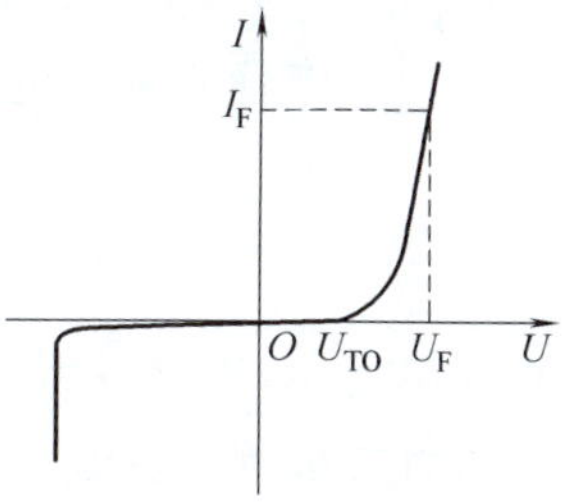

图 1-4　电力二极管的伏安特性

（二）电力二极管的工作原理

从电力二极管的伏安特性可知，当外加电压使电力二极管阳极 A 的电位高于阴极 K 的电位时，此时的电压称为正向电压，电力二极管处于正向偏置状态（简称正偏），称为正向导通状态。此时PN 结表现为低阻状态，可以流过较大的电流。

当外加电压使电力二极管阳极 A 的电位低于阴极 K 的电位时，此时的电压称为反向电压，电力二极管处于反向偏置状态（简称反偏），称为反向截止状态。此时 PN 结表现为高阻状态，几乎没有电流流过，电力二极管就是利用其单向导电特性工作的。

（三）电力二极管的主要参数和选用

1. 电力二极管的主要参数

器件参数是定量描述器件性能和安全工作范围的重要数据，是合理选择和正确使用器件的依据。参数一般从产品手册中查到，也可以通过直接测量得到。

（1）额定电流 I_{Dn}。指在规定的管壳温度（简称壳温，用 T_C 表示）和散热条件下，其允许流过的最大工频正弦半波电流的平均值。该值是按照电流的发热效应来定义的，因此使用时应按有效值相等的原则来选取电流定额，并应留有一定的裕量。当用在频率较高的场合时，开关损耗造成的发热往往不能忽略。当采用反向漏电流较大的电力二极管时，其断态损耗造成的发热效应也不小。

（2）额定电压 U_{Dn}。指电力二极管在指定温度下，流过某一指定的稳态正向电流时对应的正向压降。有时参数表中也给出在指定温度下流过某一瞬态正向大电流时器件的最大瞬时正向压降。

（3）反向重复峰值电压 U_{RRM}。指对电力二极管所能重复施加的反向最高峰值电压。通常是其雪崩击穿电压 U_B 的 2/3。使用时，往往按照电路中电力二极管可能承受的反向最高峰值电压的两倍来选定。

（4）最高工作结温 T_{JM}。结温是指管芯 PN 结的平均温度，用 T_J 表示。最高工作结温 T_{JM} 是指在 PN 结不致损坏的前提下所能承受的最高平均温度。T_{JM} 通常为125～175℃。

（5）反向恢复时间 t_{rr}。关断过程中，电流降到 0 起到恢复反向阻断能力止的时间。

（6）浪涌电流 I_{FSM}。指电力二极管所能承受最大的连续一个或几个工频周期的过电流。

2. 电力二极管的选用

① 电力二极管的反向重复峰值电压 U_{RRM} 应满足：

$$U_{RRM}=(2\sim3)U_{Dm}$$

式中，U_{Dm} 为电力二极管可能承受的最大反向电压，选用时取相应标准系列值。

② 电力二极管的额定电流 I_{Dn} 应满足：

$$I_{Dn} \geqslant (1.5 \sim 2) \frac{I_{Dm}}{1.57}$$

式中，I_{Dm} 为流过电力二极管的最大有效值电流，选用时取相应标准系列值。

3. 电力二极管的测试

电力二极管可以通过数字万用表的二极管挡来测试。用红表笔接假设的阳极 A，用黑表笔接假设的阴极 K，若数字表读数显示 0.7V 左右，则表示此假设正确。若数字表读数显示 0V，则表示此管已坏。若数字表读数无穷大，则表示所接引脚与假设的相反。

4. 电力二极管使用时的注意事项

使用电力二极管时，必须保证规定的冷却条件；若不能满足规定的冷却条件，必须降低容量使用。若规定风冷的器件使用在自冷却条件下，则只能允许用到额定电流的 1/3 左右。

（四）电力二极管的主要类型

1. 普通二极管

普通二极管（General Purpose Diode）又称整流二极管（ Rectifier Diode}，多用于开关频率不高（1kHz 以下）的整流电路中。其反向恢复时间较长（一般在 5μs 以上），这在开关频率不高时并不重要，在参数表中甚至不列出这一参数。但其正向电流定额和反向电压定额却可以达到很高，分别可达数千安和数千伏以上。

2. 快恢复二极管

恢复过程很短，特别是反向恢复过程很短（一般在 5μs 以下）的二极管被称为快恢复二极管（Fast Recovery Diode，FRD)，简称快速二极管。工艺上多采用了掺金措施，结构上有的采用 PN 结型结构，也有的采用对此加以改进的 PiIV 结构。特别是采用外延型 PN 结构的所谓的快恢复外延二极管（Fast Recaery Epitaxial Diode，FRED)，其反向恢复时间更短（可低于 50ns)，正向压降也很低（0.9V 左右)，但其反向耐压多在 1200V 以下。不管是什么结构，快恢复二极管从性能上可分为快速恢复和超快速恢复两个等级。前者反向恢复时间为数百纳秒或更长，后者则在 100ns 以下，甚至达到 20～30ns。

3. 肖特基二极管

以金属和半导体接触形成的势垒为基础的二极管称为肖特基势垒二极管（Schottky Barrier Diode，SBD)，简称为肖特基二极管。肖特基二极管在信息电子电路中早就得到了应用，但直到 20 世纪 80 年代以来，由于工艺的发展才得以在电力电子电路中广泛应用。与以 PIU 结为基础的电力二极管相比，肖特基二极管的优点在于：反向恢复时间很短（10～40ns)，正向恢复过程中也不会有明显的电压过冲；在反向耐压较低的情况下其正向压降也很小，明显低于快恢复二极管。因此，其开关损耗和正向导通损耗都比快速二极管还要小，效率高。肖特基二极管的弱点在于：当所能承受的反向耐压提高时其正向压降也会高得不能满足要求，因此多用于 200V 以下的低压场合；反向漏电流较大且对温度敏感，因此反向稳态损耗不能忽略，而且必须更严格地限制其工作温度。

任务二　晶闸管的结构与工作原理分析

教学课件

晶闸管的结构与工作原理分析

一、学习目标

（1）认识晶闸管的外形结构并掌握其工作原理。

（2）会选用晶闸管。

（3）会测试晶闸管的引脚并判别其好坏。

（4）会正确使用维修工具、仪器、仪表，具备一定的技术数据分析能力。

（5）会按照实训操作流程，制定检测计划、流程并实施。

（6）遵循新能源汽车相关标准和规范流程，培养学生安全、规范、追求进步的职业素养和精益求精的工匠精神。

二、相关知识

（一）晶闸管的外形与结构

晶闸管（Thyristor）又称为可控硅（SCR），是一种由硅单晶材料制成的大功率半导体变流器件，外形有塑封型、螺栓型和平板型三种封装，如图 1-5 所示，引出阳极 A、阴极 K 和门极（控制端）G 三个连接端。对于螺栓型封装，通常螺栓是其阳极，能与散热器紧密连接且安装方便。平板型封装的晶闸管可由两个散热器将其夹在中间。

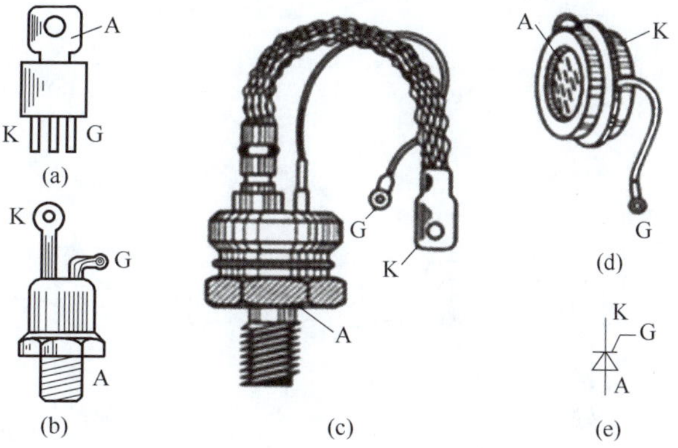

图 1-5　常见晶闸管实物图

（a）塑封型　（b）（c）螺栓型　（d）平板型　（e）图形符号

晶闸管的结构，如图 1-6 所示，它具有四层半导体三个 PN 结。由最外层的 P_1 层和 N_2 层引出两个电极，分别为阳极 A 和阴极 K，由中间 P_2 层引出的电极是门极 G（也称为控制极）。

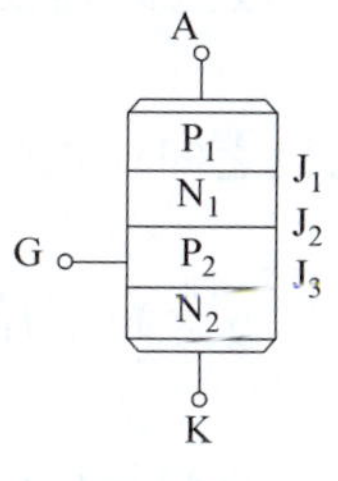

图 1-6　晶闸管的结构

由于普通晶闸管电流容量大，耐压高以及开通的可靠性，已广泛应用于相控整流、逆变、交流调压、直流变换等领域，成为特大功率低频（200Hz 以下）装置中的主要器件。

（二）晶闸管的工作原理

1. 晶闸管的导通关断条件

为了说明晶闸管的工作原理，先做一个实验，实验电路如图 1-7 所示。阳极电源 E_a 连接负载（白炽灯）接到晶闸管的阳极 A 与阴极 K，组成晶闸管的主电路。流过晶闸管阳极的电流称阳极电流 I_a，晶闸管阳极和阴极两端电压，称阳极电压 U_a。门极电源 E_g 连接晶闸管的门极 G 与阴极 K，组成控制电路也称触发电路。流过门极的电流称门极电流 I_g，门极与阴极之间的电压称

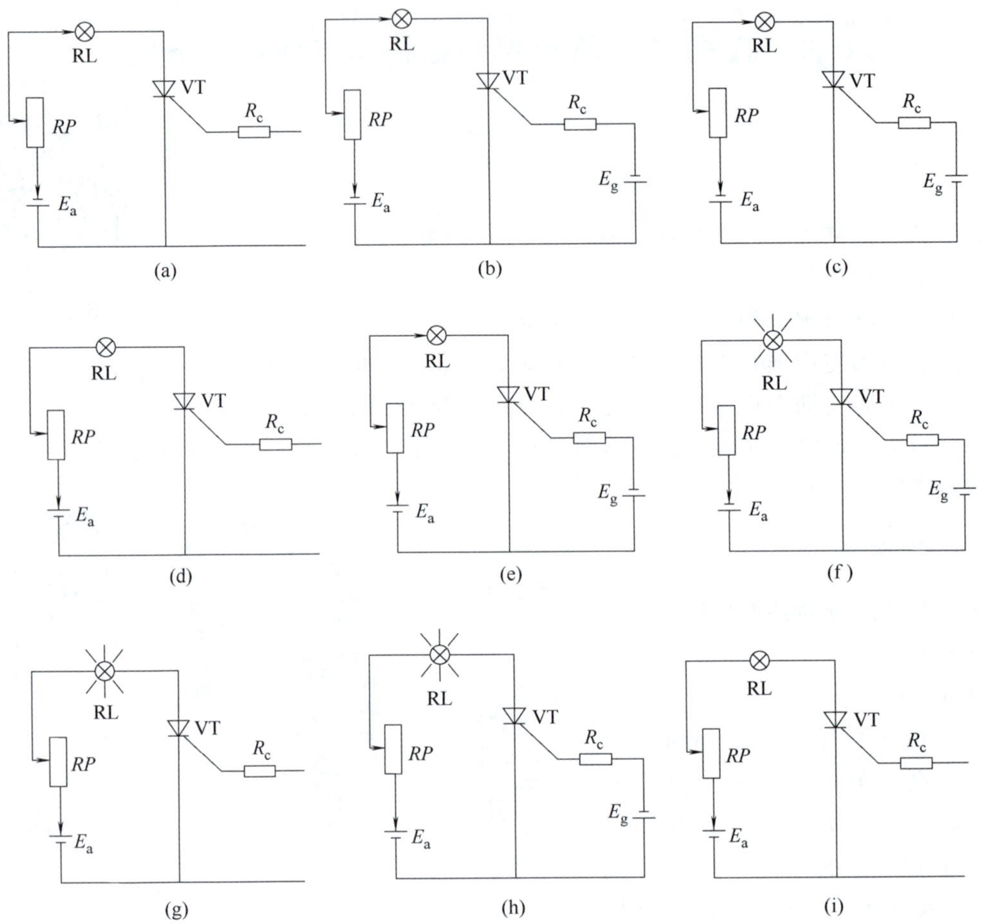

图 1-7　晶闸管导通关断条件实验电路

门极电压 U_g。用灯泡来观察晶闸管的通断情况。该实验分九个步骤进行。

第一步：按图 1-7（a）接线，阳极和阴极之间加反向电压，门极和阴极之间不加电压，指示灯不亮，晶闸管不导通。

第二步：按图 1-7（b）接线，阳极和阴极之间加反向电压，门极和阴极之间加反向电压，指示灯不亮，晶闸管不导通。

第三步：按图 1-7（c）接线，阳极和阴极之间加反向电压，门极和阴极之间加正向电压，指示灯不亮，晶闸管不导通。

第四步：按图 1-7（d）接线，阳极和阴极之间加正向电压，门极和阴极之间不加电压，指示灯不亮，晶闸管不导通。

第五步：按图 1-7（e）接线，阳极和阴极之间加正向电压，门极和阴极之间加反向电压，指示灯不亮，晶闸管不导通。

第六步：按图 1-7（f）接线，阳极和阴极之间加正向电压，门极和阴极之间也加正向电压，指示灯亮，晶闸管导通。

第七步：按图 1-7（g）接线，去掉触发电压，指示灯亮，晶闸管仍导通。

第八步：按图 1-7（h）接线，门极和阴极之间加反向电压，指示灯亮，晶闸管仍导通。

第九步：按图 1-7（i）接线，去掉触发电压，将电位器阻值加大，晶闸管阳极电流减小，当电流减小到一定值时，指示灯熄灭，晶闸管关断。

实验现象与结论，如表 1-1 所示。

表 1-1　　晶闸管导通和关断实验现象与结论

实验顺序		实验前灯的情况	实验时晶闸管条件		实验后灯的情况	结论
			阳极电压 U_a	门极电压 U_g		
导通实验	1	暗	反向	反向	暗	晶闸管在反向阳极电压作用下，不论门极为何电压，它都处于关断状态
	2	暗	反向	零	暗	
	3	暗	反向	正向	暗	
	1	暗	正向	反向	暗	晶闸管同时在正向阳极电压与正向门极电压作用下，才能导通
	2	暗	正向	零	暗	
	3	暗	正向	正向	亮	
关断实验	1	亮	正向	正向	亮	已导通的晶闸管在正向阳极作用下，门极失去控制作用
	2	亮	正向	零	亮	
	3	亮	正向	反向	亮	
	4	亮	正向（逐渐减小到接近于零）	任意	暗	晶闸管在导通状态时，当阳极电压减小到接近于零时，晶闸管关断

实验说明：

（1）当晶闸管承受反向阳极电压时，无论门极是否有正向触发电压或者承受反向电压，晶闸管不导通，只有很小的反向漏电流流过管子，这种状态称为反向阻断状态。说明晶闸管像整流二极管一样，具有单向导电性。

（2）当晶闸管承受正向阳极电压时，门极加上反向电压或者不加电压，晶闸管不导通，这种状态称为正向阻断状态。这是二极管所不具备的。

（3）当晶闸管承受正向阳极电压时，门极加上正向触发电压，晶闸管导通，这种状态称为正向导通状态。这就是晶闸管闸流特性，即可控特性。

（4）晶闸管一旦导通后维持阳极电压不变，将触发电压撤除管子依然处于导通状态。即门极对管子不再具有控制作用。

结论：

导通条件：正向阳极电压　$U_a > 0$

　　　　　正向门极电压　$U_g > 0$

关断条件：阳极电流小于维持电流 I_h，$I_a < I_h$

自然关断：$I_a < I_h$

强迫关断：$U_a < 0$

2. 晶闸管的导通关断原理

晶闸管导通的工作原理可以用双晶体管模型来解释，如图 1-8 所示。

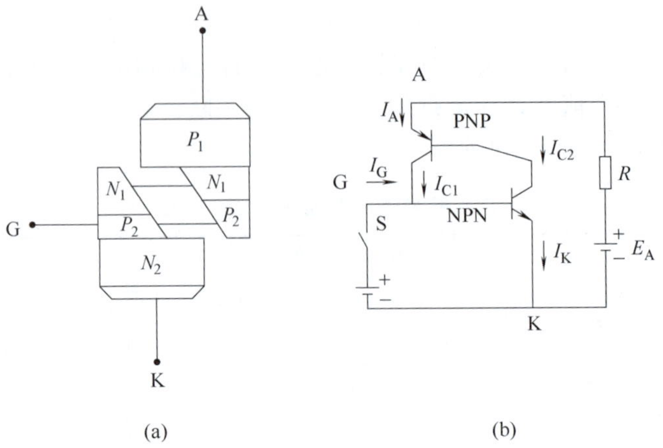

图 1-8　晶闸管的双晶体管模型及其工作原理

（a）双晶体管模型　（b）工作原理

如在器件上取一倾斜的截面，则晶闸管可以看作由 $P_1N_1P_2$ 和 $N_1P_2N_2$ 构成的两个晶体管 V_1 和 V_2 组合而成的。

如果外电路向门极注入电流 I_G，也就是注入驱动电流，则 I_G 流入晶体管 V_2 的基极，即产生集电极电流 I_{C2}，它构成晶体管 V_1 的基极电流，放大成集电极电流 I_{C1}，又进一步增大了 V_2 的基极电流，如此形成强烈的正反馈，最后 V_1 和 V_2 进入完全饱和状态，即晶闸管导通。此时如果撤掉外电路注入门极的电流 I_G，晶闸管由于内部已形成了强烈的正反馈会仍然维持导通状态。正反馈过程如下：

$$I_G\uparrow \longrightarrow I_{B2}\uparrow \longrightarrow I_{C2}(=\beta_2 I_{B2})\uparrow = I_{B1}\uparrow \longrightarrow I_{C1}(=\beta_1 I_{B1})\uparrow$$

而若要使晶闸管关断，必须去掉阳极所加的正向电压，或者给阳极施加反压，或者设法使流过晶闸管的电流降低到接近于零的某一数值以下，晶闸管才能关断。

所以，对晶闸管的驱动过程更多的是称为触发，产生注入门极的触发电流 I_G 的电路称为门极触发电路。也正是由于通过其门极只能控制其开通，不能控制其关断，晶闸管才被称为半控型器件。

晶闸管一旦导通后，即使 $I_G=0$，但因 I_{C1} 的电流在内部直接流入 $N_1P_2N_2$ 管的基极，晶闸管仍将继续保持导通状态。若要晶闸管关断，只有降低阳极电压到零或对晶闸管加上反向阳极电压，使 I_{C1} 的电流减少至 $N_1P_2N_2$ 管接近截止状态，即流过晶闸管的阳极电流小于维持电流，晶闸管方可恢复阻断状态。

（三）晶闸管特性与主要参数

1. 晶闸管的阳极伏安特性

晶闸管的阳极与阴极间电压和阳极电流之间的关系，称为阳极伏安特性。其伏安特性曲线如图 1-9 所示。

图中第Ⅰ象限为正向特性，当 $I_G=0$ 时，如果在晶闸管两端所加正向电压 U_A 未增到正向转折电压 U_{B0} 时，晶闸管都处于正向阻断状态，只有很小的正向漏电流。当 U_A 增到 U_{B0} 时，则漏电流急剧增大，晶闸管导通，正向电压降低，其特性和二极管的正向伏安特

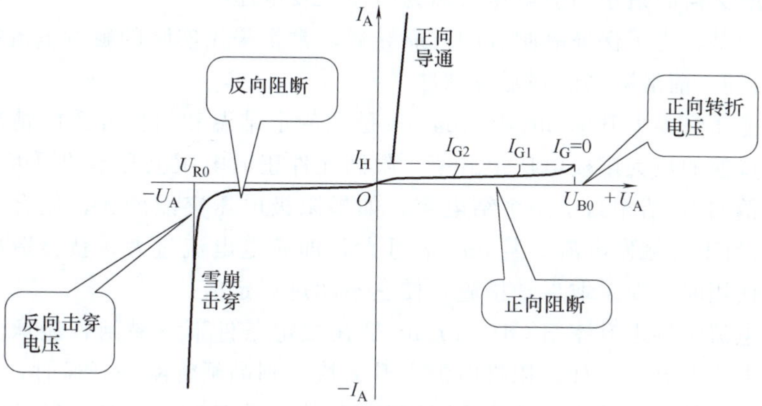

图 1-9　晶闸管阳极伏安特性曲线

性相仿，称为正向转折或“硬开通”。多次“硬开通”会损坏管子，晶闸管通常不允许这样工作。一般采用对晶闸管的门极加足够大的触发电流使其导通，门极触发电流越大，正向转折电压越低。

晶闸管的反向伏安特性如图中第Ⅲ象限所示，它与整流二极管的反向伏安特性相似。处于反向阻断状态时，只有很小的反向漏电流，当反向电压超过反向击穿电压 U_{B0} 时，反向漏电流急剧增大，造成晶闸管反向击穿而损坏。

2. 晶闸管的常用参数

(1) 正向重复峰值电压 U_{DRM}。在门极断路而结温为额定值时，允许重复加在器件上的正向峰值电压。

(2) 反向重复峰值电压 U_{RRM}。在门极断路而结温为额定值时，允许重复加在器件上的反向峰值电压。

(3) 通态（峰值）电压 U_T。晶闸管通以某一规定倍数的额定通态平均电流时的瞬态峰值电压。通常取晶闸管的 U_{DRM} 和 U_{RRM} 中较小的标值作为该器件的额定电压。选用时，一般取额定电压为正常工作时晶闸管所承受峰值电压 2～3 倍。

(4) 通态平均电流 $I_{T(AV)}$。在环境温度为 40℃和规定的冷却状态下，稳定结温不超过额定结温时所允许流过的最大工频正弦半波电流的平均值。标称其额定电流的参数。使用时应按实际电流与通态平均电流所造成的发热效应相等，即有效值相等的原则来选取晶闸管。

(5) 维持电流 I_H。在室温下门极断开时，元件从较大的通态电流降到刚好能保持导通的最小阳极电流称为维持电流 I_H。维持电流与元件容量、结温等因素有关，额定电流大的管子维持电流也大，同一管子结温低时维持电流增大，维持电流大的管子容易关断。同一型号的管子其维持电流也各不相同。

(6) 擎住电流 I_L。在晶闸管加上触发电压，当元件从阻断状态刚转为导通状态就去除触发电压，此时要保持元件持续导通所需要的最小阳极电流，称擎住电流 I_L。对同一个晶闸管来说，通常擎住电流比维持电流大数倍。

(7) 门极触发电流 I_{gT} 和门极触发电压 U_{gT}。室温下，在晶闸管的阳极-阴极加上 6V 的正向阳极电压，管子由断态转为通态所必需的最小门极电流，称为门极触发电流。产生门极触发电流所必需的最小门极电压，称为门极触发电压。

需要注意的是，为了保证晶闸管的可靠导通，常常采用实际的触发电流比规定的触发电流大 3～5 倍的、前沿陡峭的强触发脉冲。

(8) 断态电压临界上升率 du/dt。du/dt 是在额定结温和门极开路的情况下，不导致从断态到通态转换的最大阳极电压上升率。限制元件正向电压上升率的原因是：在正向阻断状态下，反偏的J2 结相当于一个结电容，如果阳极电压突然增大，便会有一充电电流流过 J2 结，相当于有触发电流。若 du/dt 过大，即充电电流过大，就会造成晶闸管的误导通。所以在使用时，要采取保护措施，使它不超过规定值。

(9) 通态电流临界上升率 di/dt。di/dt 是在规定条件下，晶闸管能承受而无有害影响的最大通态电流上升率。如果阳极电流上升太快，则晶闸管刚一开通时，会有很大的电流集中在门极附近的小区域内，造成 J2 结局部过热而使晶闸管损坏。因此，在实际使用时要采取保护措施，使其被限制在允许值内。

3. 晶闸管的选型

(1) 晶闸管的型号。普通晶闸管的型号及含义如下。

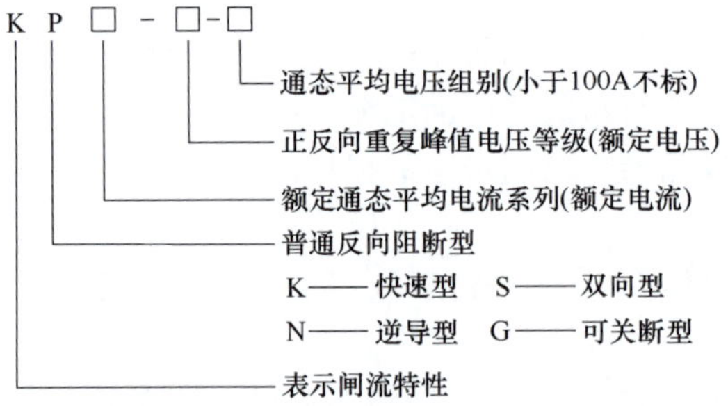

例如 KP10-20 表示额定通态平均电流 10A，正、反向重复峰值电压（额定电压）为 2000V 的普通反向阻断型晶闸管。

(2) 晶闸管额定电压 U_{TN} 的确定。在晶闸管的名牌上，额定电压是以电压等级的形式给出的，通常标准电压等级规定如下：

电压在 1000V 以下，每 100V 为一级，1000～3000V，每 200V 为一级，用百位数或千位和百位数表示级数。

在使用过程中，环境温度的变化、散热条件以及出现的各种过电压都会对晶闸管产生影响，因此在选择管子的时候，应当使晶闸管的额定电压是实际工作时可能承受的最大电压的 2～3 倍，即：

$$U_{TN} \geqslant (2 \sim 3) U_{TM}$$

(3) 晶闸管额定电流 $I_{T(AV)}$ 的确定。由于整流设备的输出端所接负载用平均电流来表示，因此晶闸管额定电流的标定采用的是平均电流，而不是有效值。但是管子的发热又与流过管子的有效值 I_T 有关，两者的关系如下：

$$I_T = 1.57 I_{T(AV)}$$

晶闸管在实际选择时，其额定电流的确定一般按以下原则：管子的额度电流大于其所在电路中可能流过的最大电流的有效值 I_{TM}，同时取 1.5～2 倍的余量，关系式如下：

$$1.57 I_{T(AV)} = I_T \geqslant (1.5 \sim 2) I_{TM}$$

所以

$$I_{T(AV)} \geqslant (1.5 \sim 2) I_{TM}/1.57$$

【例 1-1】 一晶闸管接在 220V 交流电路中，通过晶闸管电流的有效值为 50A，问如何选择晶闸管的额定电压和额定电流？

解： 晶闸管额定电压：

$$U_{TN} \geqslant (2 \sim 3) U_{TM} = (2 \sim 3)\sqrt{2} \times 220 = 622 \sim 933\ (V)$$

按晶闸管参数系列取 800V，即 8 级。

晶闸管的额定电流：

$$I_{T(AV)} \geqslant (1.5 \sim 2) \frac{I_{TM}}{1.57} = (1.5 \sim 2) \times \frac{50}{1.57} = 48 \sim 64(A)$$

按晶闸管参数系列取 50A。

【例 1-2】 根据下图电路，设置 220V 的交流输入，灯泡为 40W，确定本电路中晶闸管的型号。

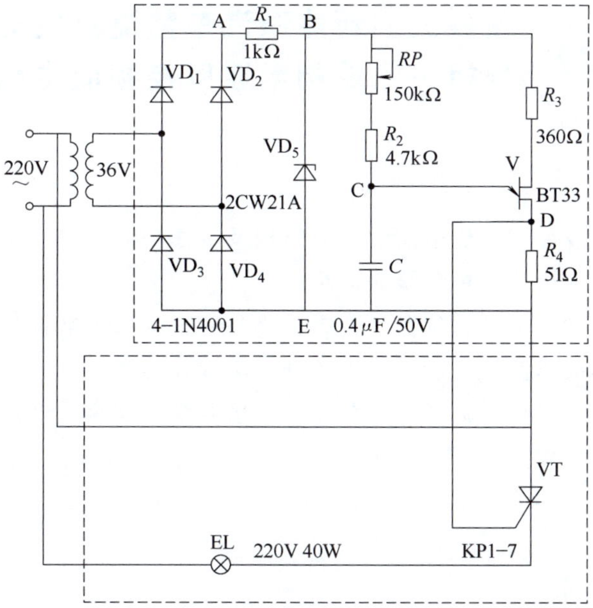

例 1-2 图

解： 第一步：单相半波可控整流调光电路晶闸管可能承受得的最大电压：

$$U_{TM} = \sqrt{2} U_2 = \sqrt{2} \times 220 \approx 311\ (V)$$

第二步：考虑 2～3 倍的余量：

$$(2 \sim 3) U_{TM} = (2 \sim 3) \times 311 = 622 \sim 933\ (V)$$

第三步：确定所需晶闸管的额定电压等级：

因为电路无储能元器件，因此选择电压等级为 7 的晶闸管就可以满足正常工作的需要了。

第四步：根据白炽灯的额定值计算出其阻值的大小：

$$R_d = \frac{220^2}{40} = 1210\ (\Omega)$$

第五步：确定流过晶闸管电流的有效值为：

在单相半波可控整流调光电路中，当 $\alpha=0°$时，流过晶闸管的电流最大，且电流的有效值示平均值的 1.57 倍。由前面的分析可以得到流过晶闸管的平均电流为：

$$I_d=0.45\frac{U_2}{R_d}=0.45\times\frac{220}{1210}=0.08\ (A)$$

由此可得，当 $\alpha=0°$时流过晶闸管电流的最大有效值为：

$$I_{Tm}=1.57I_d=1.57\times0.08A=0.128\ (A)$$

第六步：考虑 1.5～2 倍的余量：

$$(1.5\sim2)I_{Tm}=(1.5\sim2)\times0.128\approx0.193\sim0.256\ (A)$$

第七步：确定晶闸管的额定电流：

$$I_{T(AV)}\geqslant0.283A$$

因为电路无储能元器件，因此选择额定电流为 1A 的晶闸管就可以满足正常工作的需要了。由以上分析可以确定晶闸管应选用的型号为：KP1-7。

任务三　新能源汽车整流器主电路分析——单相半波可控整流电路

教学课件

新能源汽车整流器主电路分析

一、学习目标

（1）掌握单相半波可控整流电路的电路结构及工作与原理。

（2）会结合图波分析单相可控整流电路。

（3）会正确使用维修工具、仪器、仪表，具备一定的技术数据分析能力。

（4）会按照实训操作流程，制定检测计划、流程并实施。

（5）遵循新能源汽车相关标准和规范流程，培养学生安全、规范、追求进步的职业素养和精益求精的工匠精神。

二、相关知识

（一）电阻性负载

单相半波可控整流调光灯主电路实际上就是负载为阻性的单相半波可控整流电路，对电路的输出波形 u_d 和晶闸管两端电压 u_T 波形的分析在调试及修理过程中是非常重要的。现在假设触发电路正常工作，对电路工作情况分析如下。先介绍分析过程中用到的几个基本概念。

控制角（也称移相角）α：从晶闸管元件开始承受正向阳极电压起到晶闸管元件导通，这段期间所对应的电角度。

导通角 θ_T：晶闸管在一个周期内导通的电角度。

移相：改变 α 的大小即改变触发脉冲在每个周期内出现的时刻称为移相。移相的目的是为了改变晶闸管的导通时间，最终改变直流侧输出电压的平均值，这种控制方式称为相控。

移相范围：在晶闸管元件承受正向阳极电压时，α 的变化范围称为移相范围。

当接通电源后，便可在负载两端得到脉动的直流电压，其输出电压的波形可以用示波器进行测量。改变晶闸管的触发时刻，即控制角 α 的大小，就可改变使出电压的波形。下面在原理分析部分主要分析 $\alpha=0°$，$\alpha=30°$ 是的输出波形。

如图 1-10 所示为单相半波可控整流电路，整流变压器起变换电压和隔离的作用，其一次和二次电压瞬时值分别用 u_1 和 u_2 表示，二次电压 u_2 为 50Hz 正弦波，其有效值为 U_2。当接通电源后，便可在负载两端得到脉动的直流电压，其输出电压的波形可以用示波器进行测量。

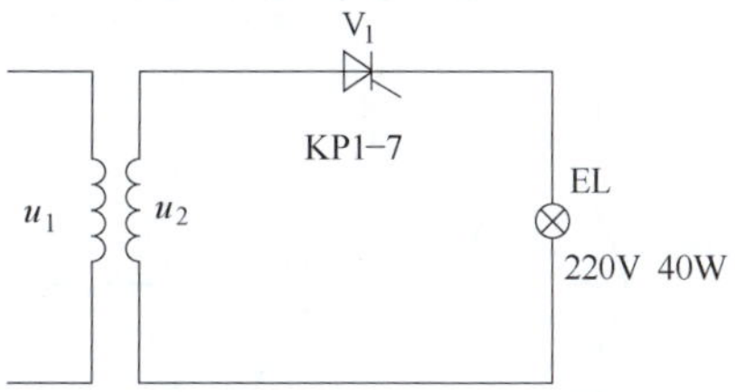

图 1-10 调光灯主电路（单相半波可控整流电路）

1. 工作原理

（1）$\alpha=0°$时的波形分析。图 1-11 是 $\alpha=0°$时实际电路中输出电压和晶闸管两端电压的理论波形。

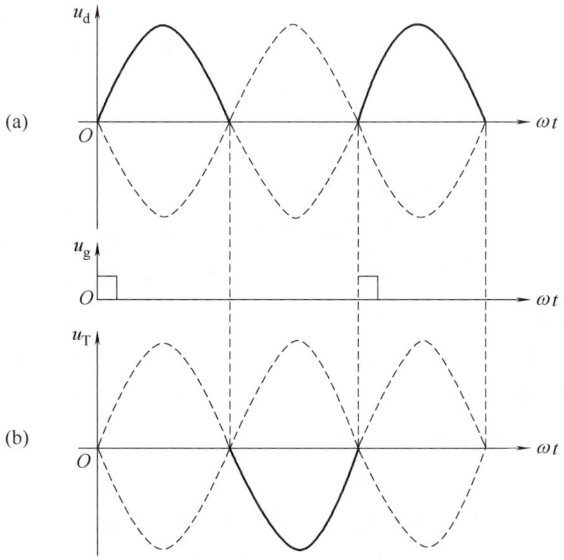

图 1-11 $\alpha=0°$ 时输出电压和晶闸管两端电压的理论波形

（a）输出电压波形 （b）晶闸管两端电压波形

从图 1-11（a）输出电压的理论波形图中我们可以得出，在电源电压 u_2 正半周区间内，当电源电压过零点时，即 $\alpha=0°$时刻，加入触发脉冲使晶闸管 VT 触发导通，负载上得到输出电压 u_d 的波形与电源电压 u_2 具有相同形状的波形；当电源电压 u_2 过零时，晶闸管承受反压将立即关断，输出电压 u_d 为零；在电源电压 u_2 整个负半周内，晶闸管承受反向电压不能导通，直到第二周期 $\alpha=0°$ 触发电路再次施加触发脉冲时，晶闸管方可再次导通。

如图 1-11（b）所示为 $\alpha=0°$时晶闸管两端电压的理论波形图。在晶闸管导通期间，忽略晶闸管的管压降，$u_t=0$，在晶闸管截止期间，管子将承受全部反向电压。

（2）$\alpha=30°$时的波形分析。改变控制角 α 的大小，即改变晶闸管的触发时刻，可改变输出电压的波形，如图 1-12（a）所示为 $\alpha=30°$的输出电压的理论波形。在 $\alpha=30°$时，晶闸管承受正向电压，此时一旦加入触发脉冲信号，晶闸管就会导通，负载上可得到与电源电压 u_2 相同形状波形的输出电压 u_d；同样当电源电压 u_2 过零时，晶闸管也同时关断，负载上得到的输出电压 u_d 为零；当电源电压再次由过零点到 $\alpha=30°$之间的区间上，尽管晶闸管承受正向电压，但由于没有触发脉冲，晶闸管依然处于截止状态。

如图 1-12（b）所示为 $\alpha=30°$时晶闸管两端的理论波形图。其原理与 $\alpha=0°$时相同。

(3) 其他角度时的波形分析。继续改变触发脉冲的加入时刻，可以分别得到控制角 α 为 60°、90°时输出电压和管子两端的波形，如图 1-13、图 1-14 所示。其原理请自行分析。

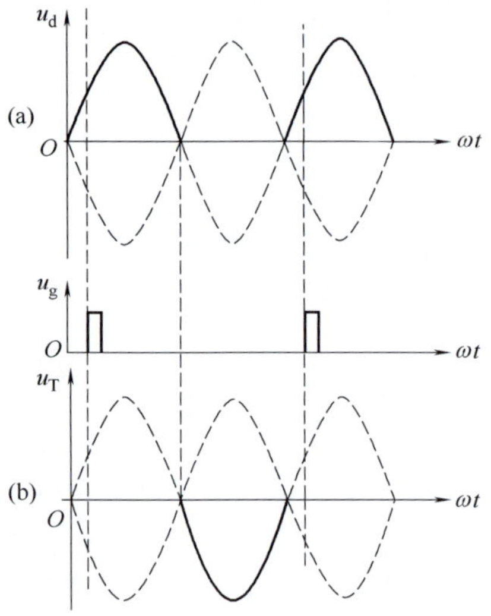

图 1-12　α =30° 时输出电压和晶闸管两端电压的理论波形

(a) 输出电压波形　(b) 晶闸管两端电压波形

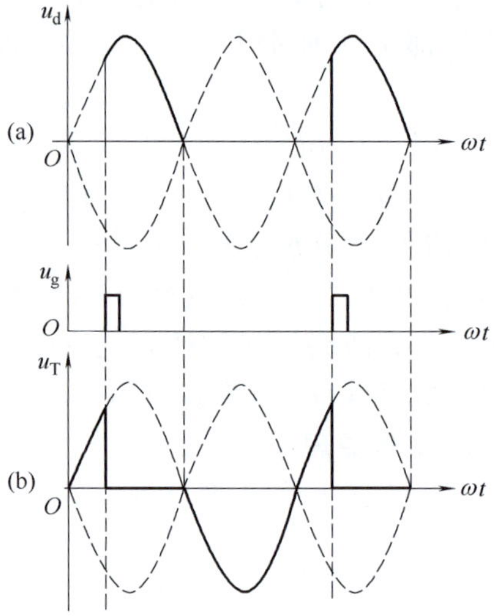

图 1-13　α =60° 时输出电压和晶闸管两端电压的理论波形

(a) 输出电压波形　(b) 晶闸管两端电压波形

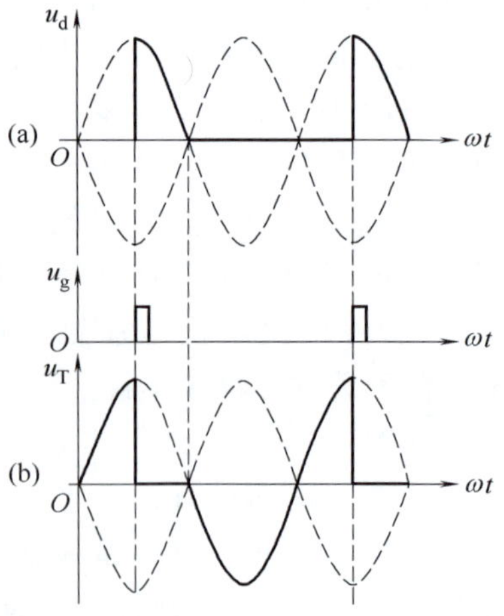

图 1-14　α =90° 时输出电压和晶闸管两端电压的理论波形

(a) 输出电压波形　(b) 晶闸管两端电压波形

2. 波形分析总结

从波形图中分析可得，当在控制角 α 之前，晶闸管承受正向阳极电压，但没有触发信号，输出电压为零，在控制角 α 时刻，有触发信号输入到控制极，晶闸管导通，输出电压等于输入电压。因此在 0～π 内，调节触发信号到来的时刻，也就是改变控制角 α 的大小，就可以改变输出电压的大小。

从波形图中进一步确定：只有触发脉冲在晶闸管阳极电压为正的区间内出现，电路中晶闸管才能够被触发导通。因此必须根据被触发晶闸管的阳极电位，提供相应的触发电路的同步信号，以确保晶闸管需要脉冲的时刻，触发电路能够准确送出脉冲。

由以上的分析可以得出

(1) 在单相半波整流电路中，改变 α 大小即改变触发脉冲在每周期出现的时刻，则 u_d 和 i_d 的波形也随之改变，但是直流输出电压瞬时值 u_d 的极性不变，其波形只在 u_2 的正半周出现，这种通过对触发脉冲的控制，来实现改变输出电压大小的控制方式称为相位控制方式，简称相控方式。

(2) 控制角 α 的移相范围为 0°～180°。

3. 基本的物理量计算

① 输出电压平均值的计算公式为：

$$U_d=\frac{1}{2\pi}\int_{\alpha}^{\pi}\sqrt{2}U_2\sin\omega t\,d(\omega t)=0.45U_2\frac{1+\cos\alpha}{2}$$

② 负载电流平均值的计算公式为：

$$I_d=\frac{U_d}{R_d}=0.45\frac{U_2}{R_d}\frac{1+\cos\alpha}{2}$$

③ 负载电压有效值的计算公式为：

$$U=\sqrt{\frac{1}{2\pi}\int_{\alpha}^{\pi}(\sqrt{2}U_2\sin\omega t)^2d(\omega t)}=U_2\sqrt{\frac{\pi-\alpha}{2\pi}+\frac{\sin2\alpha}{4\pi}}$$

④ 负载电流有效值为：

$$I=\frac{U_2}{R_d}\sqrt{\frac{\pi-\alpha}{2\pi}+\frac{\sin2\alpha}{4\pi}}$$

⑤ 晶闸管可能承受的最大电压 U_{TM} 为：

$$U_{TM}=\sqrt{2}U_2$$

⑥ 功率因数 $\cos\varphi$ 为：

$$\cos\varphi=\frac{P}{S}=\frac{UI}{U_2I}=\sqrt{\frac{\pi-\alpha}{2\pi}+\frac{\sin2\alpha}{4\pi}}$$

【例 1-3】 单相半波可控整流电路，阻性负载，电源电压 U_2 为 220V，要求的直流输出电压为 50V，直流输出平均电流为 20A，求晶闸管的控制角 α、输出电流有效值、电路功率因数、晶闸管的额定电压和额定电流，并选择晶闸管的型号。

解：

（1）由 $U_d=0.45U_2\frac{1+\cos\alpha}{2}$ 计算输出电压为 50V 时的晶闸管控制角 α

$$\cos\alpha=\frac{2\times50}{0.45\times220}-1\approx0$$

求得 $\alpha=90°$

（2）$R_d=\frac{U_d}{I_d}=\frac{50}{20}=2.5$（Ω）

当 $\alpha=90°$时，$I=\frac{U_2}{R_d}\sqrt{\frac{\pi-\alpha}{2\pi}+\frac{\sin2\alpha}{4\pi}}=44.4$（A）

（3）$\cos\varphi=\frac{P}{S}=\frac{UI}{U_2I}=\sqrt{\frac{\pi-\alpha}{2\pi}+\frac{\sin2\alpha}{4\pi}}=0.5$

（4）根据额定电流有效值 I_T 大于等于实际电流有效值 I 相等的原则 $I_T\geqslant I$

则 $I_{T(AV)}\geqslant(1.5\sim2)\frac{I_T}{1.57}$，取 2 倍安全裕量，晶闸管的额定电流为 $I_{T(AV)}\geqslant42.4\sim56.6$A。按电流等级可取额定电流 50A。

晶闸管的额定电压为 $U_{TN}=(2\sim3)U_{TM}=(2\sim3)\sqrt{2}\times220=622\sim933$（V）。按电压等级可取额定电压 700V 即 7 级。选择晶闸管型号为：KP50-7。

（二）电感性负载

在工业上电机的励磁线圈、输出串接电抗器的负载等属于电感性负载，此类与电阻性

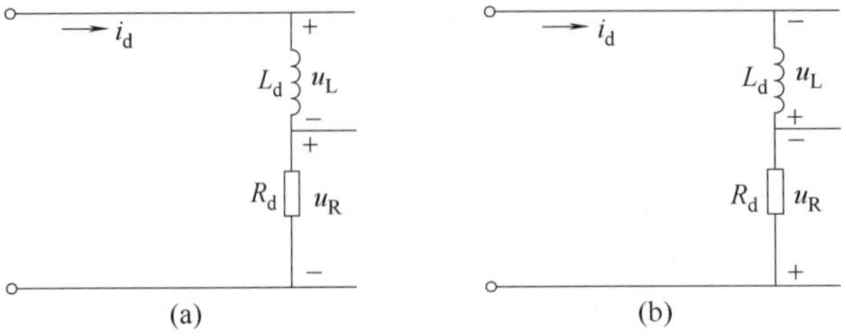

图 1-15　电感线圈对电流变化的阻碍作用

（a）电流 i_d 增大时 L_d 两端感应电动势方向

（b）电流 i_d 减小时 L_d 两端感应电动势方向

负载有很大不同。为了便于分析，在电路中把电感 L_d 与电阻 R_d 分开，如图 1-15 所示。

电感线圈是储能元件，是不消耗能量的。当电流 i_d 流过线圈时，该线圈就储存有磁场能量，i_d 越大，线圈储存的磁场能量也越大，当 i_d 减小时，电感线圈就要将所储存的磁场能量释放出来，试图保持原有的电流方向和电流大小。众所周知，能量的存放是不能突变的，可见当流过电感线圈的电流增大时，L_d 两端就要产生感应电动势，即 $u_L = L_d \frac{di_d}{dt}$，其方向应阻止 i_d 的增大，如图 1-15（a）所示。反之，i_d 要减小时，L_d 两端感应的电动势方向应阻碍的 i_d 减小，如图 1-15（b）所示。

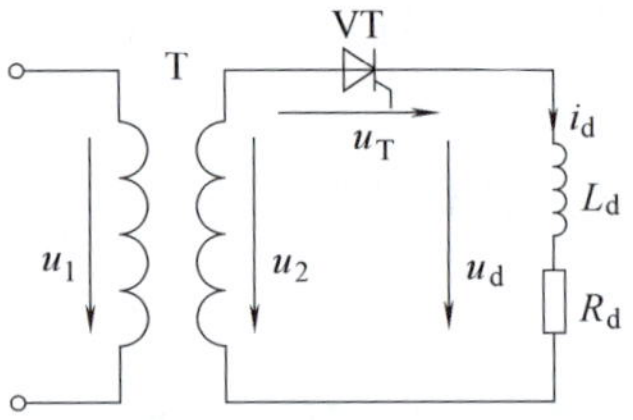

图 1-16　带电感性负载的单相半波可控整流电路

1. 无续流二极管

（1）电路结构。如图 1-16 所示为带电感性负载的单相半波可控整流电路，它有整流变压器 T、晶闸管 VT、平波电抗器 L_d 和电阻 R_d 组成。

如图 1-17 所示为电感性负载无续流二极管某一控制角 α 时输出电压、电流的理论波形。

（2）工作原理。$0 \sim \omega t_1$ 期间，晶闸管阳极电压大于零，此时晶闸管门极没有触发信号，晶闸管处于正向阻断状态，输出电压和电流都等于零。

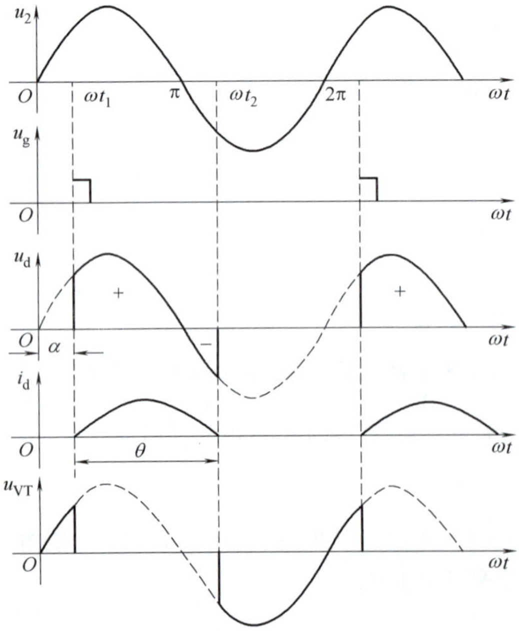

图 1-17　单相半波电感性负载时输出波形

$\omega t_1 \sim \omega t_2$ 期间，在 ωt_1 时刻，门极加上触发信号，晶闸管被触发导通，电源电压 u_2 施加在负载上，输出电压 $u_d = u_2$。由于电感的存在，在 u_d 的作用下，负载电流 i_d 只能从零按指数规律逐渐上升。此时。输入的交流电源能量一部分供给电阻 R_d 消耗掉，另一部分供给电感 L_d 作为磁场能储存。

$\pi \sim \omega t_2$ 期间，在 π 时刻，交流电压过零，由于电感的存在，流过晶闸管的阳极电流仍大于零，晶闸管会继续导通，此时电感储存的能量一部分释放变成电阻的热能，同时另一部分送回电网，在 ωt_2 时，电感的能量全部释放完后，晶闸管在电源电压 u_2 的反压作用下而截止。直到下一个周期的正半周，即 $2\pi+\alpha$ 时刻，晶闸管再次被触发导通。如此循环，其输出电压、电流波形如图 1-19 所示。

结论：由于电感在正半周的储能，晶闸管在电源电压由正到负的过零点也不会关断，使负载电压波形出现部分负值，其结果使输出电压平均值 U_d 减小。电感越大，维持导电时间越长，输出电压负值部分占的比例越大，U_d 减少越多。当电感 L_d 非常大时（满足 $\omega L_d \gg R_d$，通常 $\omega L_d > 10R_d$ 即可），对于不同的控制角 α，导通角 θ 将接近 $(2\pi-2\alpha)$，这时负载上得到的电压波形正负面积接近相等，平均电压 $U_d \approx 0$。可见，不管如何调节控制角 α，U_d 值总是很小，电流平均值 I_d 也很小，没有实用价值。

实际的单相半波可控整流电路在带有电感性负载时，都在负载两端并联有续流二极管。在晶闸管关断时，该二极管能为负载提供续流回路，故称为续流二极管，作用是使负载不出现负电压。

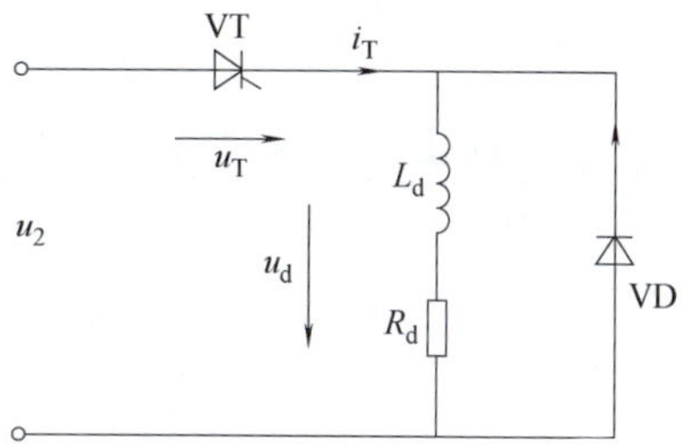

图 1-18 电感性负载接续流二极管时的电路

2. 接续流二极管

（1）电路结构。为了使电源电压过零变负时能及时地关断晶闸管，使 u_d 波形不出现负值，又能给电感线圈 L_d 提供续流的旁路，可以在整流输出端并联二极管，如图 1-18 所示。由于该二极管是为电感负载在晶闸管关断时提供续流回路，

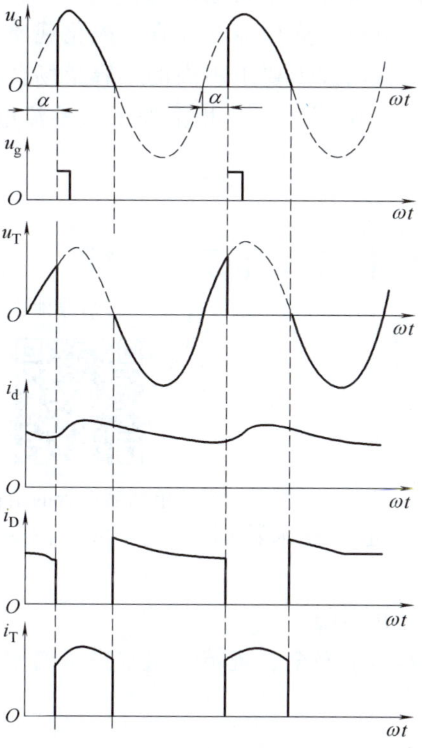

图 1-19 电感性负载接续流二极管时输出电压及电流波形

（2）工作原理。如图 1-19 所示为电感性负载接续流二极管某一控制角 α 时输出电压、电流的理论波形。

从波形图上可以看出：

在电源电压正半周（$0\sim\pi$ 区间），晶闸管承受正向电压，触发脉冲在 α 时刻触发晶闸管导通，负载上有输出电压和电流。在此期间续流二极管 VD 承受反向电压而关断。

在电源电压负半波（$\pi\sim2\pi$ 区间），电感的感应电势使续流二极管 VD 承受正向电压导通续流，此时电源电压 $u_2<0$，u_2 通过续流二极管使晶闸管承受反向电压而关断，负载两端的输出电压仅为续流二极管的管压降。如果电感足够大，续流二极管一直导通到下一周期晶闸管导通，使电流 i_d 连续，且 i_d 波形近似为一条直线。

结论：电阻负载加续流二极管后，输出电压波形与电阻性负载波形相同，可见续流二极管的作用是为了提高输出电压。负载电流波形连续且近似为一条直线，如果电感无穷大，则负载电流为一直线。流过晶闸管和续流二极管

的电流波形是矩形波。

（3）基本的物理量计算。

① 输出电压平均值 U_d 与输出电流平均值 I_d。

$$U_d=0.45U_2\frac{1+\cos\alpha}{2}$$

$$I_d=\frac{U_d}{R_d}=0.45\frac{U_2}{R_d}\frac{1+\cos\alpha}{2}$$

② 流过晶闸管电流的平均值 I_{dT} 和有效值 I_T。

$$I_{dT}=\frac{\pi-\alpha}{2\pi}I_d$$

$$I_T=\sqrt{\frac{1}{2\pi}\int_{\alpha}^{\pi}I_d^2\mathrm{d}(\omega t)}=\sqrt{\frac{\pi-\alpha}{2\pi}}I_d$$

③ 流过续流二极管电流的平均值 I_{dD} 和有效值 I_D。

$$I_{dD}=\frac{\pi+\alpha}{2\pi}I_d$$

$$I_D=\sqrt{\frac{\pi+\alpha}{2\pi}}I_d$$

晶闸管和续流二极管承受的最大正反向电压。晶闸管和续流二极管承受的最大正反向电压都为电源电压的峰值，即：

$$U_{TM}=U_{DM}=\sqrt{2}U_2$$

单相半波可控整流电路具有电路简单、调控方便等优势，但其输出的直流电压、电流脉动大，变压器利用率低且二次侧通过含直流分量的电流，变压器存在直流磁化现象，将降低设备的使用容量。因此在实际中其只用于一些对输出波形要求不高的小容量场合，在中小容量、负载要求较高的晶闸管可控整流电路中，较常用的是单相全控桥式整流电路。将在项目二中介绍。

任务四　单结晶体管的结构与工作原理分析

教学课件

单结晶体管的结构与工作原理分析

一、学习目标

（1）认识单结晶体管。

（2）会分析单结晶体管自激振荡电路。

（3）会正确使用维修工具、仪器、仪表，具备一定的技术数据分析能力。

（4）会按照实训操作流程，制定检测计划、流程并实施。

（5）遵循新能源汽车相关标准和规范流程，培养学生安全、规范、追求进步的职业素养和精益求精的工匠精神。

二、相关知识

从前面的知识学习中可知，要使晶闸管导通，除了加上正向阳极电压外，还必须在门极和阴极之间加上适当的正向触发电压与电流。为门极提供触发电压与电流的电路称为触发电路。触发电路中最为关键的器件为单结晶体管。下面就来学习单结晶体管，为任务五的学习打下基础。

（一）单结晶体管的结构

单结晶体管又称为双基极二极管，它具有一个 PN 结，内部结构如图 1-20（a）所示，等效电路如图 1-20（b）所示，其三个引脚分别为发射极 e、第一基极 b_1、第二基极 b_2。

触发电路常用的国产单结晶体管的型号主要有 BT31、BT33、BT35，其实物图、管脚，如图 1-21 所示。

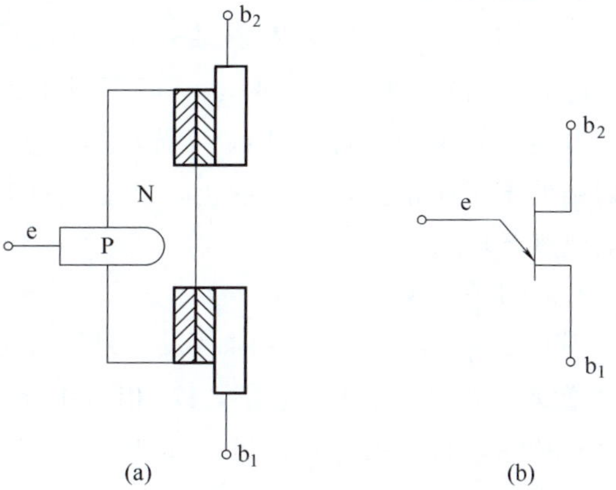

图 1-20　单结晶体管的内部结构与等效电路

（a）单结晶体管内部结构　（b）单结晶体管等效电路

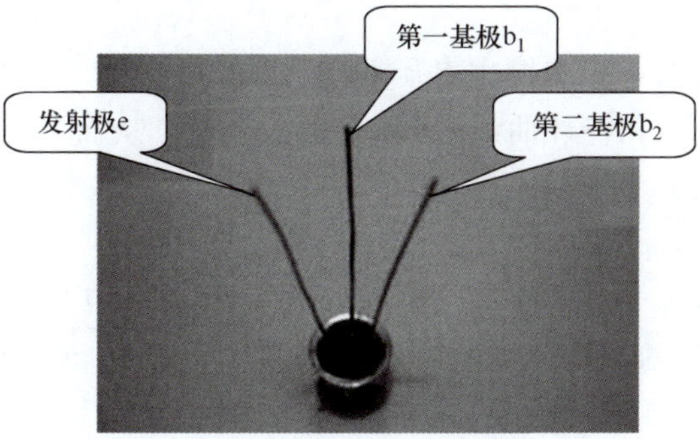

图 1-21　单结晶体管实物及管脚

（二）单结晶体管的伏安特性

将单结晶体管接成如图 1-22（a）所示试验电路，开关 S 接通时，两个基极之间的电压为 U_{bb}，管子内部 A 点电位为：

$$U_A=\frac{R_{b1}}{R_{b1}+R_{b2}}U_{bb}=\eta U_{bb}$$

式中，η 是单结晶体管的分压比，由内部结构决定，通常为 0.3～0.9。

当两基极 b_1 和 b_2 间加某一固定直流电压 U_{bb} 时，发射极电流 I_e 与发射极正向电压 U_e 之间的关系曲线称为单结晶体管的伏安特性 $I_e=f(U_e)$。

当开关 S 断开，I_{bb} 为零，加发射极电压 U_e 时，得到如图 1-22（b）所示伏安特性曲线①，该曲线与二极管伏安特性曲线相似。

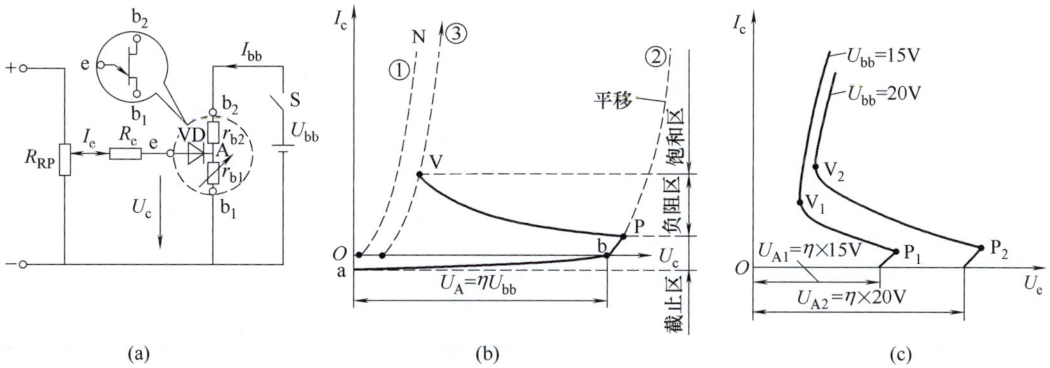

图 1-22　单结晶体管试验电路与伏安特性

（a）单结晶体管实验电路　（b）单结晶体管伏安特性　（c）特性曲线族

1. 截止区 aP 段

当 $0<U_e<\eta U_{bb}$ 时，发射结处于反向偏置，管子截止，发射极只有很小的反向漏电流。随着 U_e 的增大，反向漏电流逐渐减小；当 $U_e=\eta U_{bb}$ 时，发射结处于零偏，管子截止，电路此时工作在特性曲线与横坐标交点 b 处，$I_e=0$；当 $\eta U_{bb}<U_e<\eta U_{bb}<U_D$ 时，发射结处于正向偏置，管子截止，发射极只有很小的正向漏电流。随着 U_e 的增大，正向漏电流逐渐增大。

2. 负阻区 PV 段

当 $U_e>\eta U_{bb}+U_D=U_P$ 时，发射结处于正向偏置，管子电流形成正反馈，特点是 I_e 显著增加，R_{b1} 阻值迅速减小，U_e 相应下降，这种电压随电流增加反而下降的特性，称为负阻特性，管子由截止区进入负阻区的临界 P 称为峰点，与其对应的发射极电压和电流，分别称为峰点电压 U_P 和峰点电流 I_P。随着发射极电流 I_e 不断上升，U_e 不断下降，降到 V 点后，U_e 不再降了，V 点称为谷点，与其对应的发射极电压和电流，称为谷点电压 U_V 和谷点电流 I_V。谷点电压是维持管子导通的最小发射极电压，一旦 $U_e<U_V$ 时，管子重新截止。

3. 饱和区 VN 段

当硅片中载流子饱和后，欲使 I_e 继续增大，必须增大电压 U_e，单结晶体管处于饱和导通状态。改变 U_{bb}，器件由等效电路中的 U_A 和特性曲线中 U_P 也随之改变，从而可获得一族单结晶体管伏安特性曲线，如图 1-22（c）所示。

（三）单结晶体管的主要参数

单结晶体管的主要参数有基极间电阻 R_{bb}、分压比 η、峰点电流 I_P、谷点电压 U_V、谷点电流 I_V 及耗散功率等。国产单结晶体管的型号主要有 BT31、BT33、BT35 等，BT 表示特种半导体管的意思，其主要参数，如表 1-2 所示。

表 1-2　　单结晶体管的主要参数

<table>
<tr><th colspan="2">参数名称</th><th>分压比 η</th><th>基极电阻 $R_{bb}/k\Omega$</th><th>峰点电流 $I_P/\mu A$</th><th>谷点电流 I_V/mA</th><th>谷点电压 U_V/V</th><th>饱和电压 U_e/V</th><th>最大反压 U_{bbmax}/V</th><th>发射极反向漏电流 $I_{e0}/\mu A$</th><th>耗散功率 P_{max}/mW</th></tr>
<tr><td colspan="2">测试条件</td><td>$U_{bb}=20V$</td><td>$U_{bb}=3V$ $I_e=0$</td><td>$U_{bb}=0$</td><td>$U_{bb}=0$</td><td>$U_{bb}=0$</td><td>$U_{bb}=0$ $I_e=I_{emax}$</td><td></td><td>U_{b2e} 为最大值</td><td></td></tr>
<tr><td rowspan="4">BT33</td><td>A</td><td rowspan="2">0.45～0.9</td><td rowspan="2">2～4.5</td><td rowspan="8"><4</td><td rowspan="8">>1.5</td><td rowspan="2"><3.5</td><td rowspan="2"><4</td><td>$\geqslant 30$</td><td rowspan="8"><2</td><td rowspan="4">300</td></tr>
<tr><td>B</td><td>$\geqslant 60$</td></tr>
<tr><td>A</td><td rowspan="2">0.3～0.9</td><td rowspan="2">>4.5～12</td><td rowspan="2"><4</td><td rowspan="2"><4.5</td><td>$\geqslant 30$</td></tr>
<tr><td>B</td><td>$\geqslant 60$</td></tr>
<tr><td rowspan="4">BT35</td><td>A</td><td rowspan="2">0.45～0.9</td><td rowspan="2">2～4.5</td><td><3.5</td><td rowspan="2"><4</td><td>$\geqslant 30$</td><td rowspan="4">500</td></tr>
<tr><td>B</td><td><3.5</td><td>$\geqslant 60$</td></tr>
<tr><td>A</td><td rowspan="2">0.3～0.9</td><td rowspan="2">>4.5～12</td><td rowspan="2">>4</td><td rowspan="2"><4.5</td><td>$\geqslant 30$</td></tr>
<tr><td>B</td><td>$\geqslant 60$</td></tr>
</table>

（四）单结晶体管自激振荡电路

利用单结晶体管的负阻特性和 RC 电路的充放电特性，可以组成单结晶体管自激振荡电路。单结晶体管自激振荡电路的电路图和波形图，如图 1-23 所示。

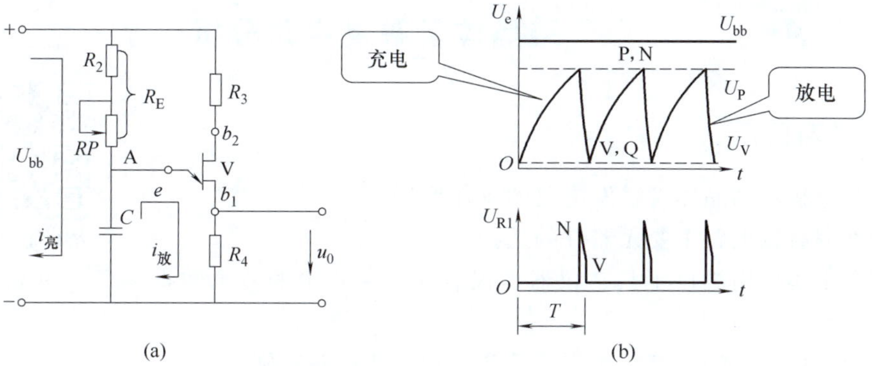

图 1-23　单结晶体管自激振荡电路电路图和波形图

（a）电路图　（b）波形图

1. 工作过程

电源未接通时，电容器初始没有电压，当电路接通以后，单结晶体管是截止的，电源经电阻 R_2、RP 对电容 C 进行充电，电容电压从零起按指数充电规律上升，充电时间常数为 R_EC；当电容两端电压达到单结晶体管的峰点电压 U_P 时，单结晶体管导通，电容开始放电，由于放电回路的电阻很小，因此放电很快，放电电流在电阻 R_4 上产生了尖脉冲。随着电容放电，电容电压降低，当电容电压降到谷点电压 U_V 以下，单结晶体管截止，接着电源又重新对电容进行充电。如此周而复始，在电容 C 两端会产生一个锯齿波，在电阻 R_4 两端将产生一个尖脉冲波。如图 1-23（b）所示。

2. 各元件的选择

（1）充电电阻 R_e 的选择。改变充电电阻 R_e 的大小，就可以改变自激振荡电路的频率，但是频率的调节有一定的范围，如果充电电阻 R_e 选择不当，将使单结晶体管自激振荡电路无法形成振荡。

充电电阻 R_e 的取值范围为：

$$\frac{U_S-U_V}{I_V}<R_e<\frac{U_S-U_P}{I_P}$$

式中，U_S——加于 B-E 两端的触发电路电源电压；

U_V——单结晶体管的谷点电压；

I_V——单结晶体管的谷点电流；

U_P——单结晶体管的峰点电压；

I_P——单结晶体管的峰点电流。

（2）电阻 R_2 的选择。电阻 R_2 是用来补偿温度对峰点电压 U_P 的影响，通常取值范围为：200～600Ω。

（3）输出电阻的选择。输出电阻 R_1 的大小将影响输出脉冲的宽度与幅值，通常取值范围为：50～100Ω。

（4）电容 C 的选择。电容 C 的大小与脉冲宽度和 R_e 的大小有关，通常取值范围为：0.1～1μF。

任务五 新能源汽车充电控制电路——单结晶体管触发电路分析

教学课件

单结晶体管触发电路分析

一、学习目标

（1）会分析单结晶体管触发电路的工作原理。

（2）掌握触发电路主要元器件的选择。

（3）会正确使用维修工具、仪器、仪表，具备一定的技术数据分析能力。

（4）会按照实训操作流程，制定检测计划、流程并实施。

（5）遵循新能源汽车相关标准和规范流程，培养学生安全、规范、追求进步的职业素养和精益求精的工匠精神。

二、相关知识

单结晶体管自激振荡电路输出的尖脉冲可以用来触发晶闸管，但不能直接用作触发电路，还必须解决触发脉冲与主电路的同步问题，因此还需对自激振荡电路加以设计。

对晶闸管触发电路来说，首先触发信号应该具有足够的触发功率（触发电压和触发电流），以保证晶闸管可靠导通；其次触发脉冲应有一定的宽度，脉冲的前沿要陡峭。最后触发脉冲必须与主电路晶闸管的阳极电压同步并能根据电路要求在一定的移相范围内移相。而由单结晶体管组成的触发电路，具有简单、可靠、触发脉冲前沿陡、抗干扰能力强以及温度补偿性能好等优点。可见有单结晶体管组成的触发电路完全可以满足晶闸管的触发信号的要求。

单结晶体管触发电路由同步电源、移相控制与脉冲形成三部分组成，如图 1-24 所示。

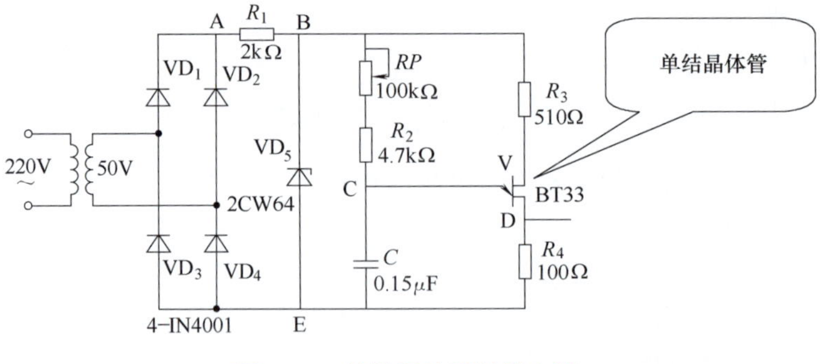

图 1-24 单结晶体管触发电路

（一）同步电路

1. 同步的概念

触发信号和电源电压在频率和相位上相互协调的关系叫同步。例如，在单相半波可控整流电路中，触发脉冲应出现在电源电压正半周范围内，而且每个周期的 α 角相同，确保电路输出波形不变，输出电压稳定。

2. 同步电路组成

同步电路由同步变压器、桥式整流电路 $VD_1 \sim VD_4$、电阻 R_1 及稳压管组成。同步变压器一次侧与晶闸管整流电路接在同一相电源上，交流电压经同步变压器降压、单相桥式整流后再经过稳压管稳压削波形成一梯形波电压，作为触发电路的供电电压。梯形波电压零点与晶闸管阳极电压过零点一致。从而实现触发电路与整流主电路的同步。

3. 波形分析

单结晶体管触发电路的调试以及在今后的使用过程中的检修主要是通过几个点的典型波形来判断个元器件是否正常，我们将通过理论波形与实测波形的比较来进行分析。

（1）桥式整流后脉动电压的波形（图 1-24 中 A 点波形）。

将 Y_1 探头的测试端接于 A 点，接地端接于 E 点，调节旋钮“t/div”和“v/div”，使示波器稳定显示至少一个周期的完整波形，测得波形如图 1-25（a）所示。由电子技术的知识我们可以知道 A 点波形为由 $VD_1 \sim VD_4$ 四个二极管构成的桥式整流电路输出波形，图 1-25（b）为理论波形，可对照进行比较。

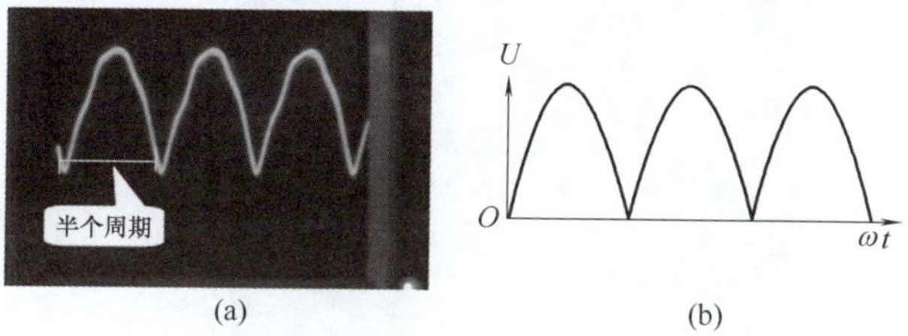

图 1-25　桥式整流后电压波形

（a）实测波形　（b）理论波形

（2）削波后梯形波电压波形（图 1-24 图中 B 点波形）。

将 Y_1 探头的测试端接于 B 点，测得 B 点的波形如图 1-26（a）所示，是经稳压管削波后得到的梯形波，图 1-26（b）为理论波形，可对照进行比较。

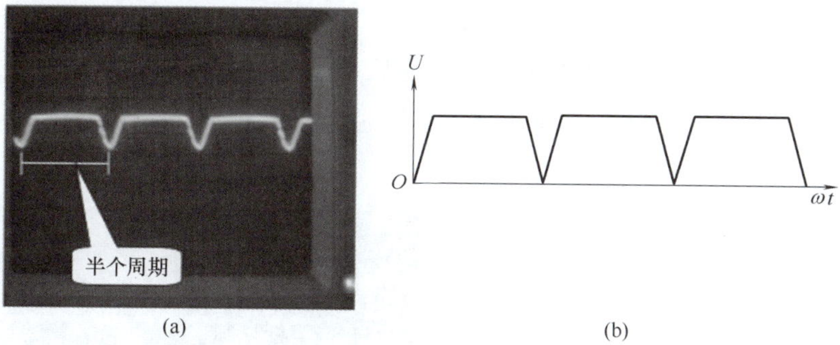

图 1-26　削波后电压波形

（a）实测波形　（b）理论波形

（二）脉冲移相与形成

1. 电路组成

脉冲移相与形成电路实际上就是上述的自激振荡电路。脉冲移相由电阻 R_1 和电容 C 组成，脉冲形成由单结晶体管、温补电阻 R_3、输出电阻 R_4 组成。

改变自激振荡电路中电容 C 的充电电阻的阻值，就可以改变充电的时间常数，图中用电位器 RP 来实现这一变化，例如：

$RP\uparrow \rightarrow \tau_c\uparrow \rightarrow$出现第一个脉冲的时间后移$\rightarrow \alpha\uparrow \rightarrow U_d\downarrow$

2. 波形分析

(1) 电容电压的波形（图 1-24 中 C 点波形）。将 Y_1 探头的测试端接于 C 点，测得 C 点的波形如图 1-27（a）所示。由于电容每半个周期在电源电压过零点从零开始充电，当电容两端的电压上升到单结晶体管峰点电压时，

单结晶体管导通，触发电路送出脉冲，电容的容量和充电电阻 R_E 的大小决定了电容两端的电压从零上升到单结晶体管峰点电压的时间，因此在本任务中的触发电路无法实现在电源电压过零点即 $\alpha=0°$时送出触发脉冲。图 1-27（b）为理论波形，可对照进行比较。

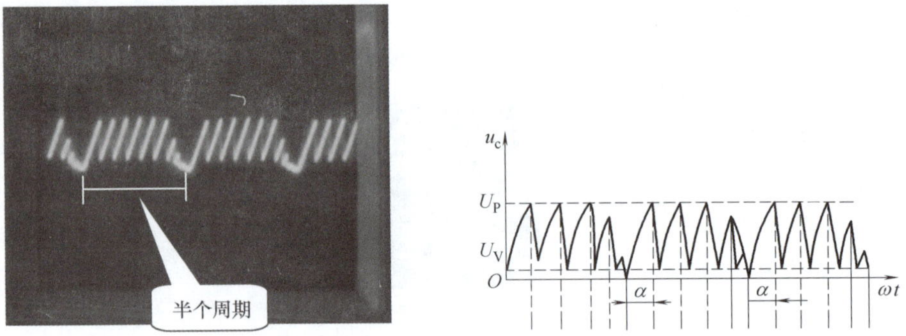

(a) (b)

图 1-27　电容两端电压波形

（a）实测波形　（b）理论波形

调节电位器 *RP* 的旋钮，观察 C 点的波形的变化范围。图 1-28 所示为调节电位器后得到的波形。

(2) 输出脉冲的波形（图 1-24 中 D 点波形）。将 Y_1 探头的测试端接于 D 点，测得 D 点的波形如图 1-29（a）所示。单结晶体管导通后，电容通过单结晶体管的 eb_1 迅速向输出电阻 R_4 放电，在 R_4 上得到很窄的尖脉冲。图 1-29（b）为理论波形，可对照进行比较。

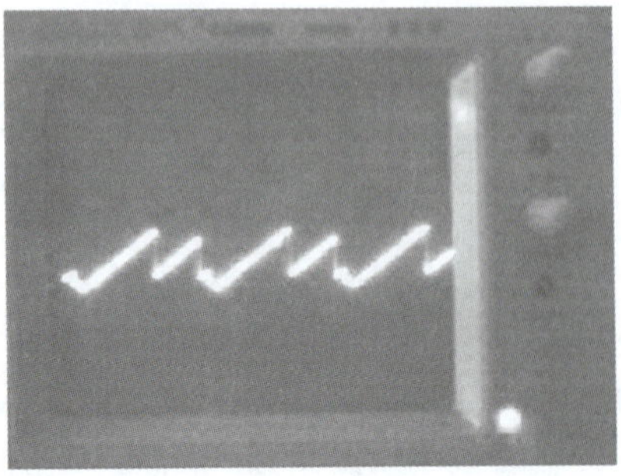

图 1-28　改变 *RP* 后电容两端电压波形

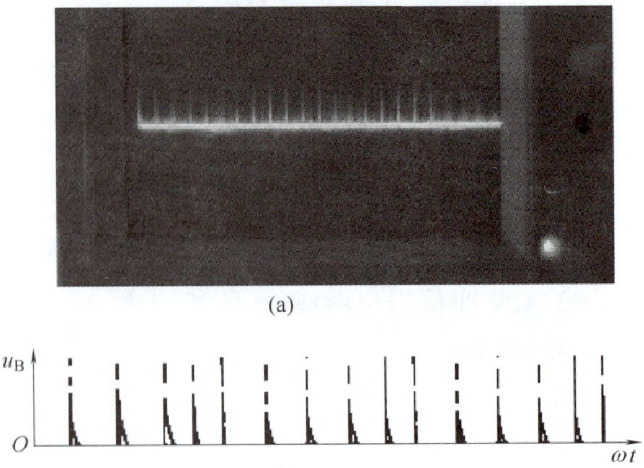

(a) (b)

图 1-29　输出波形

（a）实测波形　（b）理论波形

调节电位器 RP 的旋钮，观察 D 点的波形的变化范围。如图 1-30 所示为调节电位器后得到的波形。

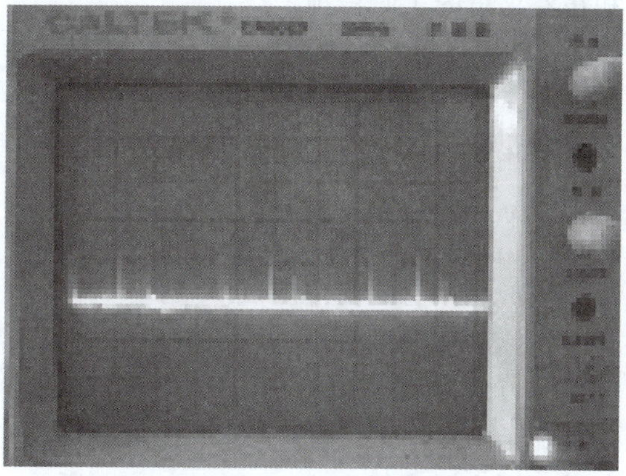

图 1-30　调节 RP 后输出波形

3. 触发电路各元件的选择

（1）充电电阻 R_E 的选择。改变充电电阻 R_E 的大小，就可以改变自激振荡电路的频率，但是频率的调节有一定的范围，如果充电电阻 R_E 选择不当，将使单结晶体管自激振荡电路无法形成振荡。

充电电阻 R_E 的取值范围为：

$$\frac{U-U_V}{I_V}<R_E<\frac{U-U_P}{I_P}$$

式中，U 是加于图 1-22 中 B-E 两端的触发电路电源电压；

U_V 是单结晶体管的谷点电压；

I_V 是单结晶体管的谷点电流；

U_P 是单结晶体管的峰点电压；

I_P 是单结晶体管的峰点电流。

（2）电阻 R_3 的选择。电阻 R_3 是用来补偿温度对峰点电压 U_P 的影响，通常取值范围为 200～600Ω。

（3）输出电阻 R_4 的选择。输出电阻 R_4 的大小将影响将影响输出脉冲的宽度与幅值，通常取值范围为 50～100Ω。

（4）电容 C 的选择。电容 C 的大小与脉冲宽窄和 R_E 的大小有关，通常取值范围为 0.1～1μF。

项目实施　单相半波可控整流电路的安装与调试

教学视频

单相半波可控整流电路的安装与调试

一、实训目的

（1）能判别晶闸管的好坏、能判别单结晶体管的管脚。

（2）掌握单结晶体管触发电路的调试步骤和方法。

（3）掌握单相半波可控整流电路在电阻性负载及电阻电感性负载时的工作以及其整流输出电压（U_d）波形。

（4）了解续流二极管的作用。

（5）熟悉单相半波可控整流电路故障的分析与处理。

（6）会正确使用维修工具、仪器、仪表，具备一定的技术数据分析能力。

（7）会按照实训操作流程，制定检测计划、流程并实施。

（8）遵循新能源汽车相关标准和规范流程，培养学生安全、规范、追求进步的职业素养和精益求精的工匠精神。

二、仪器器材

模块化电力电子实训装置、数字示波器、万用表。

三、实训内容及原理

（一）晶闸管的简单测试

在实际的使用过程中，可用万用表对晶闸管的好坏进行简单的判断。

(1) 万用表置于 R×100Ω 挡，将红表笔接晶闸管的阳极，黑表笔接晶闸管的阴极，万用表显示值应为∞，如图 1-31 所示。再将黑表笔接晶闸管的阳极，红表笔接晶闸管的阴极，万用表显示值也为∞，如图 1-32 所示。由于晶闸管正反向阻值均很大，其原因为晶闸管是四层三端半导体器件，在阳极好阴极之间有三个 PN 结，无论如何加电压，总有一个 PN 结处于反向阻断状态。

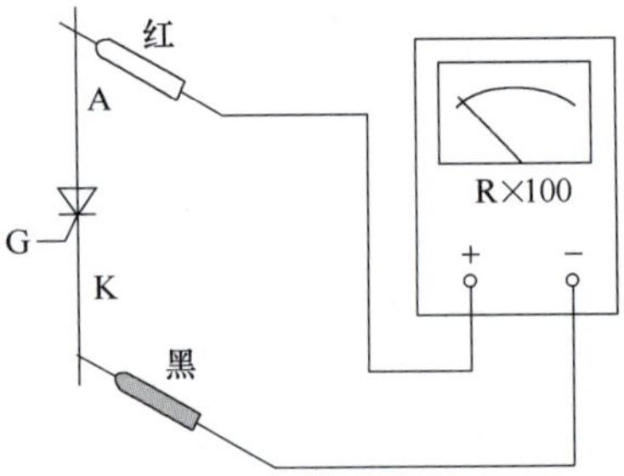

图 1-31　红表笔接阳极，黑表笔接阴极测试

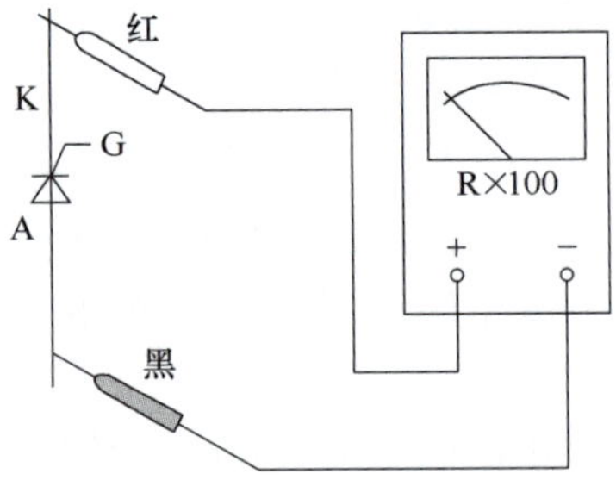

图 1-32　黑表笔接阳极，红表笔接阴极测试

(2) 将红表笔接晶闸管的控制极，黑表笔接晶闸管的阴极，测得阻值应不大，如图 1-33 所示。再将红表笔接晶闸管的控制极，红表笔接晶闸管的阴极，测得阻值也应不大，如图 1-34 所示。

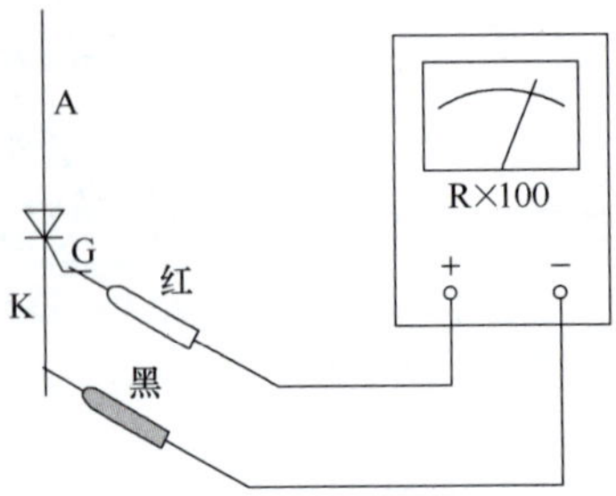

图 1-33　红表笔接控制极，黑表笔接阴极测试

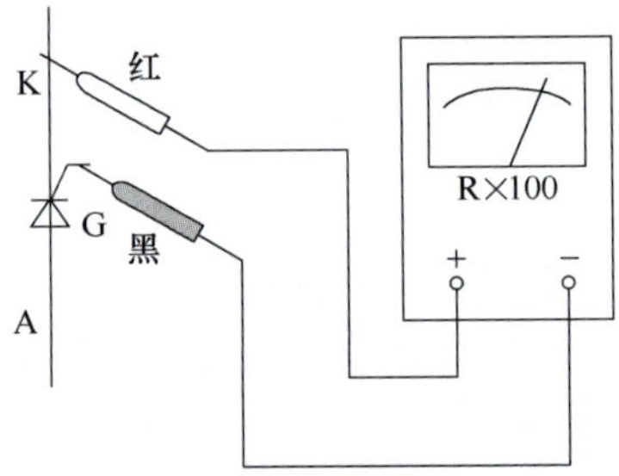

图 1-34　黑表笔接控制极，红表笔接阴极测试

（二）单结晶体管外观和引脚判别

采用万用表测试晶体管的三个电极，通过各管脚之间的相互关系对管子的好坏进行简

单的判别。常用的方法是用万用表置于电阻 R×1k 挡，将万用表红表笔接 e 脚，黑表笔接 b_1 脚，测量 b_1-e 两脚的电阻，如图 1-35 所示。再将万用表黑表笔接 b_2 脚，红表笔接 e 脚，测量 b_2-e 两脚的电阻，如图 1-36 所示。若单结晶体管正常，两次测量的电阻值均应较大，通常在几十千欧。

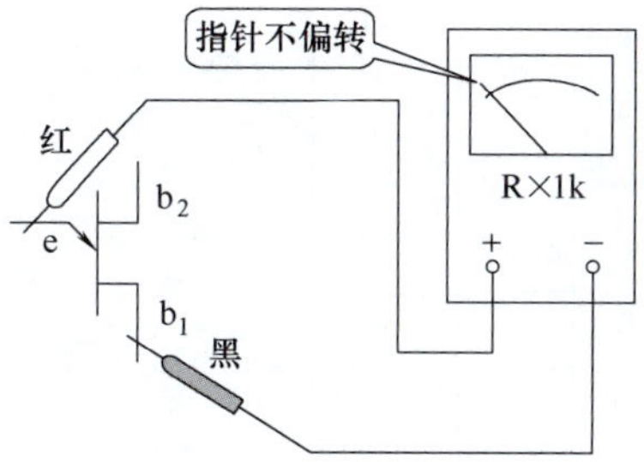

图 1-35　红表笔接 e 脚，黑表笔接 b_1 脚测量

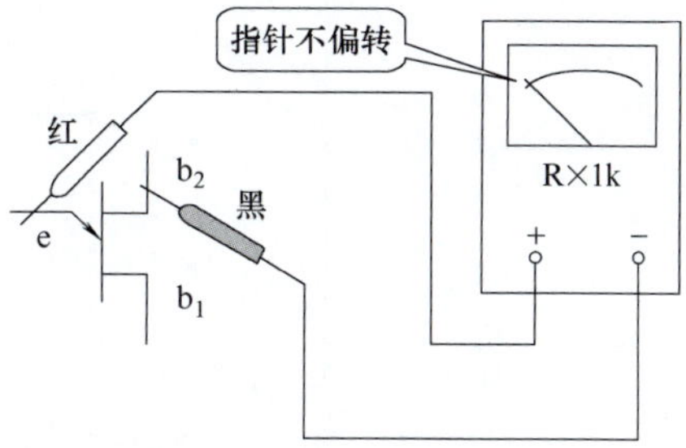

图 1-36　黑表笔接 b_2 脚，红表笔接 e 脚测量

将万用表黑表笔接 e 脚，红表笔接 b_1 脚，再次测量 b_1-e 两脚的电阻，如图 1-37 所示。再将万用表黑表笔接 e 脚，红表笔接 b_2 脚，再次测量 b_2-e 两脚的电阻，如图 1-38 所示。若单结晶体管正常，两次测量的电阻值均应较小，通常为几千欧，而且 $R_{b1}>R_{b2}$。

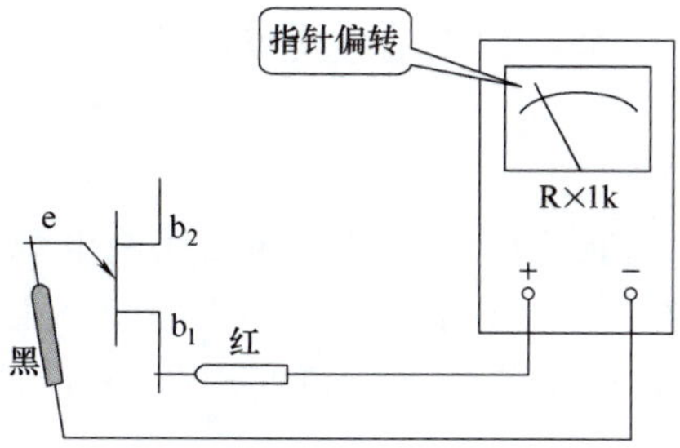

图 1-37　黑表笔接 e 脚，红表笔接 b_1 脚测量

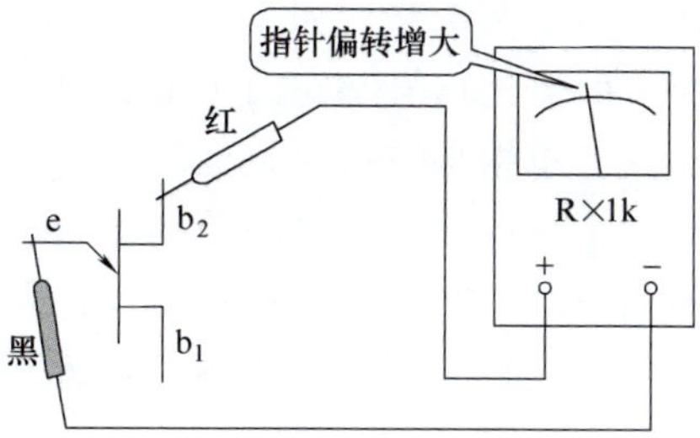

图 1-38　黑表笔接 e 脚，红表笔接 b_2 脚测量

将万用表红表笔接 b_1 脚，黑表笔接 b_2 脚，再次测量 b_1-b_2 两脚的电阻，如图 1-39 所示。再将万用表黑表笔接 b_1 脚，红表笔接 b_2 脚，再次测量 b_1-b_2 两脚的电阻，如图 1-40 所示。若单结晶体管正常，b_1-b_2 两脚的电阻应为固定值。

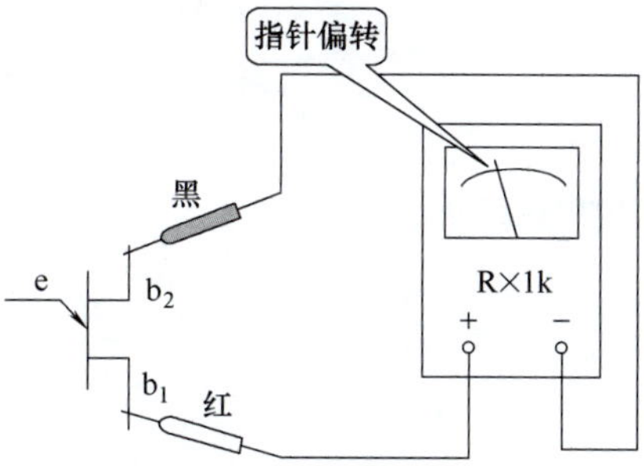

图 1-39　红表笔接 b_1 脚，黑表笔接 b_2 脚测量

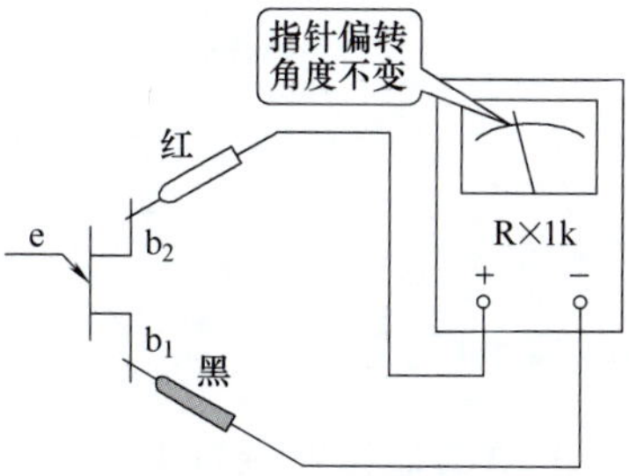

图 1-40　黑表笔接 b_1 脚，红表笔接 b_2 脚测量

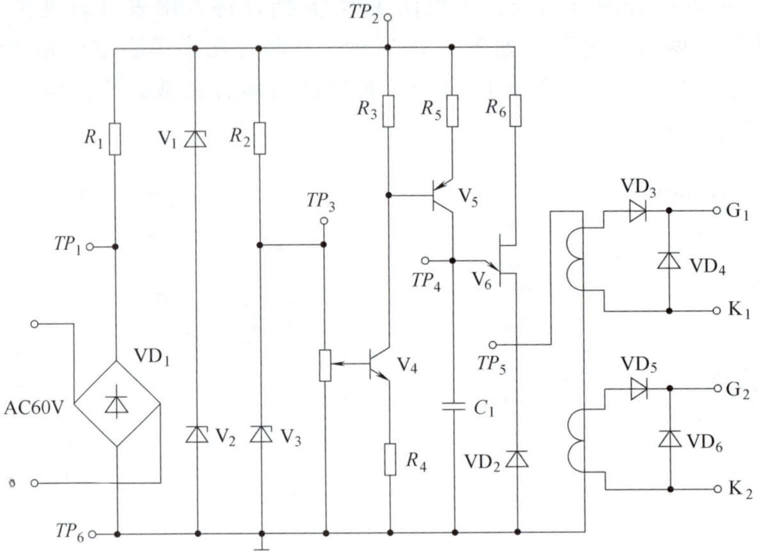

图 1-41 单结晶体管触发电路原理图

(三) 单结晶体管触发电路

利用单结晶体管(又称双基极二极管)的负阻特性和 RC 的充放电特性,可组成频率可调的自激振荡电路,如图 1-41 所示。电位器 RP_1 已装在面板上,同步信号已在内部接好,所有的测试信号都在面板上引出。

(四) 单相半波可控整电路

单相半波可控整流电路图如图 1-42 所示,从实训装置中的电源三相四线制电源模块中取单相 220V 的电源接主路与单结晶体管处发电路中,为了能够实现同步触发,主电路与触发电路必须取同一相电源。电路中电阻性负载用灯泡来等效,可实现调光灯电路的调试。

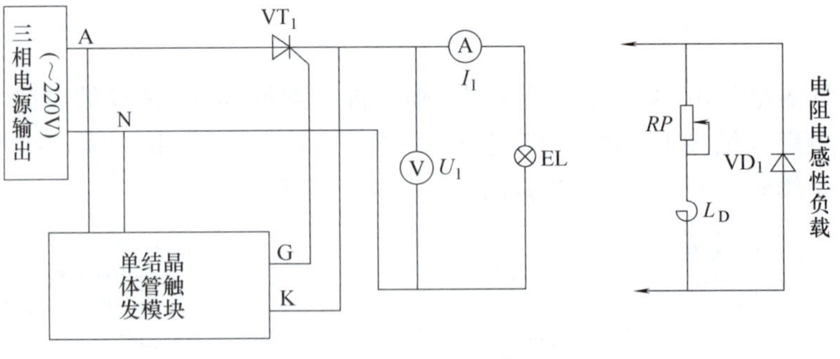

图 1-42 单相半波可控整流电路接线图

四、实训方法

(一) 单结晶体管触发电路实训方法

(1) 根据单结晶体管的测试电路要求,在模块化电力电子实训装置上选取对应的模块。

（2）根据选取的模块与对应的原理要求正确接线。

（3）接线正确后，启动电源，依次测量各点的波形，调节移相电位器 RP_1，在测量各点波形的变化，最后观测输出的“G、K”触发电压波形，观测其能否在 30°～170°范围内移相。

（4）当 $\alpha=30°$、60°、90°、120°时，将单结晶体管触发电路的各观测点波形描绘下来，并与图 1-43 的各波形进行比较。

（二）单相半波可控整流电路实训方法

（1）根据单相半波可控整流电路的测试要求，在模块化电力电子实训装置上选取对应的模块。

（2）根据选取的模块与对应的原理要求正确接线。

（3）接线正确后，启动电源，分别进行电阻性负载与电感性负载的调试。

（4）在电阻性负载实训时，用示波器观测负载电压 U_d、晶闸管 VT 两端电压 U_{VT} 的波形，调节电位器 RP_1，观察灯泡的亮暗变化，并观测 $\alpha=30°$、60°、90°、120°、150°时 U_d、U_{VT} 的波形，并测量直流输出电压 U_d 和电源电压 U_2，记录于表 1-3 中。

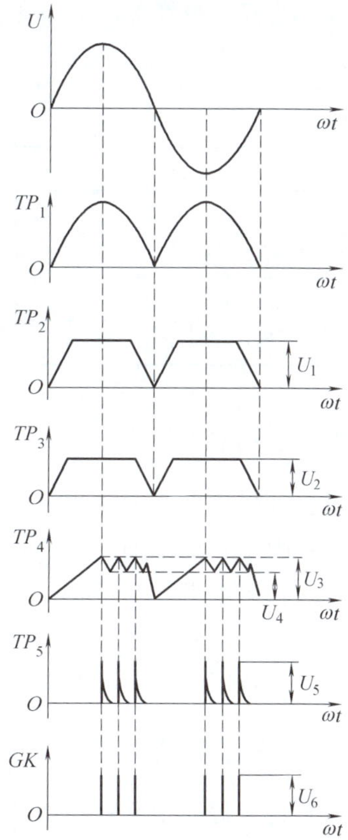

图 1-43　单结晶体管触发电路各点的电压波形（ α =90° ）

表 1-3　　U_d、U_2 记录表 1

α	30°	60°	90°	120°	150°
U_2					
U_d(记录值)					
U_d/U_2					
U_d(计算值)					

（5）将负载电阻 R 改成电阻电感性负载（由电阻器与平波电抗器 L_d 串联而成）。暂不接续流二极管 VD_1，在不同阻抗角［阻抗角 $\varphi=\tan^{-1}(\omega L/R)$］，保持电感量不变，改变 R 的电阻值，注意电流不要超过 1A 情况下，观察并记录 $\alpha=30°$、60°、90°、120°时的直流输出电压值 U_d 及 U_{VT} 的波形，记录于表 1-4 中。

表 1-4　　U_d、U_2 记录表 2

α	30°	60°	90°	120°	150°
U_2					
U_d(记录值)					
U_d/U_2					
U_d(计算值)					

接入续流二极管 VD_1，重复上述实验，观察续流二极管的作用，以及 U_{VD1} 波形的变化，记录于表 1-5 中。

表 1-5　U_d、U_2 记录表 3

α	30°	60°	90°	120°	150°
U_2					
U_d（记录值）					
U_d/U_2					
U_d（计算值）					

五、实训报告

（1）画出 $\alpha=60°$时，单结晶体管触发电路各点输出的波形及其幅值。

（2）画出 $\alpha=90°$时，电阻性负载和电阻电感性负载的 U_d、U_{VT} 波形。

（3）画出电阻性负载时 $U_d/U_2=f(\alpha)$ 的实验曲线，并与计算值 U_d 的对应曲线相比较。

（4）分析实训中出现的故障现象，写出体会。

六、注意事项

（1）为避免晶闸管意外损坏，实训时要注意以下几点：

① 在主电路未接通时，首先要调试触发电路，只有触发电路工作正常后，才可以接通主电路。

② 在接通主电路前，必须先将控制电压 U_{ct} 调到零，且将负载电阻调到最大阻值处；接通主电路后，才可逐渐加大控制电压 U_{ct}，避免过流。

③ 要选择合适的负载电阻和电感，避免过流。在无法确定的情况下，应尽可能选用大的电阻值。

（2）由于晶闸管持续工作时，需要有一定的维持电流，故要使晶闸管主电路可靠工作，其通过的电流不能太小，否则可能会造成晶闸管时断时续，工作不可靠。在本实训装置中，要保证晶闸管正常工作，负载电流必须大于 50mA 以上。

（3）在实训中要注意同步电压与触发相位的关系，例如在单结晶体管触发电路中，触发脉冲产生的位置是在同步电压的上半周，而在锯齿波触发电路中，触发脉冲产生的位置是在同步电压的下半周，所以在主电路接线时应充分考虑到这个问题，否则实训就无法顺利完成。

知识拓展——可关断晶闸管（GTO）

在大功率直流调速装置中，有的使用可关断晶闸管（GTO）器件，如电力机车整流主电路主要器件就是可关断晶闸管（GTO），通过控制几个 GTO，来调节整流输出电压。

一、GTO 的结构及工作原理

可关断晶闸管（GTO）也称门极可关断晶闸管（GTO）。它的主要特点是，既可用门极正向触发信号使其触发导通，又可向门极加负向触发电压使其关断。

可关断晶闸管（GTO）与普通晶闸管一样，也是 PNPN 四层三端器件，图 1-44 是可关断晶闸管（GTO）的外形和图形符号。GTO 是多元的功率集成器件，它内部包含了数十个甚至是数百个共阳极的 GTO 元，这些小的 GTO 元的阴极和门极则在器件内部并联在一起，且每个 GTO 元阴极和门极距离很短，有效地减小了横向电阻，因此可以从门极抽出电流而使它关断。

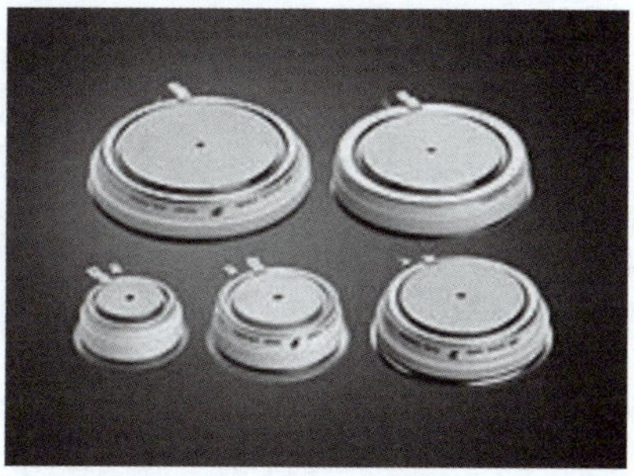

(a)

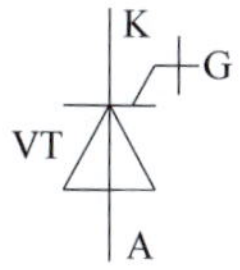

(b)

图 1-44　可关断晶闸管（GTO）的外形及符号

（a）可关断（GTO）的外形　（b）可关断（GTO）的图形符号

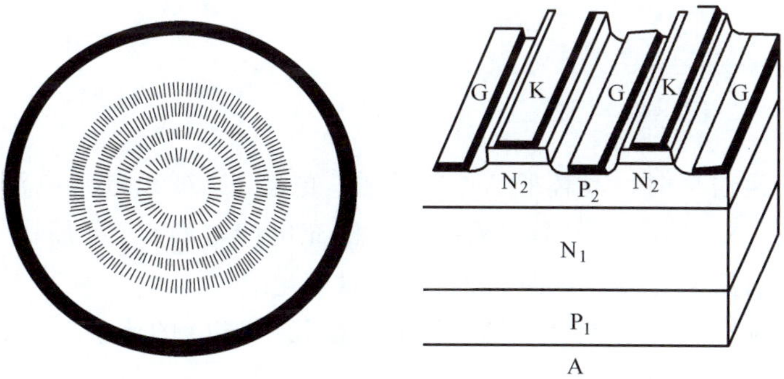

图 1-45　可关断（GTO）的内部结构

其内部结构如图 1-45 所示。

GTO 的触发导通原理与普通晶闸管相似，阳极加正向电压，门极加正触发信号后，使 GTO 导通。但要关断 GTO 时，给门极加上足够大的负电压，可以使 GTO 关断。

二、GTO 的驱动电路

GTO 的触发导通过程与普通晶闸管相似，但影响它关断的因素却很多，GTO 的门极关断技术是其正常工作的基础。

理想的门极驱动信号（电流、电压）波形，如图 1-46 所示，其中实线为电流波形，虚线为电压波形。

触发 GTO 导通时，门极电流脉冲应前沿陡、宽度大、幅度高、后沿缓。这是因为上升陡峭的门极电流脉冲可以使所有的 GTO 元几乎同时导通，而脉冲后沿太陡容易产生振荡。

门极关断电流脉冲的波形前沿要陡、宽度足够、幅度较高、后沿平缓。

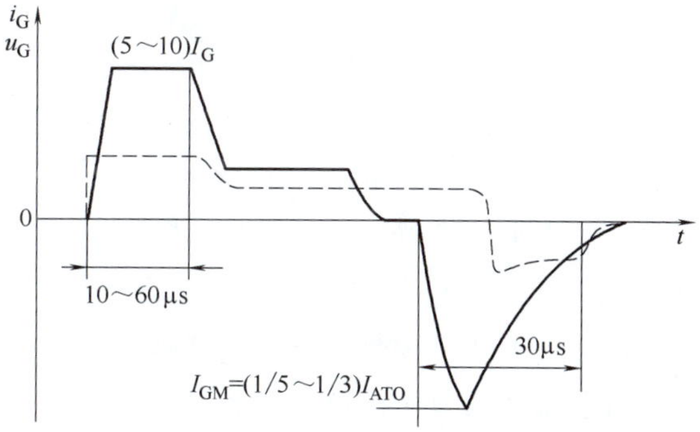

图 1-46　GTO 门极驱动信号波形

这是因为后关断脉冲前沿陡可缩短关断时间，而后沿坡度太陡则可能产生正向门极电流，使 GTO 导通。

GTO 门极驱动电路包括开通电路、关断电路和反偏电路。图 1-47 为一双电源供电的门极驱动电路。该电路由门极导通电路、门极关断电路和门极反偏电路组成。该电路可用于三相 GTO 逆变电路。

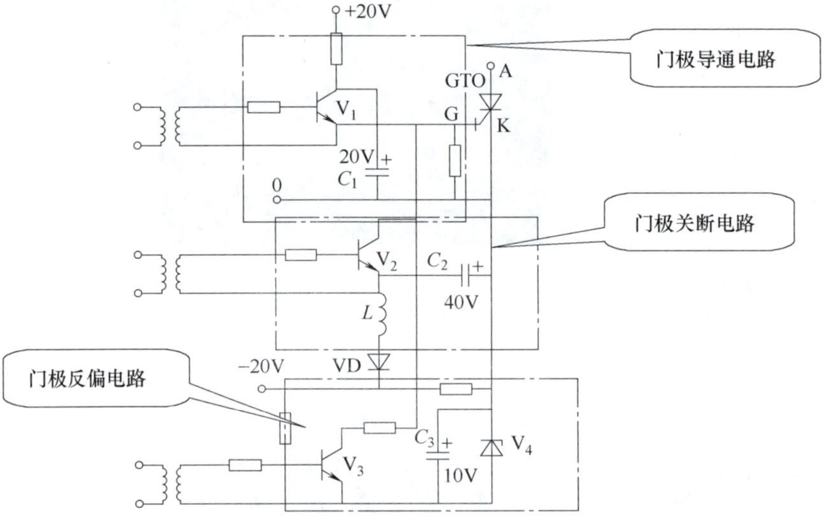

图 1-47　门极驱动

(1) 门极导通电路。在无导通信号时，晶体管 V_1 未导通，电容 C_1 被充电到电源电压，约为 20V。当时导通信号时，V_1 导通，产生门极电流。已充电的电容 C_1 可加快 V_1 的导通，从而增加门极导通电流前沿的陡度。此时，电容 C_2 被充电。

(2) 门极关断电路。当有关断信号时，晶体管 V_2 导通，C_2 经 GTO 的阴极、门极、V_2 放电，形成峰值 90V、前沿陡度大、宽度大的门极关断电流。

(3) 门极反偏电路。电容 C_3 由−20V 电源充电、稳压管 V_4 箝位，其两端得到上正下负、数值为 10V 的电压。当晶体管 V_3 导通时，此电压作为反偏电压加在 GTO 的门极上。

项 目 小 结

(1) 晶闸管是一种大功率半导体变流器件，它具有三个 PN 结、四层半导体结构，三个引出极为阳极 A、阴极 K 和门极 G。

(2) 单相半波调光灯电路移相范围为，晶闸管可能承受的最大电压 U_{TM} 为 $U_{TM}=\sqrt{2}U_2$。

(3) 单相半波可控整流电路电阻性负载电路参数的计算。

输出电压平均值的计算公式为：

$$i_d \approx 0$$

负载电流平均值的计算公式为：

$$I_d=\frac{U_d}{R_d}=0.45\frac{U_2}{R_d}\frac{1+\cos\alpha}{2}$$

负载电流有效值的计算公式为：

$$I=\frac{U_2}{R_d}\sqrt{\frac{1}{4\pi}\sin2\alpha+\frac{\pi-\alpha}{2\pi}}$$

（4）利用单结晶体管的负阻特性和 RC 电路的充放电特性，可以组成单结晶体管自激振荡电路。

项目测试

一、选择题

1. 普通晶闸管的额定电流是用电流的（　　）表示的。

A. 有效值　　B. 瞬时值　　C. 平均值　　D. 最大值

2. 已经导通的晶闸管可被关断的条件是流过晶闸管的电流（　　）。

A. 减少至维持电流以下　　B. 减少至擎住电流以下

C. 减少至门极触发电流以下　　D. 减少至 5A 以下

3. 型号 KP10-12G 中，数字“10”表示（　　）。

A. 额定电压 10V　　B. 额定电压 1000V

C. 额定电流 10A　　D. 额定电流 1000A

4. 单结晶体管伏安特性的负阻区是在（　　）。

A. 峰点与谷点之间　　B. 电压小于谷点电压的区域

C. 电流大于谷点电流的区域　　D. 电压大于峰点电压的区域

5. 单结晶体管张弛振荡电路输出的电压波形是（　　）。

A. 锯齿波　　B. 正弦波　　C. 矩形波　　D. 尖脉冲

6. 单结晶体管的两个基极 b_1、b_2 在使用时（　　）。

A. b_2 电位必须高于 b_1　　B. b_2 电位必须低于 b_1

C. 可以交换接线　　D. 需要查手册才能确定接法

7. 单相半波可控整流可控整流电路中，晶闸管可能承受的反向峰值电压为（　　）。

A. U_2　　B. $\sqrt{2}U_2$　　C. $2\sqrt{2}U_2$　　D. $\sqrt{6}U_2$

8. 单相半波可控整流电路带电阻性负载，在 $\alpha=600$ 时输出电压平均值为（　　）。

A. $0.34U_2$　　B. $0.45U_2$　　C. $0.75U_2$　　D. $0.9U_2$

9. 单相半波可控整流电阻性负载电路中，控制角的最大移相范围是（　　）。

A. 0°～90°　　B. 0°～120°　　C. 0°～150°　　D. 0°～180°

二、判断题

1. 给晶闸管加上正向阳极电压时它就会导通。（　　）

2. 晶闸管导通后，流过晶闸管的电流大小由管子本身电特性决定。（　　）

3. 晶闸管在使用时必须加散热器。(　　)

4. 晶闸管的关断条件是阳极电流小于管子的擎住电流，即 $I_a < I_L$。(　　)

5. 单相半波可控整流电路，其移相范围为 0°～180°。(　　)

6. 普通晶闸管为全控型器件。(　　)

7. 单结晶体管是一种具有负阻特性的双基极二极管。(　　)

8. 单结晶体管触发电路中，发射极电阻无论取多大都能正常工作。(　　)

9. 单相半波可控整流电路，电阻性负载必须要接续流二极管。(　　)

10. 单相半波可控整流电路，带大电感负载时，必须并联续流二极管才能正常工作。(　　)

三、思考题

1. 晶闸管导通的条件是什么？导通后流过晶闸管的电流由什么决定？晶闸管的关断条件是什么？如何实现？晶闸管导通与阻断时其两端电压各为多少？

2. 调试图 1-48 所示晶闸管电路，在断开负载 R 测量输出电压 U_d 是否可调时，发现电压表读数不正常，接上 R 后一切正常，请分析为什么？

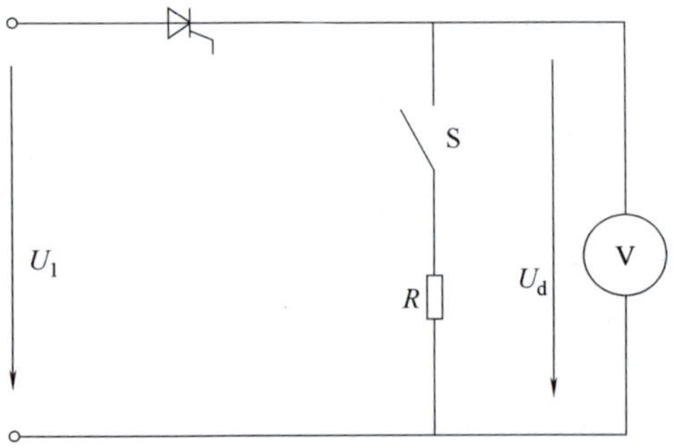

图 1-48　题 3 图

3. 说明晶闸管型号 KP100-8E 代表的意义。

4. 晶闸管的额定电流和其他电气设备的额定电流有什么不同？

5. 某晶闸管元件测得 $U_{DRM}=840V$，$U_{RRM}=980V$，试确定此晶闸管的额定电压是多少？

6. 有些晶闸管触发导通后，触发脉冲结束时它又关断是什么原因？

7. 有一单相半波可控整流电路，带电阻性负载 $R_d=10\Omega$，交流电源直接从 220V 电网获得，试求：

(1) 输出电压平均值 U_d 的调节范围。

(2) 计算晶闸管电压与电流并选择晶闸管。

8. 画出单相半波可控整流电路，当 $\alpha=60°$时，以下三种情况的 u_d、i_T 及 u_T 的波形。

(1) 电阻性负载。

(2) 大电感负载不接续流二极管。

(3) 大电感负载接续流二极管。

9. 单相半波整流电路，如门极不加触发脉冲；晶闸管内部短路；晶闸管内部断开，试分析上述 3 种情况下晶闸管两端电压和负载两端电压波形。

10. 单结晶体管触发电路中，削波稳压管两端并接移只大电容，可控整流电路能工作吗？为什么？

11. 单结晶体管自激振荡电路是根据单结晶体管的什么特性组成工作的？振荡频率的高低与什么因素有关？

项目二

新能源汽车整流电路和逆变电路一

【项目描述】

项目一中介绍了新能源汽车充电装置中的半波整流电路，此种电路只有半个周期，因此脉动大，功率低。本项目在此基础上详细介绍新能源汽车充电器中其他整流电路，和逆变电路，如图 2-1 所示。电动汽车车载充电机采用的是高频开关电源技术，主要功能是将交流 220V 市电转换为高压直流电给动力蓄电池进行充电，保证车辆正常行驶。同时车载

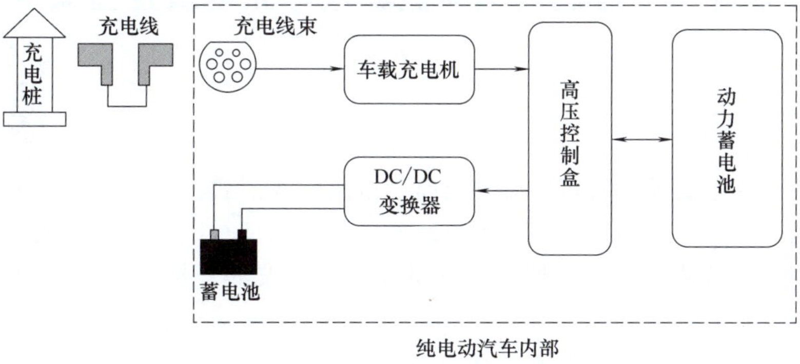

(a)

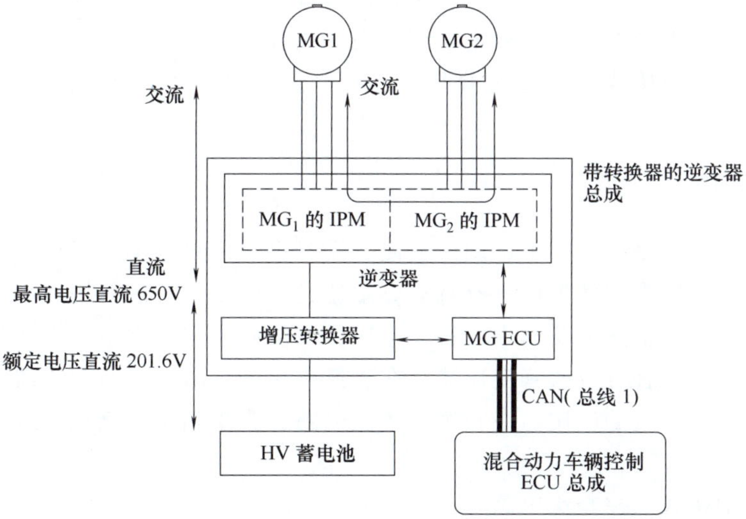

(b)

图 2-1　新能源汽车充电电路

(a) 新能源汽车充电装置整流结构图　(b) 新能源汽车充电装置逆变结构图

充电机提供相应的保护功能，包括过压、欠压、过流、欠流等多种保护措施，当充电系统出现异常时，会及时切断供电，如图 2-1（a）所示。

带转换器的逆变器总成电路，如图 2-1（b）所示，其由增压转换器、DC/AC 逆变器、DC/DC 转换器、MGECU 组成。

【项目分析】

混合动力车辆 ECU 接收各类传感器（加速踏板位置传感器、换挡传感器换挡控制执行器）和各类 ECU（发动机 ECU、蓄电池 ECU、制动防滑控制 ECU）发出的信号，并根据这些信号计算车辆行驶所需的扭矩和输出功率。逆变器内的 MGECU 又根据混合动力车辆 ECU 的信号，进行增压转换器控制、DC/AC 控制、DC/DC 控制。本项目主要掌握新能源汽车充电装置主电路中整流电路和逆变电路工作原理。并对桥式整流电路中的主要控制电路进行拓展分析。

任务一　直流调速新能源汽车充电装置整流电路分析

教学课件

直流调速新能源汽车充电装置整流电路分析

一、学习目标

（1）了解单相桥式晶闸管可控整流电路的电路组成形式。

（2）掌握单相桥式晶闸管可控整流电路的工作原理。

（3）掌握单相桥式晶闸管可控整流电路各主要点波形分析及参量计算。

（4）会检测单相全控桥式整流电路。

（5）会正确使用维修工具、仪器、仪表，具备一定的技术数据分析能力。

（6）会按照实训操作流程，制定检测计划、流程并实施。

（7）从单相全控桥式整流电路检测，培养学生知识迁移、自学能力和可持续发展的能力。

二、相关知识

单相半波整流电路结构简单、调试方便、投资小，但只有半周工作，输出的直流电压脉动大，整流变压器利用率低而且有直流分量流过，所以，一般只用在小容量而且要求不高的场合。单相桥式整流电路输出的直流电压、电流脉冲程度比单相半波整流电路输出的直流电压、电流小，且可以改善变压器存在直流磁化的现象，提高变压器利用率，所以在小容量装置中得到广泛的应用。单相桥式整流电路分为单相桥式全控整流电路和单相桥式半控整流电路。

（一）单相桥式全控整流电路

1. 电阻性负载

（1）电路结构。单相全控桥式整流电路带电阻性负载的电路结构如图 2-2 所示，由整流变压器、四只晶闸管 VT_1、VT_2、VT_3、VT_4 以及负载电阻 R_d 组成，其中 VT_1、VT_2

阴极相连，为共阴极接法；VT_3、VT_4 阳极相连，为共阳极接法。VT_1 和 VT_4 组成一对桥臂，在 u_2 正半周承受电压 u_2，有触发脉冲即导通，当 u_2 过零时关断；VT_2 和 VT_3 组成另一对桥臂，在 u_2 负半周承受电压 u_2，有触发脉冲即导通，当 u_2 过零时关断。

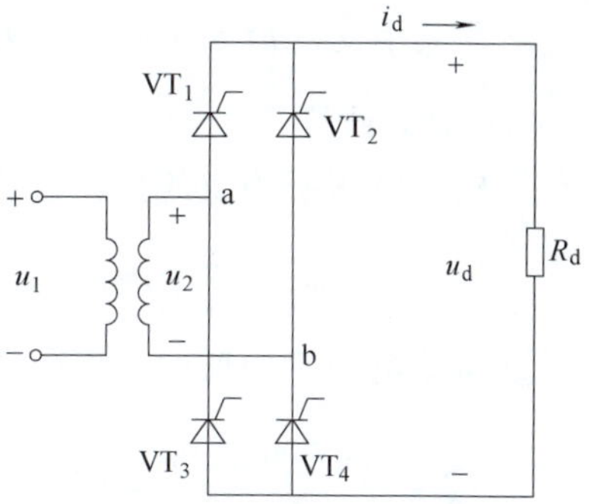

图 2-2 单相桥式全控整流电路电阻性负载主电路

（2）工作原理分析。改变晶闸管的触发时刻，即控制角 α 的大小及可改变输出电压的波形，图 2-3 所示为 $\alpha=30°$时输出电压的理论波形。当电源电压 u_2 处于正半周时，在 ωt_1 时刻即 $\alpha=30°$加入触发脉冲，VT_1 和 VT_4 同时导通，忽略晶闸管的管压降，电源电压 u_2 全部加在电阻两端，整流输出电压波形 u_d 与电源电压 u_2 正半周的波形相同，在 ωt_2 时刻，电源电压 u_2 过零时，晶闸管 VT_1 和 VT_4 承受反压关断；当电源电压 u_2 处于负半周时，在相同的控制角 ωt_3 时刻，即 $\alpha=30°$ 时触发晶闸管 VT_2 和 VT_3 同时导通，在此段时间输出电压仍然为正向，电阻两端获得与 u_2 正半周相同的整流输出电压波形，ωt_4 时刻电源电压 u_2 过零重新变正时，VT_2 和 VT_3 承受反压关断。如此循环工作下去，在电阻两端得到脉动的输出直流电压，波形如图 2-3（a）所示。

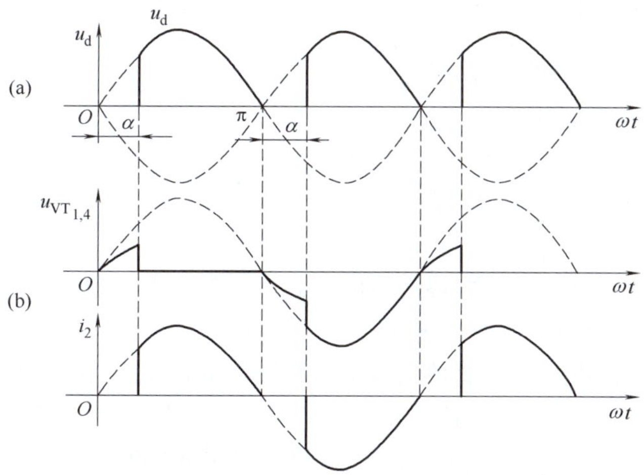

图 2-3 $\alpha=30°$ 单相全控桥电阻性负载时的理论波形

（a）输出电压 u_d 的理论波形 （b）晶闸管 VT_1 两端电压的理论波形

如图 2-3（b）所示为 $\alpha=30°$时，晶闸管 u_{VT1} 两端电压的理论波形。从图中可以看出，在一个周期内整个波形也分为四个部分：$0\sim\omega t_1$ 期间，触发脉冲尚未加入，$VT_1\sim VT_4$ 均处于截止状态，如果共阴极的两个管子 VT_1、VT_3 的漏电阻相等，则晶闸管 VT_1 承担一半的电源电压，即 $1/2u_2$；在 $\omega t_1\sim\omega t_2$ 期间，晶闸管 VT_1 导通，忽略管压降，晶闸管两端的电压 $u_{VT1}\approx 0$；在 $\omega t_2\sim\omega t_3$ 期间，由于 $VT_1\sim VT_4$ 均处于截止状态，使得 VT_1 承担一半的电源电压；$\omega t_3\sim\omega t_4$ 期间，当晶闸管 VT_3 被触发导通后，VT_1 将承受 u_2 的全部反向电压波形。

从图 2-3 中可见，负载上的直流电压输出波形与单相半波时多了一倍，由晶闸管所承受的电压波形可以看出，晶闸管的控制角可从 0°～180°变化，即电路的移相范围为 0°～180°，其导通角为 $\pi-\alpha$。除在晶闸管导通期间不受电压外，当一组管子导通时，电源电压 u_2 将全部加在未导通的晶闸管上，当四只晶闸管都处于截止状态时，假设管子的漏电阻相等，则每只管子承担电源电压 u_2 的一半。因此，晶闸管承受的最大反向电压为

$\sqrt{2}U_2$，而其承受的最大正向电压为$\frac{\sqrt{2}}{2}U_2$。

（3）参数计算。

① 输出电压平均值的计算公式：

$$U_d=\frac{1}{\pi}\int_{\alpha}^{\pi}\sqrt{2}U_2\sin\omega t\,d(\omega t)=\frac{2\sqrt{2}U_2}{\pi}\frac{1+\cos\alpha}{2}=0.9U_2\frac{1+\cos\alpha}{2}$$

② 负载电流平均值的计算公式：

$$I_d=\frac{U_d}{R}=\frac{2\sqrt{2}U_2}{\pi R}\frac{1+\cos\alpha}{2}=0.9\frac{U_2}{R}\frac{1+\cos\alpha}{2}$$

③ 输出电压的有效值的计算公式：

$$U=\sqrt{\frac{1}{\pi}\int_{\alpha}^{\pi}(\sqrt{2}U_2\sin\omega t)^2 d(\omega t)}=U_2\sqrt{\frac{1}{2\pi}\sin 2\alpha+\frac{\pi-\alpha}{\pi}}$$

④ 负载电流有效值的计算公式：

$$I=\frac{U_2}{R_d}\sqrt{\frac{1}{2\pi}\sin 2\alpha+\frac{\pi-\alpha}{\pi}}$$

⑤ 流过每只晶闸管的电流的平均值的计算公式：

$$I_{dVT}=\frac{1}{2}I_d=0.45\frac{U_2}{R}\frac{1+\cos\alpha}{2}$$

⑥ 流过每只晶闸管的电流的有效值的计算公式：

$$I_T=\sqrt{\frac{1}{2\pi}\int_{\alpha}^{\pi}\left(\frac{\sqrt{2}U_2}{R_d}\sin\omega t\right)^2 d(\omega t)}=\frac{U_2}{R_d}\sqrt{\frac{1}{4\pi}\sin 2\alpha+\frac{\pi-\alpha}{2\pi}}=\frac{1}{\sqrt{2}}I$$

2. 电感性负载

实际应用中，采用的电动机负载是电感加反电势性质的负载，为保证电流连续需加装平波电抗器（大电感），其电路按大电感负载、电路处于稳态进行分析。

（1）电路结构。单相桥式全控整流电路带电感性负载主电路图，如图 2-4 所示。由整流变压器 T、四只晶闸管 VT_1～VT_4 平波电感器 L 以及电阻 R 组成。

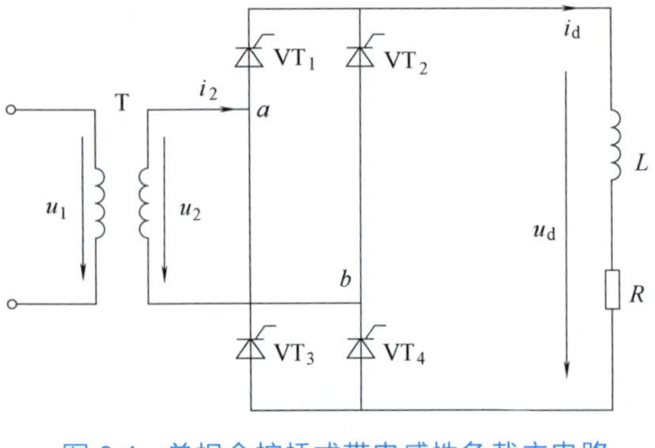

图 2-4 单相全控桥式带电感性负载主电路

（2）工作原理分析。在电源 u_2 正半周时，在相当于 α 角的时刻给 VT_1 和 VT_4 同时加触发脉冲，则 VT_1 和 VT_4 导通，输出电压为 $u_d=u_2$。由此时刻到 VT_2 和 VT_3 被触发导通时间段内，负载电流流通路径为 a→VT_1→L→R→VT_4→b。当电源电压 u_2 过零变负时，由于电感产生的自感电动势会使 VT_1 和 VT_4 继续导通，而输出电压仍为 $u_d=u_2$，所以出现了输出电压为负的情况。此时，晶闸管 VT_2 和 VT_3 虽然已承受正向电压，但还没给触发脉冲，所以不会导通。直到在负半周相当于 α 角的时刻，给 VT_2 和 VT_3 同时加触发脉冲，则因 VT_2 的阳极电压比 VT_1 高，VT_3 的阴极电位比 VT_4 的低，故 VT_2 和 VT_3 被触发导通，VT_2 和 VT_3 的导通将使 VT_1 和 VT_4 由于承受反压而关断，负载电

流也改为经过 VT_2 和 VT_3。由 VT_2 和 VT_3 被触发导通时刻到下个周期 VT_1 和 VT_4 导通时段内，负载电流流通路径为 b→VT_3→L→R→VT_2→a。

由图 2-5 输出负载电压 u_d、负载电流 i_d 的波形可看出，与电阻性负载相比，u_d 的波形出现了负半周部分，i_d 的波形则是连续的近似直线，这是由于电感中的电流不能突变，电感起到了平波的作用，电感越大则电流越平稳。

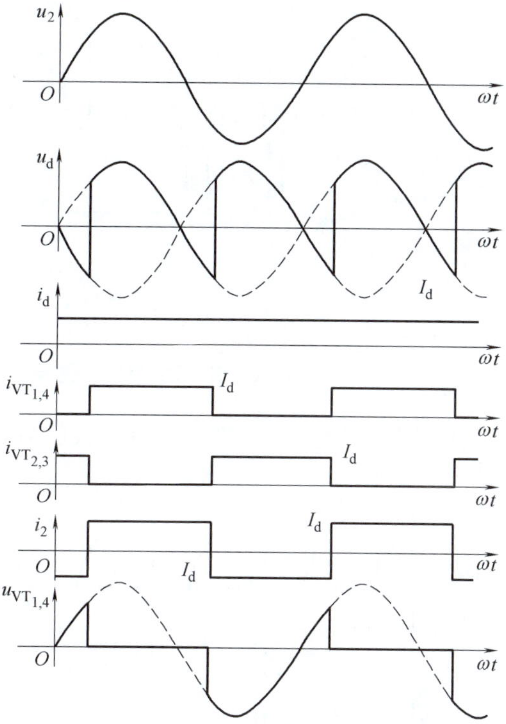

图 2-5 单相桥式全控整流电路带电感性负载波形图

从晶闸管 u_{VT2} 两端电压的理论波形可以看出，在单相全控桥式整流大电感负载电路中，每只晶闸管导通 180°，当晶闸管 VT_2 导通时，忽略管压降，晶闸管两端的电压 $u_{VT2}\approx 0$；当晶闸管 VT_2 处于截止状态时，VT_4 导通，VT_2 承受全部的反向电源电压。可得晶闸管承受的最大正、反向电压均为$\sqrt{2}U_2$。两组管子轮流导通，每只晶闸管的导通时间较电阻性负载时延长了，导通角 $\theta_T=\pi$，与 α 无关。

（3）参数计算。

① 输出电压平均值的计算公式：

$$U_d=\frac{1}{\pi}\int_{\alpha}^{\pi+\alpha}\sqrt{2}U_2\sin\omega t\,d(\omega t)=0.9U_2\cos\alpha$$

在 $\alpha=0°$ 时，输出电压 U_d 最大，$U_{d0}=0.9U_2$；至在 $\alpha=90°$时，输出电压 U_d 最小，等于零。因此 α 的移相范围是 0°～90°。

② 负载电流平均值的计算公式：

$$I_d=\frac{U_d}{R_d}=0.9\frac{U_2}{R_d}\cos\alpha$$

③ 晶闸管的电流平均值只有输出直流平均值的一半，其计算公式：

$$I_{dVT}=\frac{1}{2}I_d=0.45\frac{U_2}{R}\cos\alpha$$

④ 晶闸管电流的有效值计算公式：

$$I_{VT}=\frac{1}{\sqrt{2}}I_d$$

3. 单相全控桥式整流电路带续流二极管的电感性负载

单相全控桥式整流大电感负载电路在 0°～90°的范围内，负载电压的波形出现负半周，从而使电路输出电压平均值下降，为了扩大移相范围，去掉输出电压的负值，提高 U_d 的值，可以再负载两端并接续流二极管来解决这个问题。

（1）电路结构。单相桥式全控整流电路带电感性负载接续流二极管主电路图如图 2-6 所示。由整流变压器 T、四只晶闸管 VT_1～VT_4、续流二极管 VD、平波电感器 L 以及电阻 R 组成。

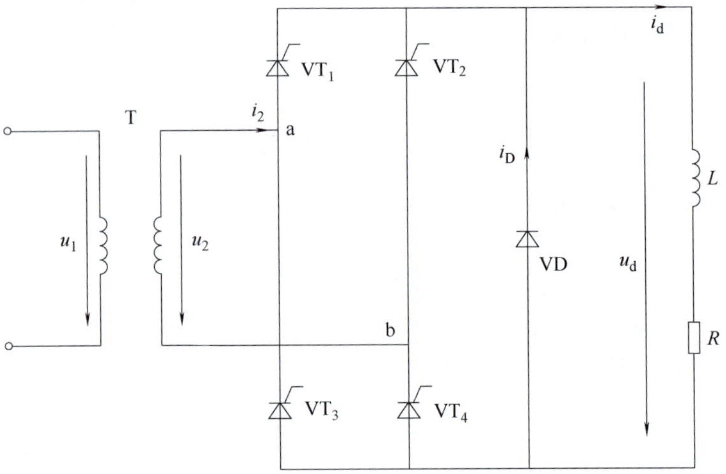

图 2-6　单相全控桥式整流大电感负载接续流二极管主电路

（2）工作原理分析。接入续流二极管后，$\alpha=60°$时输出电压 u_d 及晶闸管 VT_1 两端的理论波形如图 2-7 所示。

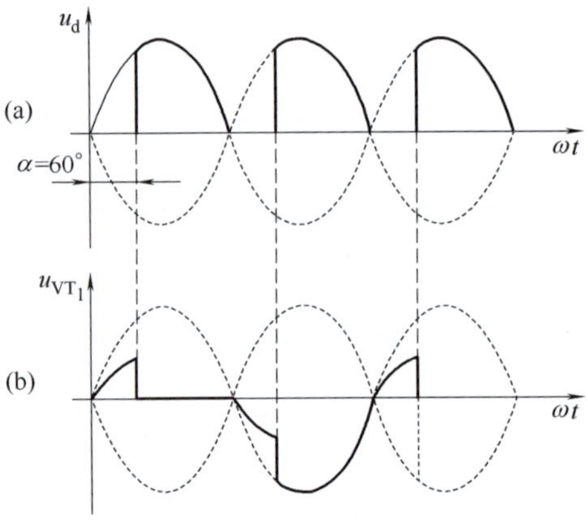

图 2-7　$\alpha=60°$ 单相全控桥大电感负载带续流二极管的理论波形

（a）输出电压 u_d 的理论波形　（b）晶闸管 VT_1 两端电压的理论波形

电源电压正半周时，晶闸管 VT_1 和 VT_4 在 $\alpha=60°$时刻被触发导通，整流输出的电压 u_d 的波形与电源电压 u_2 正半周的波形相同。忽略管压降，晶闸管 VT_1 两端电压 $u_{VT1}\approx 0$。当电源电压 u_2 过零变负时，续流二极管承受正向电压而导通，晶闸管 VT_1 和 VT_4 承受反向电压而关断，$u_d\approx 0$，波形与横轴重合，此时负载电流 i_d 不再流回电源，而是经过续流二极管进行续流，释放电感中储存的能量。此时晶闸管 VT_1 承受一半的电源电压。

在电源电压 u_2 负半周相同的时刻，晶闸管 VT_2 和 VT_3 被触发导通，续流二极管承受反向电压关断，在负载两端获得与 VT_1 和 VT_4 导通时相同的整流输出电压波形，晶闸管 VT_1 承受全部的反压；当电源电压 u_2 过零重新变正时，续流二极管再次导通进行续流，直至晶闸管 VT_1 和 VT_4 再次被触发导通，如此电路完成一个周期工作。可见，接入续流二极管后，其波形与电阻性负载波形相同。α 的移相范围为 $0°\sim180°$。晶闸管可能承受的最大电压 $U_{TM}=\sqrt{2}U_2$。

（3）参数计算。

① 输出电压平均值计算公式：

$$U_d=\frac{1}{\pi}\int_{\alpha}^{\pi}\sqrt{2}U_2\sin\omega t\,d(\omega t)=\frac{2\sqrt{2}U_2}{\pi}\,\frac{1+\cos\alpha}{2}=0.9U_2\,\frac{1+\cos\alpha}{2}$$

② 负载输出的平均电流值计算公式：

$$I_d=\frac{U_d}{R}=\frac{2\sqrt{2}U_2}{\pi R}\frac{1+\cos\alpha}{2}=0.9\frac{U_2}{R}\frac{1+\cos\alpha}{2}$$

③ 流过晶闸管的电流平均值只有输出直流平均值的一半，即计算公式：

$$I_{dVT}=\frac{1}{2}I_d=0.45\frac{U_2}{R}\frac{1+\cos\alpha}{2}$$

④ 流过晶闸管电流的有效值计算公式：

$$I_{VT}=\sqrt{\frac{1}{2\pi}\int_{\alpha}^{\pi}\left(\frac{\sqrt{2}U_2}{R}\sin\omega t\right)^2\mathrm{d}(\omega t)}=\frac{U_2}{\sqrt{2}R}\sqrt{\frac{1}{2\pi}\sin 2\alpha+\frac{\pi-\alpha}{\pi}}$$

⑤ 变压器二次测电流有效值 I_2 与输出直流电流 I 有效值相等，其计算公式：

$$I=I_2=\sqrt{\frac{1}{\pi}\int_{\alpha}^{\pi}\left(\frac{\sqrt{2}U_2}{R}\sin\omega t\right)^2\mathrm{d}(\omega t)}=\frac{U_2}{R}\sqrt{\frac{1}{2\pi}\sin 2\alpha+\frac{\pi-\alpha}{\pi}}$$

（二）单相桥式半控整流电路

在单相桥式全控整流电路中，需要四只晶闸管，而且每次都要同时触发两只晶闸管，因此线路较为复杂。每个导电回路是用两只晶闸管来控制的，为了简化电路，实际上可以采用一只晶闸管来控制导电回路，用一只整流二极管来代替另一只晶闸管。因此可以把单相桥式全控整流电路中的 VT_3 和 VT_4 换成二极管 VD_3 和 VD_4，就可构成单相桥式半控整流电路。

1. 电阻性负载

（1）电路结构。单相半控桥式整流电路带电阻性负载时的电路，如图 2-8 所示。由整流变压器 T、两只晶闸管 VT_1、VT_2、整流二极管 VD_3、VD_4 以及电阻 R 组成。

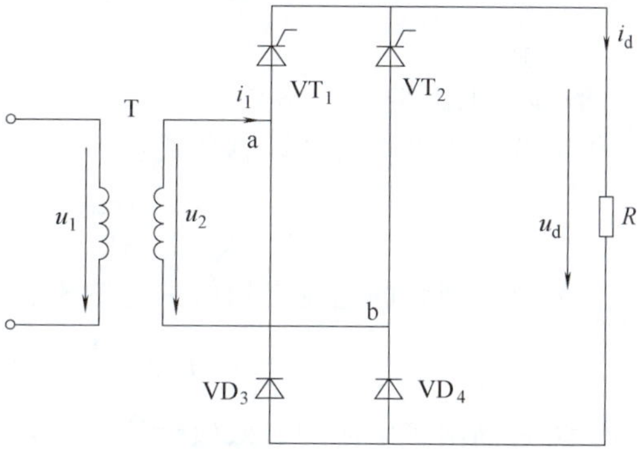

图 2-8　单相半控桥式整流电阻性负载主电路

（2）工作原理分析。改变晶闸管的触发时刻，即控制角 α 的大小及可改变输出电压的波形，如图 2-9 所示为 $\alpha=30°$时的理论波形。当电源电压 u_2 处于正半周时，在 ωt_1 时刻即 $\alpha=30°$触发 VT_1 导通，此时二极管 VD_4 也因承受正向电压而导通，忽略管压降，电源电压 u_2 全部加在电阻两端，整流输出电压波形 u_d 与电源电压 u_2 正半周的波形相同，在 ωt_2 时刻，电源电压 u_2 过零时，晶闸管 VT_1 承受反压关断；当电源电压 u_2 处于负半周时，在相同的控制角 ωt_3 时刻，即 $\alpha=30°$时触发晶闸管 VT_3 导通，此时二极管 VD_2 也因承受正向电压而导通，在此段时间输出电压仍然为正向，电阻两端获得与 u_2 正半周相同的整流输出电压波形，ωt_4 时刻电源电压 u_2 过零时，VT_3 承受反压关断。

按照上述原理的分析，如此循环工作周期，在电阻两端得到脉动的输出直流电压，如图 2-9 所示为 $\alpha=30°$时，晶闸管 u_{VT_1} 两端电压的理论波形。从图 2-9 中可以看出，在一个周期内整个波形也分为四个部分：$0\sim\omega t_1$ 期间，触发脉冲尚未加入，二极管 VD_4 承受正向电压而处于导通状态，二极管 VD_2 反偏截止，VT_1、VT_3 均处于截止状态，则晶闸

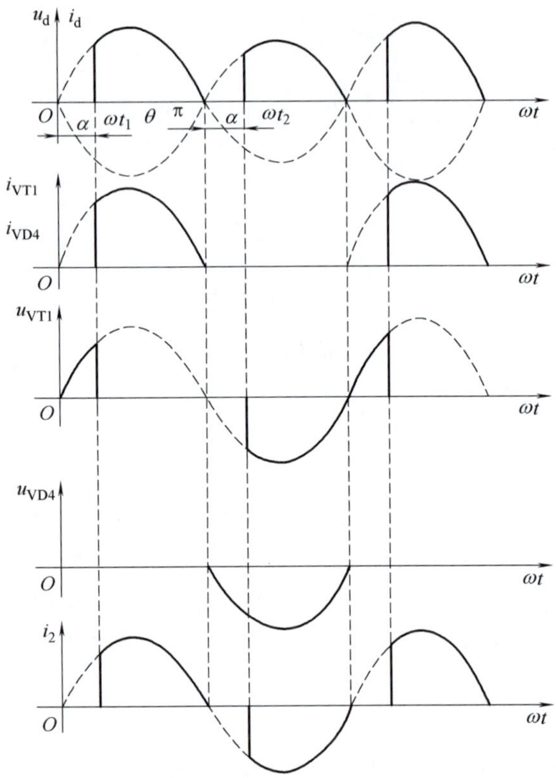

图 2-9 α =30° 单相半控桥电阻性负载时的理论波形

管 VT_1 承担全部的电源电压 u_2；在 $\omega t_1 \sim \omega t_2$ 期间，晶闸管 VT_1 导通，忽略管压降，晶闸管两端的电压 $u_{VT_1} \approx 0$；在 $\omega t_2 \sim \omega t_3$ 期间，VT_1 关断，由于二极管 VD_2 承受正向电压而处于导通状态，使得 VT_1 两端不承受电压；$\omega t_3 \sim \omega t_4$ 期间，当晶闸管 VT_3 被触发导通后，VT_1 将承受 u_2 的全部反向电压波形。

可见，工作情况同桥式全控整流电路相似，两只晶闸管仍是共阴极连接，即使同时触发两只管子，也只能是阳极电位高的晶闸管导通。而两只二极管是共阳极连接，总是阴极电位低的二极管导通。二极管与变压器二次侧的电流波形可自行分析与绘制。

（3）参数计算。

① 输出电压平均值的计算公式：

$$U_d = \frac{1}{\pi}\int_{\alpha}^{\pi} \sqrt{2}U_2 \sin\omega t \, d(\omega t) = \frac{2\sqrt{2}U_2}{\pi} \frac{1+\cos\alpha}{2} = 0.9U_2 \frac{1+\cos\alpha}{2}$$

α 的移相范围是 0°～180°。

② 负载电流平均值的计算公式：

$$I_d = \frac{U_d}{R} = \frac{2\sqrt{2}U_2}{\pi R} \frac{1+\cos\alpha}{2} = 0.9 \frac{U_2}{R} \frac{1+\cos\alpha}{2}$$

③ 流过晶闸管的电流平均值只有输出直流平均值的一半，计算公式：

$$I_{dVT} = \frac{1}{2} I_d = 0.45 \frac{U_2}{R} \frac{1+\cos\alpha}{2}$$

④ 流过晶闸管电流的有效值计算公式：

$$I_{VT} = \sqrt{\frac{1}{2\pi}\int_{\alpha}^{\pi}\left(\frac{\sqrt{2}U_2}{R}\sin\omega t\right)^2 d(\omega t)} = \frac{U_2}{\sqrt{2}R}\sqrt{\frac{1}{2\pi}\sin 2\alpha + \frac{\pi-\alpha}{\pi}}$$

⑤ 变压器二次测电流有效值 I_2 与输出直流电流 I 有效值相等，计算公式：

$$I = I_2 = \sqrt{\frac{1}{\pi}\int_{\alpha}^{\pi}\left(\frac{\sqrt{2}U_2}{R}\sin\omega t\right)^2 d(\omega t)} = \frac{U_2}{R}\sqrt{\frac{1}{2\pi}\sin 2\alpha + \frac{\pi-\alpha}{\pi}}$$

$$I_{VT} = \frac{1}{\sqrt{2}} I$$

⑥ 晶闸管可能承受的最大电压为：

$$U_{TM} = \sqrt{2} U_2$$

2. 电感性负载

（1）电路结构。单相半控桥式整流电路带电感性负载时的电路如图 2-10 所示。由整流变压器 T、两只晶闸管 VT_1、VT_2、整流二极管 VD_3、VD_4、平波电感器 L 以及电阻 R 组成。

（2）工作原理分析。当电源电压为正半周时，在 ωt_1 时刻即 $\alpha=30°$ 触发 VT_1 导通，此时二极管 VD_4 也因承受正向电压而导通，忽略晶闸管的管压降，电源电压 u_2 全部加在负载两端，整流输出电压波形 u_d 与电源电压 u_2 正半周的波形相同，晶闸管 VT_1 两端承受的电压 $u_{VT_1}\approx 0$，其波形与横轴重合。在 ωt_2 时刻，电源电压 u_2 过零进入负半周时，在电感上产生感应电动势 e_L，极性为上“－”下“＋”，而且其值大于电源电压 u_2。在 e_L 的作用下，负载电流方向不变，大于晶闸管 VT_1 的维持电流，VT_1 依然处于导通状态，此时二极管 VD_2 正偏导通，同时使 VD_4 承受反压关断，由 VT_1、VD_2 构成自然续流回路，其换流过程称为自然换流，忽略 VT_1、VD_2 的管压降，整流输出电压 $u_d\approx 0$，由于 VT_1 仍处于导通状态，其两端承受的电压波形依然与横轴重合，与电阻性负载波形相同，输出波形，如图 2-11 所示。

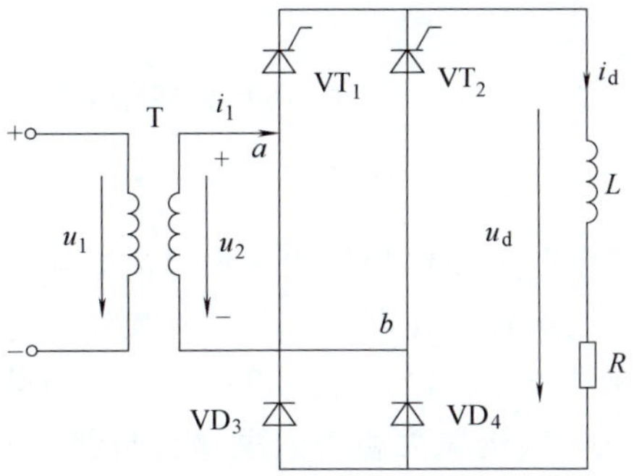

图 2-10　单相桥式半控整流电路电感性负载主电路

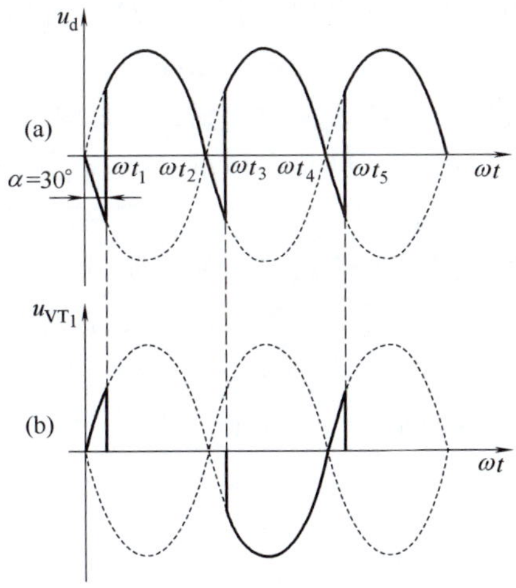

图 2-11　$\alpha=30°$ 单相半控桥大电感负载时的理论波形

（a）输出电压 u_d 的理论波形　（b）晶闸管 VT_1 两端电压的理论波形

在电源电压 u_2 的负半周时 ωt_3 时刻，电触发晶闸管 VT_3 导通，在负载两端得到与正半周时相同的输出电压，晶闸管 VT_1 因 VT_3 导通而承受反压关断。ωt_4 时刻电源电压 u_2 过零重新变正时，电路进入自然续流状态，整流输出电压 $u_d\approx 0$，晶闸管 VT_1 承受正向电源电压。

可见，在单相半控桥式整流大电感负载电路中，两只晶闸管触发换流，两只二极管过零时进行换流。电路内部有自然续流的作用，输出电压没有负半周，负载电流 i_d 也不再流回电源，只要负载中的电感足够大，则负载电流 i_d 连续。α 的移相范围为 0°～180°。晶闸管可能承受的最大电压：$U_{TM}=\sqrt{2}U_2$

（3）参数计算。

① 输出电压平均值：

$$U_d=\frac{1}{\pi}\int_{\alpha}^{\pi+\alpha}\sqrt{2}U_2\sin\omega t\,d(\omega t)=0.9U_2\cos\alpha$$

② 负载输出的平均电流值：

$$I_d=\frac{U_d}{R}=0.9\frac{U_2}{R}\cos\alpha$$

③ 流过晶闸管的电流平均值只有输出直流平均值的一半即：

$$I_{dVT}=\frac{1}{2}I_d=0.45\frac{U_2}{R}\cos\alpha$$

④ 流过晶闸管电流的有效值：

$$I_{VT}=\frac{1}{\sqrt{2}}I_d$$

因此可知单相桥式半控整流电路带大电感负载时的工作特点是：晶闸管在触发时刻换流，二极管则在电源过零时刻换流；电路本身就具有自然续流作用，负载电流可以在电路内部换流，所以，即使没有续流二极管，输出也没有负电压，与全控桥电路时不一样。

3. 接续流二极管的电感性负载

单相半控桥式整流电路带电感性负载时，虽然本身有自然续流能力，似乎不需要另接续流二极管，但是在实际电路运行中，当突然出现控制角 α 增大到 180°或者脉冲突然丢失的情况，将会发生已导通的晶闸管持续导通无法关断，而两个整流二极管轮流导通的不正常现象，这种现象被称为失控现象。在生产实际中，当电路一旦出现失控，已经导通的晶闸管将因过热而损坏，这是不允许的。

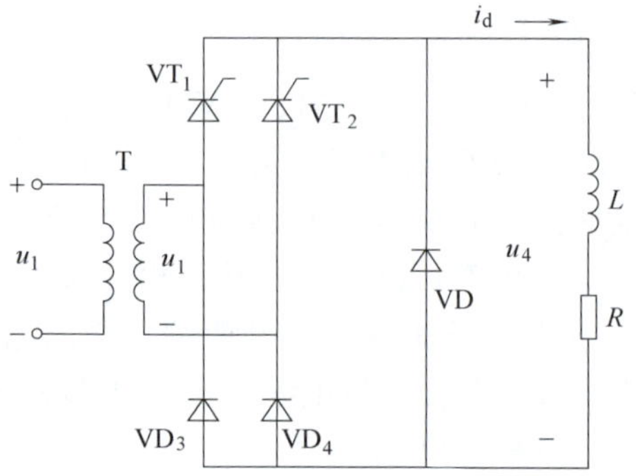

图 2-12　单相半控桥式整流电路带电感负载接续流二极管主电路

为解决失控现象，单相桥式半控整流电路带电感性负载时，仍需在负载两端并接续流二极管 VD。这样，当电源电压过零变负时，负载电流经续流二极管续流，使直流输出接近于零，迫使原导通的晶闸管关断。加了续流二极管后的电路如图 2-12 所示。

可见，接入续流二极管以后，其波形与电阻性负载波形相同，如图 2-13 所示。

单相半控桥式整流电阻性负载电路的数量关系。

① 输出电压平均值：

$$U_d=\frac{1}{\pi}\int_{\alpha}^{\pi}\sqrt{2}U_2\sin\omega t\,d(\omega t)=\frac{2\sqrt{2}U_2}{\pi}\frac{1+\cos\alpha}{2}=0.9U_2\frac{1+\cos\alpha}{2}$$

② 负载输出的平均电流值：

$$I_d=\frac{U_d}{R}=\frac{2\sqrt{2}U_2}{\pi R}\frac{1+\cos\alpha}{2}=0.9\frac{U_2}{R}\frac{1+\cos\alpha}{2}$$

③ 流过晶闸管的电流平均值只有输出直流平均值的一半即：

$$I_{dVT}=\frac{1}{2}I_d=0.45\frac{U_2}{R}\frac{1+\cos\alpha}{2}$$

④ 流过晶闸管电流的有效值：

$$I_{VT}=\sqrt{\frac{1}{2\pi}\int_{\alpha}^{\pi}\left(\frac{\sqrt{2}U_2}{R}\sin\omega t\right)^2 d(\omega t)}=\frac{U_2}{\sqrt{2}R}\sqrt{\frac{1}{2\pi}\sin2\alpha+\frac{\pi-\alpha}{\pi}}$$

⑤ 变压器二次测电流有效值 I_2 与输出直流电流 I 有效值相等：

$$I=I_2=\sqrt{\frac{1}{\pi}\int_{\alpha}^{\pi}\left(\frac{\sqrt{2}U_2}{R}\sin\omega t\right)^2 d(\omega t)}=\frac{U_2}{R}\sqrt{\frac{1}{2\pi}\sin2\alpha+\frac{\pi-\alpha}{\pi}}$$

$$I_{VT}=\frac{1}{\sqrt{2}}I$$

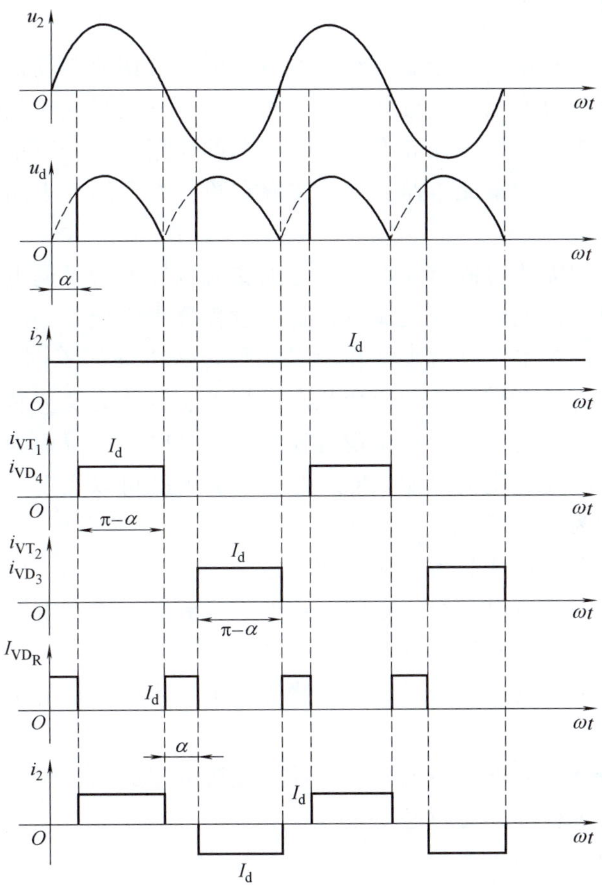

图 2-13　单相半控桥式整流电路带电感负载接续流二极管波形图

任务二　新能源汽车充电装置有源逆变电路分析

教学课件

新能源汽车充电装置有源逆变电路分析

一、学习目标

（1）理解有源逆变的概念及实现有源逆变的条件。

（2）掌握单相有源逆变电流的工作原理。

（3）了解有源逆变失败的原因和最小逆变角的限制。

（4）会检测单相全控桥式整流电路。

（5）会正确使用维修工具、仪器、仪表，具备一定的技术数据分析能力。

（6）会按照实训操作流程，制订检测计划、流程并实施。

（7）从单相全控桥式整流电路检测，培养学生知识迁移、自学能力和可持续发展的能力。

二、相关知识

生产中使用的各类直流电机控制，经常对直流电机有快速制动及可逆运行的要求，这就要求尽量快速地释放直流电机因旋转而具有的动能，它是采用单相的可逆系统进行控制的，其核心就是晶闸管的可控整流和有源逆变电路的应用，对于可控整流，在前面的项目里已介绍了常用的各类可控整流电路。下面来介绍单相有源逆变电路。

（一）概述

在工业生产中不但需要将固定频率、固定的交流电转变为可调电压的直流电，即可控整流，而且还需要将直流电转变为交流电，这一过程称为逆变。

整流与有源逆变的根本区别就表现在两者能量传送方向的不同。一个相控整流电路，只要满足一定条件，也可工作于有源逆变状态。这种装置称为变流装置或变流器。

逆变与整流互为可逆过程，能够实现可控整流的晶闸管装置称为可控整流器；能够实现逆变的晶闸管装置称为逆变器。如果同一晶闸管装置既可以实现可控整流，又可以实现逆变，这种装置则称为变流器。

逆变电路可分为有源逆变和无源逆变两类。

直流电→逆变器→交流电→交流电网，这种将直流电变成和电网同频率的交流电并将能量回馈给电网的过程称为有源逆变。

主要应用有：直流电动机的可逆调速、绕线转子异步电动机的串级调速、高压直流输电等。

直流电→逆变器→交流电→用电器，这种将直流电变成某一频率或频率可调的交流电并供给用电器使用的过程称为无源逆变。

主要应用有：交流电动机变频调速、不间断电源 UPS、开关电源、中频加热炉等。

教学视频

有源逆变工作原理

（二）有源逆变的工作原理

1. 两电源间的能量传递

如图 2-14 所示，我们来分析一下两个电源间的功率传递问题。

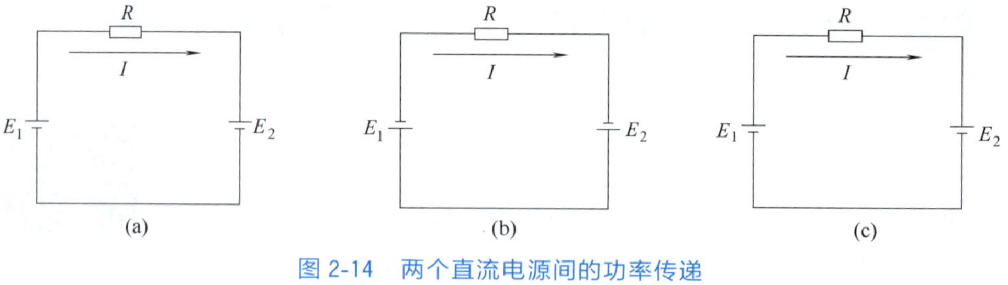

图 2-14　两个直流电源间的功率传递

（a）电源逆串　（b）电源逆串，极性与图（a）相反　（c）电源顺串

图 2-14（a）为两个电源同极性连接，称为电源逆串。当 $E_1>E_2$ 时，电流 I 从 E_1 正极流出，流入 E_2 正极，为顺时针方向，其大小为：

$$I=\frac{E_1-E_2}{R}$$

在这种连接情况下，电源 E_1 输出功率 $P_1=E_1I$，电源 E_2 则吸收功率 $P_2=E_2I$，电

阻 R 上消耗的功率为 $P_R=P_1-P_2=RI^2$，P_R 为两电源功率之差。

图 2-14（b）也是两电源同极性相连，但两电源的极性与图 2-14（a）正好相反。当 $E_2>E_1$ 时，电流仍为顺时针方向，但是从 E_2 正极流出，流入 E_1 正极，其大小为：

$$I=\frac{E_2-E_1}{R}$$

在这种连接情况下，电源 E_2 输出功率，而 E_1 吸收功率，电阻 R 仍然消耗两电源功率之差，即这 $R_R=P_2-P_1$。

图 2-14（c）为两电源反极性连接，称为电源顺串。此时电流仍为顺时针方向，大小为：

$$I=\frac{E_1+E_2}{R}$$

此时电源 E_1 与 E_2 均输出功率，电阻上消耗的功率为两电源功率之和：$P_R=P_1+P_2$。若回路电阻很小，则 I 很大，这种情况相当于两个电源间短路。

通过上述分析，我们知道：

（1）无论电源是顺串还是逆串，只要电流从电源正极端流出，则该电源就输出功率；反之，若电流从电源正极端流入，则该电源就吸收功率。

（2）两个电源逆串连接时，回路电流从电动势高的电源正极流向电动势低的电源正极。如果回路电阻很小，即使两电源电动势之差不大，也可产生足够大的回路电流，使两电源间交换很大的功率。

（3）两个电源顺串时，相当于两电源电动势相加后再通过 R 短路，若回路电阻 R 很小，则回路电流会非常大，这种情况在实际应用中应当避免。

2. 有源逆变的条件

在上述两电源回路中，若用晶闸管变流装置的输出电压代替 E_1，用直流电机的反电动势代替 E_2，就成了晶闸管变流装置与直流电机负载之间进行能量交换的问题，如图 2-15 所示。

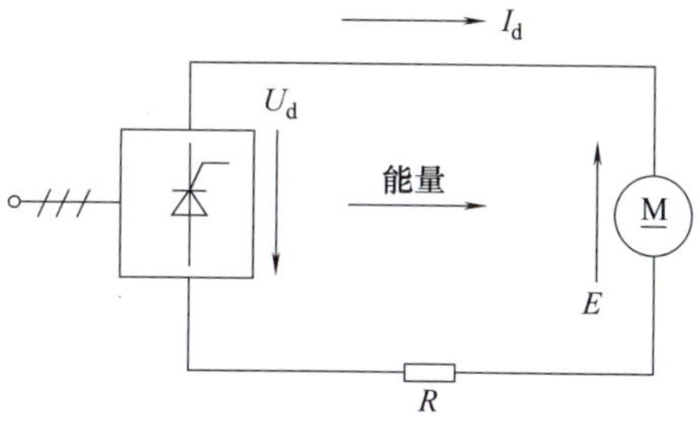

图 2-15　整流状态下变流器与负载之间的能量传递关系

在整流状态下，装置直流侧极性是上正下负；直流电机工作在电动运行状态，其电枢电势 E 的极性也是上正下负，且 $|U_d|>|E|$。

系统回路产生顺时针方向电流 I_d，I_d 电流从晶闸管装置正极性端流出，装置提供能量输出，处于整流状态；I_d 电流从直流电机正极性端流进，直流电机吸收能量，处于电动状态，如图 2-16 所示。I_d 电流的大小为：

$$I_d=\frac{U_d-E}{R}$$

在逆变状态下，晶闸管装置工作在逆变状态，装置直流侧极性是上负下正；直流电机工作在发电运行状态，其电枢电势 E 的极性也是上负下正，且 $|E|>|U_d|$。

系统回路产生顺时针方向电流 I_d，I_d 电流从晶闸管装置正极性端流进，装置吸收能量，处于逆变状态；I_d 电流从直流电机正极性端流出，直流电机提供能量输出，处于发

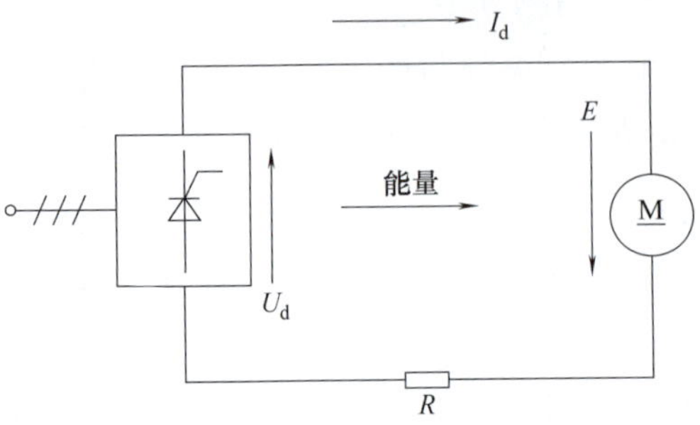

图 2-16　逆变状态下变流器与负载之间的能量传递关系

电状态。I_d 电流的大小为：

$$I_d=\frac{E-U_d}{R}$$

由此可以得出，实现有源逆变的两个条件：

（1）直流侧必须外接与直流电流 I_d 同方向的电动势，并且要求 E 在数值上大于 U_d，这是实现有源逆变的外部条件。

（2）变流器必须工作在 $\alpha>90°$ 的情况下，使变流器输出 $U_d<0$，这是实现有源逆变的内部条件。

以上两个条件，缺一不可。在各种整流电路中，晶闸管半控桥式整流电路或带有续流二极管的电路，由于不能输出负电压 U_d，也不允许直流侧接上反极性的直流电源，故不能用于有源逆变，其余整流电路均可用于有源逆变。

3. 逆变失败与逆变角的限制

（1）逆变失败的原因。晶闸管变流装置工作有逆变状态时，如果出现电压 U_d 与直流电动势 E 顺向串联，则直流电动势 E 通过晶闸管电路形成短路，由于逆变电路总电阻很小，必然形成很大的短路电流，造成事故，这种情况称为逆变失败，或称为逆变颠覆。

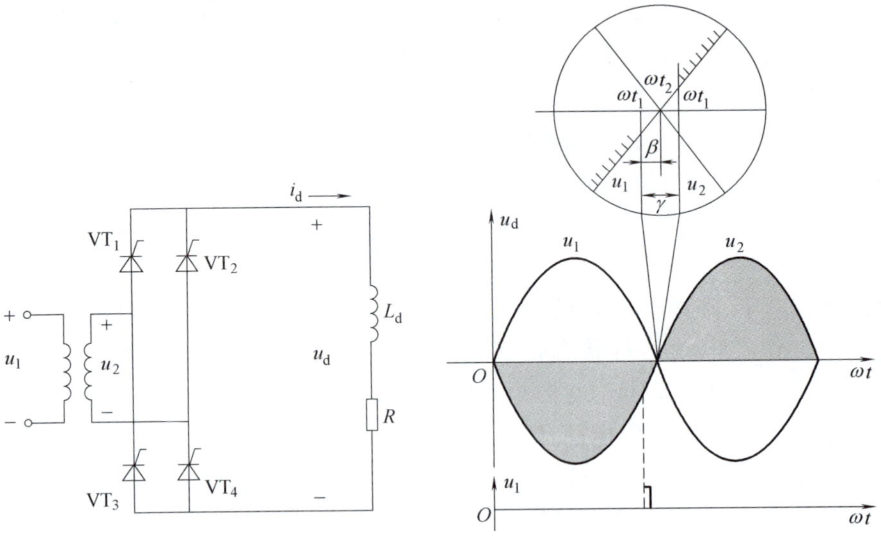

图 2-17　有源逆变失败

现以单相全控桥式逆变电路为例说明。在如图 2-17 所示电路中，原本是 VT_2 和 VT_3 导通，输出电压 u_2'；在换相时，应由 VT_3、VT_4 换相为 VT_1 和 VT_2 导通，输出电压为 u_2。但由于逆变角 β 太小，小于换相重叠角 γ，因此在换相时，两组晶闸管会同时导通。而在换相重叠完成后，已过了自然换相点，使得 u_2' 为正，而 u_2 为负，VT_1 和 VT_4 因承受反压不能导通，VT_3 和 VT_4 则承受正压继续导通，输出 u_2'。这样就出现了逆变失败。

造成逆变失败的原因主要有以下几种情况：

① 触发电路故障。如触发脉冲丢失、脉冲延时等不能适时、准确地向晶闸管分配脉冲的情况，均会导致晶闸管不能正常换相。

② 晶闸管故障。如晶闸管失去正常导通或阻断能力，该导通时不能导通，该阻断时不能阻断，均会导致逆变失败。

③ 逆变状态时交流电源突然缺相或消失。由于此时变流器的交流侧失去了与直流电动势 E 极性相反的电压，致使直流电动势经过晶闸管形成短路。

④ 逆变角 β 取值过小，造成换相失败。因为电路存在大感性负载，会使欲导通的晶闸管不能瞬间导通，欲关断的晶闸管也不能瞬间完全关断，因此就存在换相时两个管子同时导通的情况，这种在换相时两个晶闸管同时导通的所对应的电角度称为的换相重叠角。逆变角可能小换相重叠角，即 $\beta<\gamma$，则到了 $\beta=0°$点时刻，换流还未结束，此后使得该关断的晶闸管又承受正向电压而导通，尚未导通的晶闸管则在短暂的导通之后又受反压而关断，这相当于触发脉冲丢失，造成逆变失败。

（2）逆变失败的限制。为了防止逆变失败，应当合理选择晶闸管的参数，对其触发电路的可靠性、元件的质量以及过电流保护性能等都有比整流电路更高的要求。逆变角的最小值也应严格限制，不可过小。

逆变时允许的最小逆变角 β_{min} 应考虑几个因素：不得小于换向重叠角 γ，考虑晶闸管本身关断时所对应的电角度，考虑一个安全裕量等，这样最小逆变角 β_{min} 的取值一般为：

$$\beta_{min}=30°\sim35°$$

为防止 β 小于 β_{min}，有时要在触发电路中设置保护电路，使减小 β 时，不能进入 $\beta<\beta_{min}$ 的区域。此外还可在电路中加上安全脉冲产生装置，安全脉冲位置就设在 β_{min} 处，一旦工作脉冲就移入 β_{min} 处，安全脉冲保证在 β_{min} 处触发晶闸管。

（三）单相桥式有源逆变的工作原理与波形分析

常用的有源逆变电路，除了我们下面介绍的但像全控桥电路外还有三相半波和三相全控桥电路。三相电路我们在项目三种结合具体的电路进行分析。

图 2-18 为两组单相全控桥式电路反并联构成的逆变实验原理。图 2-18 中通过开关 Q 来进行负载与两个桥路之间的切换。

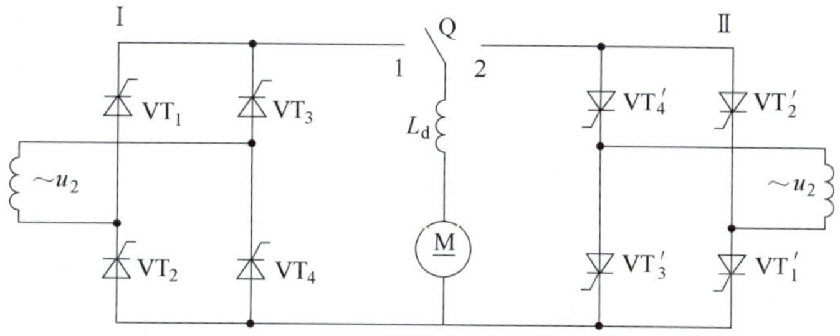

图 2-18　两组单相全控桥式电路反并联构成的逆变实验原理图

当开关 Q 打到 1 位置时，I 组全控桥电路工作于整流状态，晶闸管的控制角 $\alpha_1<90°$，整流电路输出电压 U_{dI} 上正下负；电动机做电动运行，反电势 E 上正下负，电机吸收功率，方向如图 2-19（a）所示，如图 2-19（b）所示为整流电路输出电压 U_{dI} 波形。

当开关 Q 打到 2 位置时，电动机由于机械惯性转速尚未发生变化，电动势 E 的方向不变；同时将Ⅱ组全控桥电路的控制角调整为 $\alpha_{II}>90°$，而且使 $|E|>|U_{dII}|$，则电动机运行在发电制动状态，向电源反馈能力，方向如图 2-20（a）所示。如图 2-20（b）所示

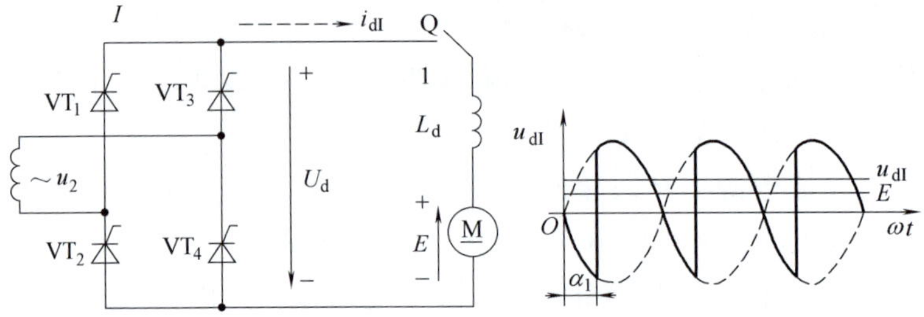

(a) (b)

图 2-19 Ⅰ组全控桥电路工作于整流状态

(a) 电路图 (b) 输出电压 U_{dI} 波形

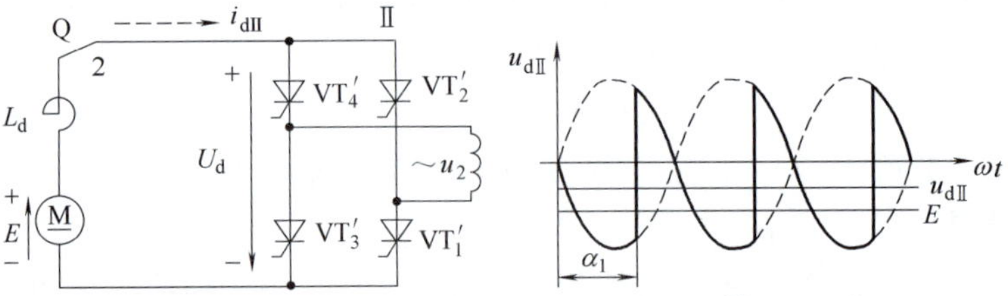

(a) (b)

图 2-20 Ⅱ组全控桥电路工作于整流状态

(a) 电路图 (b) 输出电压 U_{dII} 波形

为整流电路输出电压 U_{dII} 波形。

注意：当开关 Q 打到 2 位置时，绝对不允许将Ⅱ组全控桥电路的控制角调整为 $\alpha_{II}<90°$，否则会形成两电源顺极性串联，相当于短路。

单相全控桥式电路工作于逆变状态时输出电压的公式为：

$$U_d=0.9U_2\cos\alpha$$

由于此时的控制角是大于 90°的，计算上不方便，在此引入逆变角 β，令 $\alpha+\beta=\pi$，以 $\alpha=\pi$ 时为计量起点，向左方计量，即：$\alpha=\pi$ 时，$\beta=0$，如图 2-21 所示。由此可以得：

$$U_d=0.9U_2\cos\alpha=0.9U_2\cos(\pi-\beta)=-0.9U_2\cos\beta$$

回路的逆变电流为：

$$I_d=\frac{U_d-E}{R_d}$$

由以上分析可知：对于同一套变流装置，当 $\alpha<90°$（$\beta>90°$）时工作于整流状态；当 $\alpha>90°$（$\beta<90°$）时工作于逆变状态；当 $\alpha=\beta=90°$时，输出电压的平均值 $U_d=0$，电流 I_d 为零，负载与电源之间无能量交换。

有源逆变是整流的逆变过程。不同的条件下，两种过程可以用同一套变流电路来实现，能量的传递方向相反。

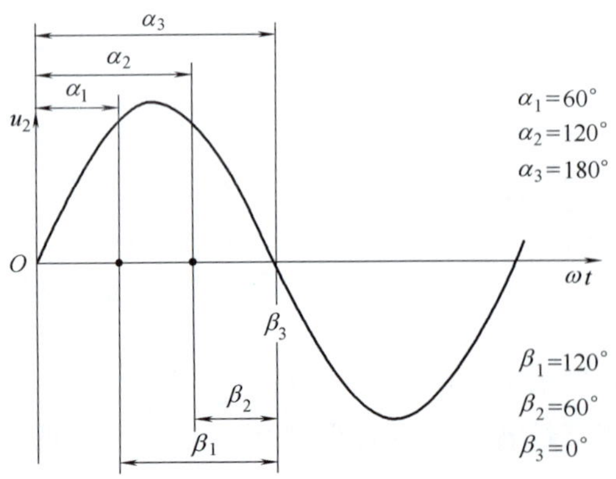

图 2-21 β 与 α 的关系

可控整流电路和有源逆变是同一个电路、同一种工作方式的两个不同工作状态。变流电路不管工作在整流状态还是逆变状态，触发电路的移相触发方式、触发顺序、晶闸管的换流方式、晶闸管的导通角、不同晶闸管之间的相位差、构成输出电压以及晶闸管两端电压的波头数及波头名称、输出电压平均值及构成电路的各个器件的电流计算公式都相同，只是控制角的工作区间不同，随着控制角的变化，电路的各个参数的具体数值及波形的形状随之变化。习惯上，变流器工作在整流状态，用 α 表示晶闸管的控制角，在逆变状态时用 β 表示逆变角，这只是为使用方便而规定的，并非说明整流与有源逆变有什么性质上的区别，用 α 来表示 $0\sim\pi$ 的移向范围也是完全可以的。

任务三 新能源汽车充电装置控制电路分析

教学课件

新能源汽车充电装置控制电路分析

一、学习目标

（1）了解锯齿波触发电路的电路结构及实现同步的方法。

（2）掌握锯齿波触发电路的工作原理。

（3）会检测单相全控桥式整流电路。

（4）会正确使用维修工具、仪器、仪表，具备一定的技术数据分析能力。

（5）会按照实训操作流程，制定检测计划、流程并实施。

（6）从单相全控桥式整流电路检测，培养学生知识迁移、自学能力和可持续发展的能力。

二、相关知识

• 锯齿波同步移相触发电路

锯齿波同步触发电路有锯齿波形成、同步移相、脉冲形成放大环节、双脉冲、脉冲封锁等环节和强触发环节等组成。可触发 200A 的晶闸管。由于同步电压采用锯齿波，不直接受电网波动与波形畸变的影响，移相范围宽，在大中容量中得到广泛应用。锯齿波同步触发电路原理图如图 2-22 所示，下面分几个环节介绍。

1. 锯齿波形成和同步移相控制环节

（1）锯齿波形成。V_1、V_9、R_3、R_4 组成的恒流源电路对 C_2 充电形成锯齿波电压，当 V_2 截止时，恒流源电流 I_{C_1} 对 C_2 恒流充电，电容两端电压为 $u_{C_2}=\dfrac{I_{C1}}{C_2}t$。

$I_{C_1}=U_{V9}/(R_3+RP_2)$，因此调节电位器 RP_2 即可调节锯齿波斜率。

当 V_2 导通时，由于 R_4 阻值很小，C_2 迅速放电。所以只要 V_2 管周期性导通关断，电容 C_2 两端就能得到线性很好的锯齿波电压。

U_{b_4} 为合成电压（锯齿波电压为基础，再叠加 U_b、U_c）通过调节 U_c 来调节 α。

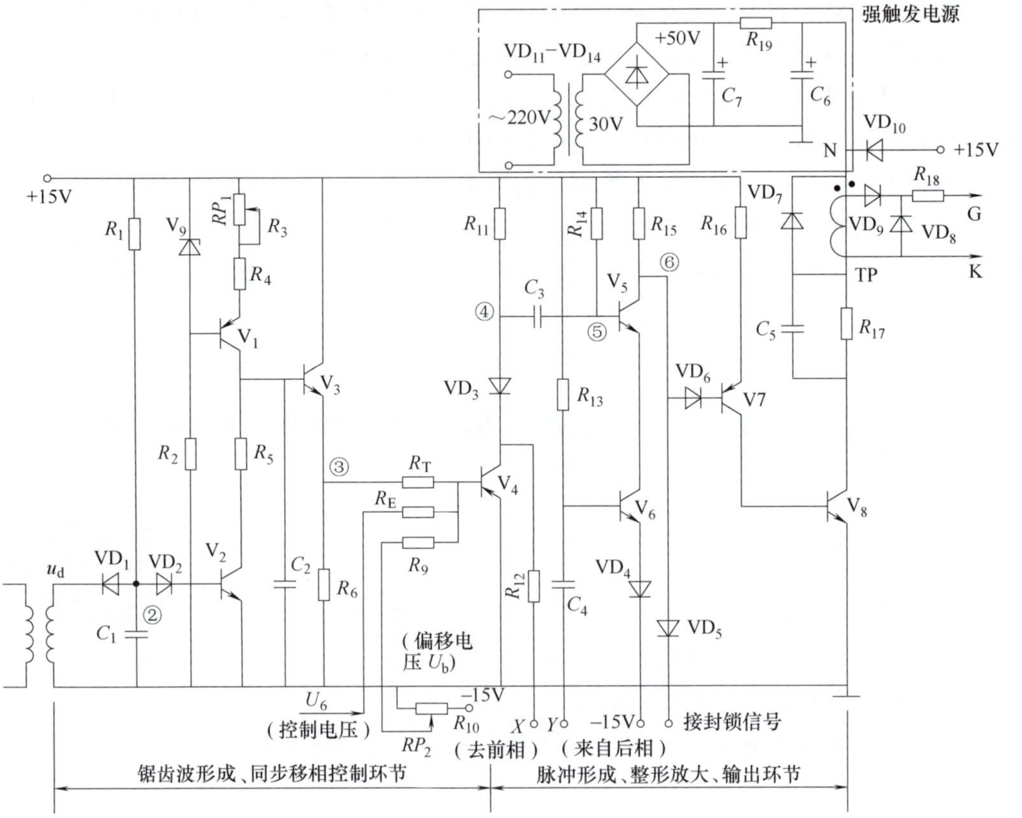

R_1、R_2 10kΩ；R_2、R_4 4.7kΩ；R_5 200Ω；R_7 3.3kΩ；R_{13}、R_{14} 30kΩ；R_3 12kΩ；R_9 6.2kΩ；R_{12} 1kΩ；R_{15} 6.2kΩ；R_{16} 200Ω；R_{22} 30Ω；R_{18} 20Ω；R_{19} 300Ω；R_3、R_{10} 1.5Ω；C_7 2000μF；C_1、C_2、C_6 1μF；C_3、C_4 0.1μF；C_5 0.47μF；V_1 3CG1D；V_2—V_7 31X；12B_1；V_8 3DA1B；V_9 2GW12；VD_1—VD_9 2CP12；VD_{10}—VD_{14} 2CZ11A

图 2-22 锯齿波同步触发电路原理图

(2) 同步环节。同步环节由同步变压器 TS 和 V_2 管等元件组成。锯齿波触发电路输出的脉冲怎样才能与主回路同步呢？由前面的分析可知，脉冲产生的时刻是由 V_4 导通时刻决定（锯齿波和 U_b、U_c 之和达到 0.7V 时），由此可见，若锯齿波的频率与主电路电源频率同步即能使触发脉冲与主电路电源同步，锯齿波是由 V_2 管来控制的，V_2 管由导通变截止期间产生锯齿波，V_2 管截止的持续时间就是锯齿波的脉宽，V_2 管的开关频率就是锯齿波的频率。在这里，同步变压器 TS 和主电路整流变压器接在同一电源上，用 TS 次级电压来控制 V_2 的导通和截止，从而保证了触发电路发出的脉冲与主电路电源同步。

工作时，把负偏移电压 U_b 调整到某值固定后，改变控制电压 U_c，就能改变 u_{b4} 波形与时间横轴的交点，就改变了 V_4 转为导通的时刻，即改变了触发脉冲产生的时刻，达到移相的目的。

电路中增加负偏移电压 U_b 的目的是为了调整 $U_c=0$ 时触发脉冲的初始位置。

2. 脉冲形成、整形和放大输出环节

(1) 当 $u_{b_4}<0.7V$ 时，V_4 管截止，V_5、V_6 导通，使 V_7、V_8 截止，无脉冲输出。电源经 R_{13}、R_{14} 向 V_5、V_6 供给足够的基极电流，使 V_5、V_6 饱和导通，V_5 集电极⑥点电位为−13.7V（二极管正向压降以 0.7V、晶体管饱和压降以 0.3V 计算），V_7、V_8 截止，

无触发脉冲输出。④点电位：15V，⑤点电位：−13.3V。

另外：$+15V \rightarrow R_{11} \rightarrow C_3 \rightarrow V_5 \rightarrow V_6 \rightarrow -15V$ 对 C_3 充电，极性左正右负，大小 28.3V。

（2）当 $u_{b_4} \geqslant 0.7V$ 时，V_4 导通，有脉冲输出。④点电位立即从 +15V 下跳到 1V，C_3 两端电压不能突变，⑤点电位降至 −27.3V，V_5 截止，V_7、V_8 经 R_{15}、VD_6 供给基极电流饱和导通，输出脉冲，⑥点电位为 −13.7V 突变至 2.1V（VD_6、V_7、V_8 压降之和）。

另外：C_3 经 $+15V \rightarrow R_{14} \rightarrow VD_3 \rightarrow V_4$ 放电和反充电⑤点电位上升，当⑤点电位从 −27.3V 上升到 −13.3V 时 V_5、V_6 又导通，⑥点电位由 2.1V 突降至 −13.7V，于是，V_7、V_8 截止，输出脉冲终止。

由此可见，脉冲产生时刻由 V_4 导通瞬间确定，脉冲宽度由 V_5、V_6 持续截止的时间确定。所以脉宽由 C_3 反充电时间常数（$\tau = C_3 R_{14}$）来决定。

3. 强触发环节

晶闸管采用强触发可缩短开通时间，提高管子承受电流上升率的能力，有利于改善串并联元件的动态均压与均流，增加触发的可靠性。因此在大中容量系统的触发电路都带有强触发环节。

图 2-22 中右上角强触发环节由单相桥式整流获得近 50V 直流电压作电源，在 V_8 导通前，50V 电源经 R_{19} 对 C_6 充电，N 点电位为 50V。当 V_8 导通时，C_6 经脉冲变压器一次侧、R_{17} 与 V_8 迅速放电，由于放电回路电阻很小，N 点电位迅速下降，当 N 点电位下降到 14.3V 时，VD_{10} 导通，脉冲变压器改由 +15V 稳压电源供电。各点波形如图 2-23 所示。

4. 双脉冲形成环节

生双脉冲有两种方法：内双脉冲和外双脉冲。

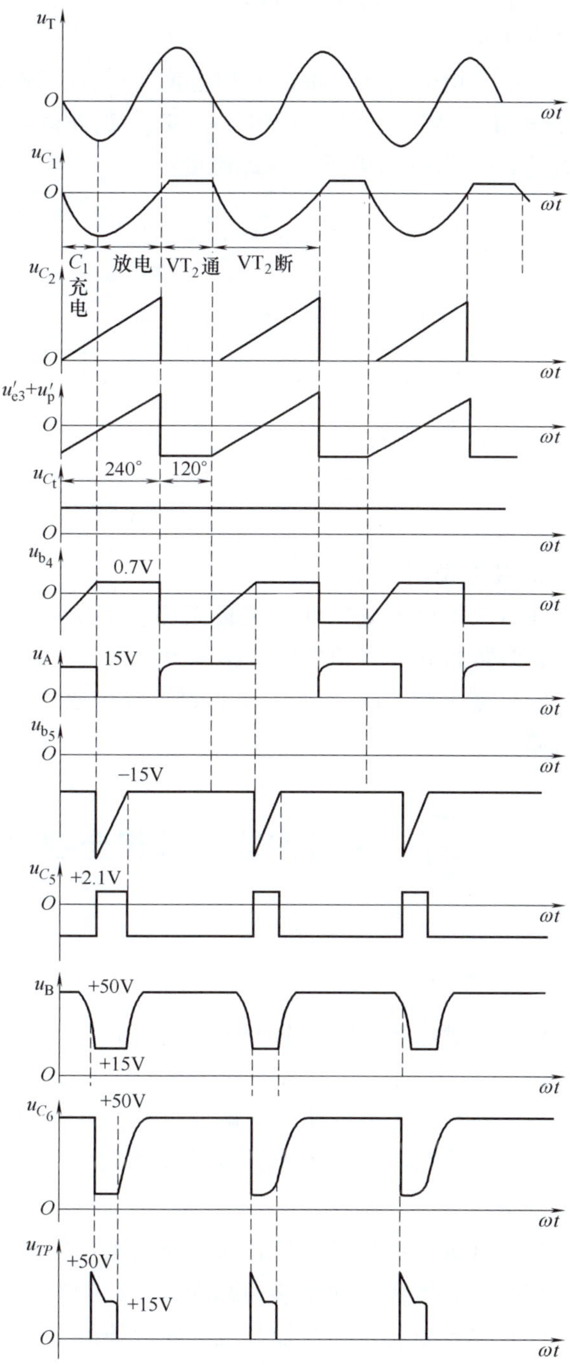

图 2-23　锯齿波同步触发电路波形图

锯齿波触发电路为内双脉冲。晶体管 V_5、V_6 构成一个“或”门电路，不论哪一个截止，都会使⑥点电位上升到 2.1V，触发电路输出脉冲。V_5 基极端由本相同步移相环节送来的负脉冲信号使 V_5 截止，送出第一个窄脉冲，接着有滞后 60°的后相触发电路在产生其本相第一个脉冲的同时，由 V_4 管的集电极经 R_{12} 的 X 端送到本相的 Y 端，经电容 C_4 微分产生负脉冲送到 V_6 基极，使 V_6 截止，于是本相的 V_6 又导通一次，输出滞后 60°的第二个脉冲。

对于三相全控桥电路，三相电源 U、V、W 为正相序时，六只晶闸管的触发顺序为 $VT_1 \rightarrow VT_2 \rightarrow VT_3 \rightarrow VT_4 \rightarrow VT_5 \rightarrow VT_6$，彼此间隔 60°，为了得到双脉冲，6 块触发电路板的 X、Y 可按图 2-24 所示方式连接。

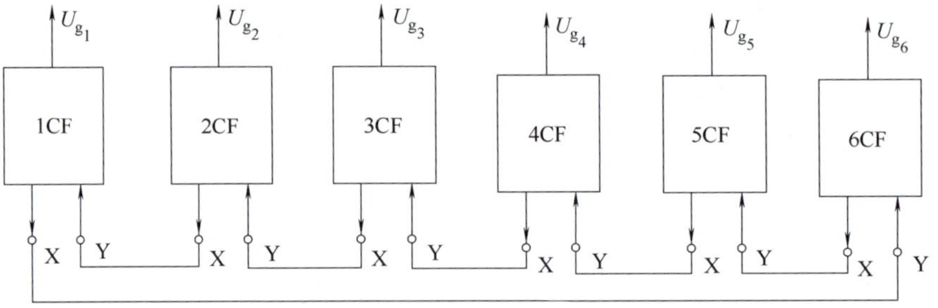

图 2-24　触发电路实现双脉冲连接的示意图

5. 其他说明

在事故情况下或在可逆逻辑无环流系统，要求一组晶闸管桥路工作，另一组桥路封锁，这时可将脉冲封锁引出端接零电位或负电位，晶体管 V_7、V_8 就无法导通，触发脉冲无法输出。串接 VD_5 是为了防止封锁端接地时，经 V_5、V_6 和 VD_4 到 −15V 之间产生大电流通路。

项目实施　单相全控桥式整流电路安装与调试

教学视频

单相全控桥式整流电路安装与调试

一、实训目的

（1）熟悉锯齿波同步移相触发电路的工作原理及电路中各元件的作用。

（2）掌握锯齿波同步移相触发电路的调试方法。

（3）熟悉与掌握锯齿波同步移相触发电路及其主要点的波形测量与分析。

（4）理解单相桥式全控整流电路的工作原理

（5）熟悉锯齿波同步移相触发电路故障的分析与处理。

（6）熟悉单相桥式全控整流电路故障的分析与处理。

（7）会检测三相桥式全控整流电路。

（8）会正确使用维修工具、仪器、仪表，具备一定的技术数据分析能力。

（9）会按照实训操作流程，制定检测计划、流程并实施。

（10）从三相桥式全控整流电路检测，培养学生知识迁移、自学能力和可持续发展的能力。

二、仪器器材

模块化电力电子实训装置、数字示波器、万用表。

三、实训内容及原理

（一）锯齿波触发电路

锯齿波同步移相触发电路Ⅰ、Ⅱ由同步检测、锯齿波形成、移相控制、脉冲形成、脉冲放大等环节组成，其原理图如图 2-25 所示。

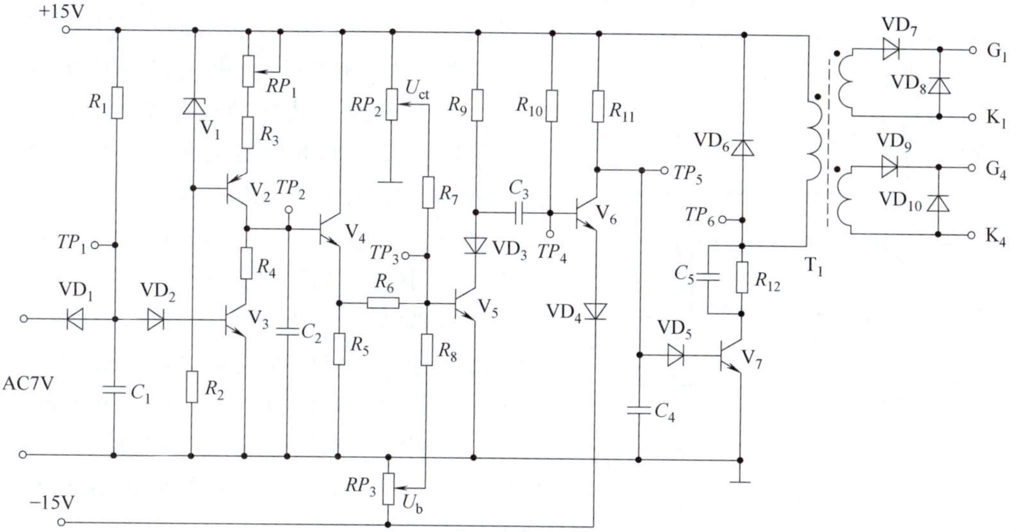

图 2-25 锯齿波同步移相触发电路Ⅰ原理图

锯齿波出发电路原理在任务三中已详细介绍。本装置有两路锯齿波同步移相触发电路，Ⅰ和Ⅱ，在电路上完全一样，只是锯齿波触发电路Ⅱ输出的触发脉冲相位与Ⅰ恰好互差 180°，供单相整流及逆变实验用。

电位器 RP_1、RP_2、RP_3 均已安装在模块的面板上，同步变压器副边已在挂箱内部接好，所有的测试信号都在面板上引出。电路的各点电压波形，如图 2-26 所示。

（二）单相全控桥式整流电路安装与调试

图 2-27 为单相桥式整流带电阻与电感性负载，其输出负载 R 用 450Ω 可调电阻器（将两个 900Ω 接成并联形式），电感性负载用配套该装置的直流电机来代替。可实现直流电机调速装置的安装与实训。

四、实训方法

（一）锯齿波触发电路实训方法

（1）根据锯齿波触发电路测试要求，在模块化电力电子实训装置上选取对应的模块。

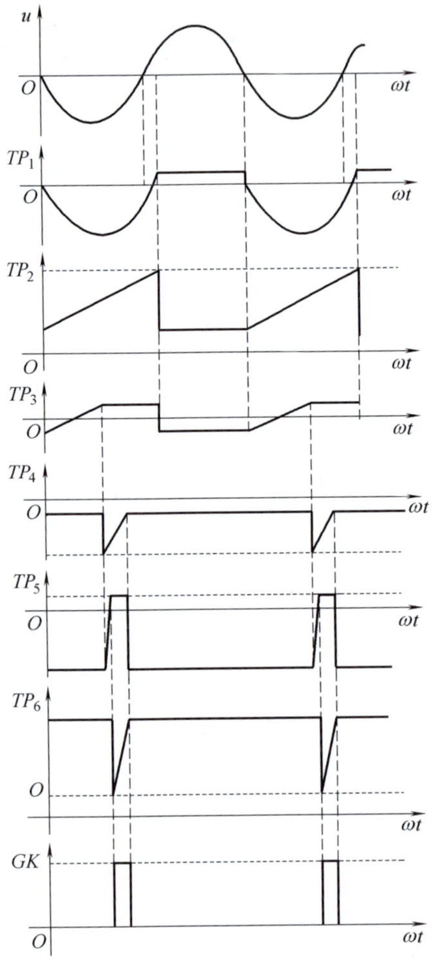

图 2-26　锯齿波同步移相触发电路Ⅰ各点电压波形（α =90°）

（2）根据选取的模块与对应的原理要求正确接线。

（3）接线正确后，启动电源，这时触发电路开始工作，用双踪示波器观察锯齿波同步触发电路各观察孔的电压波形。

① 同时观察同步电压和“1”点的电压波形，分析“1”点波形形成的原因。

② 观察“1”“2”点的电压波形，了解锯齿波宽度和“1”点电压波形的关系。

③ 调节电位器 RP_1，观测“2”点锯齿波斜率的变化。

④ 观察“3”～“6”点电压波形和输出电压的波形，记下各波形的幅值与宽度，并比较“3”点电压 U_3 和“6”点电压 U_6 的对应关系。

（4）调节触发脉冲的移相范围。将控制电压 U_{ct} 调至零（将电位器 RP_2 顺时针旋到底），用示波器观察同步电压信号和“6”点 U_6 的波形，调节偏移电压 U_b（即调 RP_3 电位器），使 $\alpha=170°$，其波形如图 2-28 所示。

（5）调节 U_{ct}（即电位器 RP_2）使 $\alpha=60°$，观察并记录 U_1～U_6 及输出“G、K”脉冲电压的波形，标出其幅值与宽度，并记录在表 2-1 中（可在示波器上直接读出，读数时应将示波器的“V/DIV”和“t/DIV”微调旋钮旋到校准位置）。

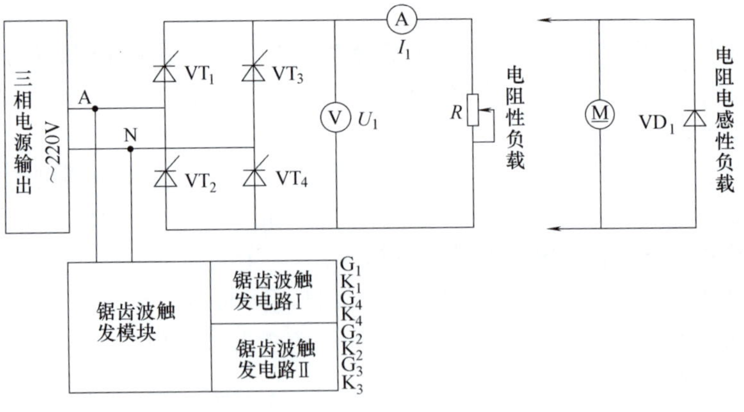

图 2-27　单相桥式整流实训原理图

（二）单相全控桥式整流实训方法

（1）根据单相全控桥式整流测试电路的要求，在模块化电力电子实训装置上选取对应的模块。

（2）根据选取的模块与对应的原理要求正确接线。

（3）接线正确后，启动电源，分别进行电阻性负载与电感性负载的调试。

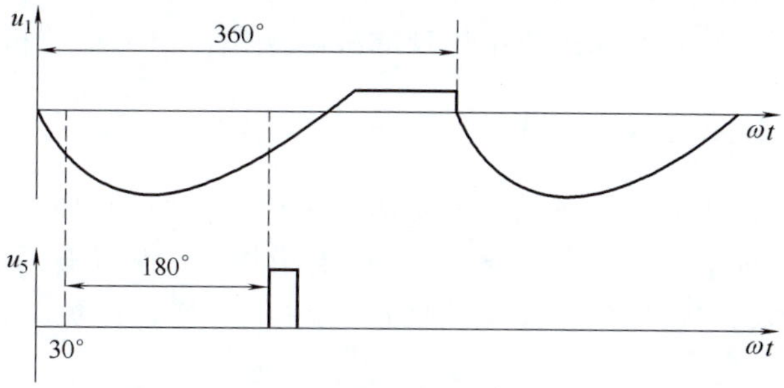

图 2-28　锯齿波同步移相触发电路

（4）在电阻性负载实训时，将电阻器放在最大阻值处，按下“启动”按钮，保持 U_b 偏移电压不变（即 RP_3 固定），逐渐增加 U_{ct}（调节 RP_2），在 $\alpha=0°$、30°、60°、90°、120°时，用示波器观察、记录整流电压 U_d 和晶闸管两端电压 U_{vt} 的波形，并记录电源电压 U_2 和负载电压 U_d 的数值于表 2-2 中。

表 2-1　　幅值与宽度记录表

电压	U_1	U_2	U_3	U_4	U_5	U_6
幅值/V						
宽度/ms						

表 2-2　　U_d、U_2 记录表 1

α	30°	60°	90°	120°
U_2				
U_d(记录值)				
U_d(计算值)				

（5）电阻性负载实训完后，断电，负载端接上电机，启动电源，保持 U_b 偏移电压不变（即 RP_3 固定），逐渐增加 U_{ct}（调节 RP_2），在 $\alpha=0°$、30°、60°、90°、120°时，用示波器观察、记录整流电压 U_d 和晶闸管两端电压 U_{vt} 的波形，并记录电源电压 U_2 和负载电压 U_d 的数值于表 2-3 中。

表 2-3　　U_d、U_2 记录表 2

α	30°	60°	90°	120°
U_2				
U_d(记录值)				
U_d(计算值)				

五、实训报告

（1）整理、描绘实训中记录的各点波形，并标出其幅值和宽度。

（2）总结锯齿波同步移相触发电路移相范围的调试方法，如果要求在 $U_{ct}=0$ 的条件下，使 $\alpha=90°$，如何调整。

（3）画出 $\alpha=30°$、60°、90°、120°、150°时 U_d 和 U_{VT} 的波形。

(4) 画出电路的移相特性 $U_d = f(\alpha)$ 曲线。

(5) 对实训过程中出现的故障现象作出书面分析报告。

六、注意事项

在实训中，触发脉冲是从外部接入 PAC10 面板上晶闸管的门极和阴极，此时，请不要用扁平线将“晶闸管”“电抗器模块”“锯齿波同步触发电路”模块的正反桥触发脉冲“输入”“输出”相连，并将 U_{lf} 及 U_{lr} 悬空，避免误触发。

知识拓展——晶闸管的串并联使用

一、晶闸管的串联使用

当要求晶闸管应有的电压值大于单个晶闸管的额定电压时，可以用两个以上同型号的晶闸管串联。由于器件特性的分散性，同型号管子串联后正反向阻断时流过反向漏电流虽然一样，但分配的反向电压不一样，如图 2-29（a）所示为反向阻断特性略有差异的晶闸管串联时两管承受的反向电压值，显然存在不均压，这样会使晶闸管不能被充分利用，严重时还会使承受高压的管子先过压击穿，随之低压管也连锁击穿。因此晶闸管和其他电力电子器件串联时必须考虑均匀措施。

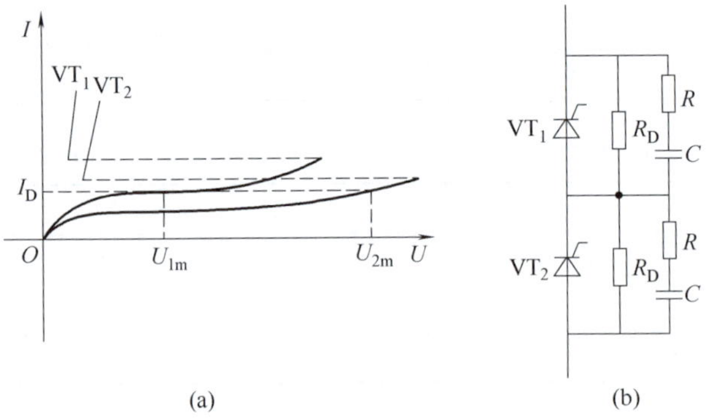

图 2-29 晶闸管串联与均压措施

（a）反向电压分配不均 （b）均压措施

（一）静态均压（正反向阻断状态下的均压）

静态均压有效的办法是在串联的晶闸管上并联阻值相等的电阻 R_j，称为均匀电阻，如图 2-29（b）所示，通常均压电阻 R_j 按下式计算：

$$R_j \leqslant (0.1 \sim 0.25)\frac{U_{TN}}{\pi I_{dr}}$$

式中，U_{TN}——晶闸管的额定电压；

I_{dr}——断态重复平均电流；

πI_{dr}——近似为漏电流峰值 I_{DRM}。

均压电阻 R_j 远小于晶闸管的漏电阻，则电压分配主要取决于 R_j。

（二）动态电压（开通过程与关断过程的均压）

均压电阻只能使直流电压或变化缓慢的电压均匀分配，晶闸管在开关过程中，瞬时电压的分配决定于格晶闸管的结电容、导通与关断时间、外部触发脉冲等因素。串联的晶闸管在开通时，后导通的管子将承受全部正向电压，易造成硬开通；关断时先关断的晶闸管将承受全部反抽电压，可能导致器件反向击穿而损坏。为使串联器件在开与关的过程中电压均匀分配称动态均压。

动态均压的方法是在串联的晶闸管上并联数值相等的电容 C，同时为了限制管子开通时，电容放电产生过大的电流上升率和防止因并接电容使电路产生振荡，通常在并接电容的支路中串入电阻 R，成为 RC 支路，如图 2-29（b）中虚线所示。由于晶闸管两端的阻容吸收电路在串联时可起动态均压作用，故不必再另接电阻电容。

虽然采取了均压措施，但仍然不可能完全均压，因此在选择每个管子要降低电压额定值使用，通常降低 10%，这样一来，选择晶闸管额定电压计算式修正为：

$$0.9U_{TN}\cdot n_s=(2\sim3)U_{TM}$$

所以

$$U_{TN}=\frac{(2\sim3)U_{TM}}{0.9n_s}$$

式中，n_s 是串联元件的数量。

二、晶闸管的并联使用

当要求晶闸管应有的电流值大于单个晶闸管的额定电流时，就需要将同型号的晶闸管并联使用。器件并联时由于正向导通的伏安特性不可能完全一致，在相同管压降时，使导通的晶闸管电流分配不均，如图 2-30（a）所示。因此并联使用的晶闸管除了选用特性尽量一致的管子外，还要采取均流措施。

（一）电阻均流

如图 2-30（b）所示，在并联的各晶闸管中串入一小电阻 R_j 是最简便的均流方法。均流电阻 R_j（Ω）由下式决定。

$$R_j=\frac{(0.5\sim2)U_T}{I_{Ta}}$$

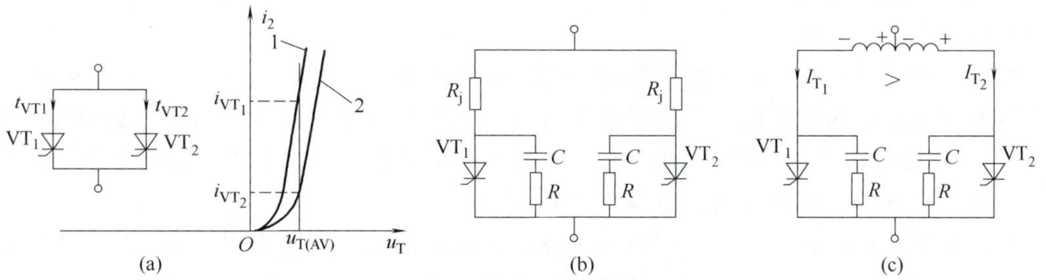

图 2-30　晶闸管并联与均流措施

（a）电流分配不均　（b）电阻均流　（c）电抗均流

串入均流电阻 R_j 后，电流分配不均匀度可大大地改善，但因电阻上有损耗，并且对动态均流不起作用，只适用于小功率场合。对于大电流器件的并联，均流可由各并联支路的快熔电阻、电抗器电阻和连接导线电阻的总和来实现。

（二）电抗均流

如图 2-30（c）所示，用一个均流电抗器（铁芯上带有两个相同的线圈）同名端相反接在并联的晶闸管电路中，均流的原理是利用电抗器中感应电动势的作用达到均流。即：

当两器件中电流均匀一致时铁芯内励磁安匝相互抵消，电抗器不起作用，若电流不相等合成励磁安匝产生电感，在两管与电抗回路中产生环流，使电流小的增大，电流大的减小，从而达到均流目的。显然，电抗均流可以起到动态均流的作用，单体积和成本也会额外增加。

三、晶闸管串联、并联使用时的注意事项

晶闸管在实际使用中，若要将晶闸管串联或并联使用应注意以下几点：

（1）筛选管子，尽量选用特性一致的管子，管子的开通时间也要尽量一致。

（2）采用强触发脉冲，前沿要陡，幅值要大。

（3）串联时要采取均压措施，并联时要采取均流措施。需要同时采用串联和并联晶闸管的时候，通常采用先串后并的方法。

（4）降低电压（串联时）或电流（并联时）额定值的10%使用，即降额使用。

项目小结

（1）单相全控桥式整流电路电阻性负载两组晶闸管轮流导通，将交流电转变成脉动的直流电。在管子导通期间，管压降为零，其波形为一条与横轴重合的直线；当处于同一组的另一个管子导通时，管子将承受 u_2 的全部反向电压；当四个晶闸管都处于截止状态时，如果管子的漏电阻相等，则管子承担电源电压 u_2 的一半，电路的移向范围为 0°～180°。

（2）单相全控桥式整流电路电感性负载，当控制角 α 在 0°～90°范围内变化时，负载电压 u_d 出现负半周，在 $\alpha=90°$时，负载电压 u_d 波形的正负面积近似相等，其平均值 $u_d \approx 0$，故移向范围为 0°～90°。

（3）单相全控桥式整流电流带续流二极管电感性负载其波形与电阻性负载相同，电路的移向范围为 0°～180°。

（4）单相半控桥式整流电路电阻性负载时，两只晶闸管 VT_1 和 VT_3 阴极接在一起，触发脉冲同时送给两管的门极，能被触发导通的只能是承受正向电压的一只晶闸管。两只二极管 VD_2 和 VD_4 阳极接在一起，它们能否导通取决于电源的正负，也即是说，两只管子的阴极电位低的二极管导通。电路的移相范围 0°～180°。

（5）单相半控桥式整流大电感负载电路中，两只晶闸管触发换流，两个二极管则在电源过零时进行换流。电路内部有自然续流的作用，输出电压 u_d 没有负半周，负载电流 也不流回电源，只要负载中的电感量足够大，则负载电流 i_d 连续。电路的移向范围为 0°～180°。

（6）单相半控桥式整流大电感负载电路，其工作可靠性不高，在实际使用时，容易出现失控现象。为了防止失控现象的产生，可以在负载两端并联续流二极管。计入续流二极管后，其输出波形与电阻性负载波形相同。

（7）在一定的条件下，将直流电能转变为交流电的过程称为逆变过程，变流器把直流电逆变成 50Hz 的交流电回送到电网去的过程称为有源逆变。若把变流器的交流侧接到负载，把直流电逆变为某一频率或频率可调的交流电供给负载，称为无源逆变。

（8）有源逆变是整流的逆过程。在不同的条件下，两种过程可以用同一套变流电路来实现，能量的传递方向相反。可控整流和有源逆变是同一个电路。同一种工作方式的两个不同工作状态。

（9）实现有源逆变的两个调节：直流侧必须外接与直流电流 I_d 同方向的电动势，并且要求 E 在数值上大于 U_d，这是实现有源逆变的外部条件。变流器必须工作在 $\alpha>90°$ 的情况下，使变流器输出电压 $U_d<0$，这是实现有源逆变的内部条件。

（10）最小逆变角的取值为 $\beta_{min}=30°\sim35°$。

项 目 测 试

一、选择题

1. 单相半控桥式，带电阻性负载，在 $\alpha=45°$时，输出电压的平均值（　　）。

A. $0.45U_2$　　B. $0.77U_2$　　C. $0.9U_2$　　D. $1.17U_2$

2. 单相半控桥式整流电路的两只晶闸管的触发脉冲依次应相差（　　）。

A. 180°　　B. 360°　　C. 120°　　D. 60°

3. 单相半控桥带大电感负载，在控制角 $\alpha=90°$时，如输出电流为100A则晶闸管的电流平均值为（　　）。

A. 25A　　B. 33.3A　　C. 50A　　D. 57.7A

4. 单相全控桥式整流电阻性负载电路中，控制角 α 的最大移相范围为（　　）。

A. 90°　　B. 120°　　C. 150°　　D. 180°

5. 单相全控桥式电阻性负载电路中，晶闸管可能承受的最大电压为（　　）。

A. $\sqrt{2}U_2$　　B. $2\sqrt{2}U_2$　　C. $\frac{1}{2}\sqrt{2}U_2$　　D. $\sqrt{6}U_2$

6. 单相全控桥带大电感负载，无续流二极管，在 $\alpha=30°$时的输出电压为（　　）。

A. $0.45U_2$　　B. $0.78U_2$　　C. $0.84U_2$　　D. $0.9U_2$

7. 单相全控桥式大电感负载电路中，晶闸管可能承受的最大正向电压为（　　）。

A. $\sqrt{2}U_2$　　B. $2\sqrt{2}U_2$　　C. $\frac{1}{2}\sqrt{2}U_2$　　D. $\sqrt{6}U_2$

8. 输出电压公式 $U_d=0.9U_2\cos\alpha$ 可以适用于（　　）。

A. 单相半控桥　　B. 单相半波可控整流

C. 单相全控桥带大电感负载　　D. 单相全控桥带大电感负载、无续流二极管

二、判断题

1. 单相半控桥式整流电路，带大电感负载时，必须并联续流二极管才能正常工作。（　　）

2. 半控桥式整流电路，大电感负载不加续流二极管，电路出故障时可能会出现失控现象。（　　）

3. 在单结晶体管触发电路中，稳压管削波的作用是扩大脉冲移相范围。(　　)

4. 无论是单相全控还是半控桥式整流电路，带电阻负载时，其输出电压的计算公式相同。(　　)

5. 可控整流电路带大电感负载时，无论是否接有续流二极管，其输出电压的波形与电阻性负载相同。(　　)

6. 单相全控桥式整流电路，带大电感负载时，如果不接续流二极管，则无论控制角有多大，每个晶闸管轮流导通 180°。(　　)

三、思考题

1. 单相桥式全控整流电路中，若有一只晶闸管因过电流而烧成短路，结果会怎样？若这只晶闸管烧成断路，结果又会怎样？

2. 单相桥式全控整流电路带大电感负载时，它与单相桥式半控整流电路中的续流二极管的作用是否相同？为什么？

3. 在单相桥式全控整流电路带大电感负载的情况下，突然输出电压平均值变得很小，且电路中各整流器件和熔断器都完好，试分析故障发生在何处。

4. 单相半控桥电路，对恒温电炉供电。已知电炉的电阻为 34Ω，直接由 220V 交流电网输入，试选择晶闸管的型号，并计算电炉的功率。

5. 单相桥半控整流电路，对直流电动机供电，加有电感量足够大的平波电抗器和续流二极管，变压器二次侧电压 220V，若控制角 $\alpha=60°$，且此时负载电流 $I_d=30A$，计算晶闸管、整流二极管和续流二极管的电流平均值及有效值，以及变压器的二次侧电流 I_2、容量 S。

6. 由 220V 经变压器供电的单相桥式半控整流电路，带大电感负载并接有续流二极管。负载要求直流电压为 10～75V 连续可调，最大负载电流 15A，最小控制角 $\alpha_{min}=25°$。选择晶闸管、整流二极管和续流二极管的额定电压和额定电流，并计算变压器的容量。

7. 有源逆变的工作原理是什么？实现有源逆变的条件是什么？变流装置有源逆变工作时，其直流侧为什么能出现负的直流电压？

8. 单相半控桥能否实现有源逆变？

项目三

新能源汽车整流电路和逆变电路二

【项目描述】

项目一、项目二学习了新能源汽车的整流电路和逆变电路的简单控制方式原理，项目三将更进一步学习效率更高、能耗更低的三相可控、不可控整流控制电路、三相有源逆变电路和数字触发电路。

大功率纯电动汽车充电机的一般结构框图，如图 3-1 所示，三相电网输入交流电，经过三相桥式不可控整流电路整流变成直流电，滤波后提供给高频 DC/DC 功率变换器，功率变换器经过直-直变换输出需要的直流电，再次滤波后为纯电动汽车动力蓄电池充电。

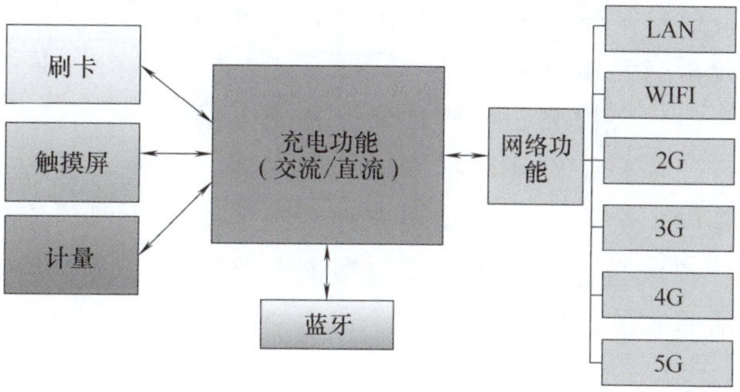

图 3-1　电动汽车充电机结构框图

【项目分析】

电动汽车的充电桩类似加油站的加油机，给电动汽车提供电能。它主要的充电方式有快充和慢充两种，如图 3-2 所示。直流电动汽车充电站，俗称就是“快充”，它是固定安装在电动汽车外，与交流电网连接，可以为非车载电动汽车动力电池提供直流电源的供电装置。直流充电桩的输入电压采用三相四线 AC380V（±15%），频率 50Hz，输出为可调直流电，直接为电动汽车的动力电池充电。由于直流充电桩采用三相四线制供电，可以提供足够的功率，输出的电压和电流调整范围大，可以实现快充的要求。

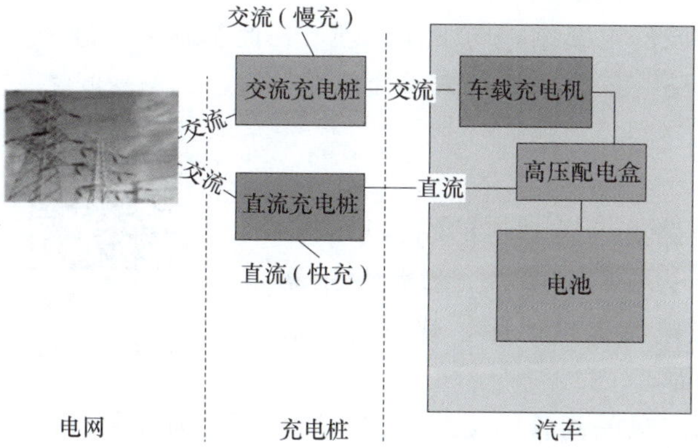

图 3-2　电动汽车充电方式

交流电动汽车充电桩，俗称就是“慢充”，固定安装在电动汽车外、与交流电网连接，为电动汽车车载充电机（即固定安装在电动汽车上的充电机）提供交流电源的供电装置。

交流充电桩只提供电力输出，没有充电功能，需连接车载充电机为电动汽车充电。相当于只是起了一个控制电源的作用的。本项目主要介绍快充直流充电方式的控制电路。

任务一　新能源汽车充电桩主电路分析

教学课件

新能源汽车充电桩主电路分析

一、学习目标

（1）了解晶闸管三相半波、三相桥式可控整流电路构成。

（2）理解晶闸管三相半波、三相桥式可控整流电路的工作原理。

（3）掌握晶闸管三相半波、三相桥式可控整流电路主要点的波形分析与参量计算。

（4）会检测三相桥式全控整流电路。

（5）会正确使用维修工具、仪器、仪表，具备一定的技术数据分析能力。

（6）会按照实训操作流程，制定检测计划、流程并实施。

（7）通过三相桥式全控整流电路检测，培养学生逻辑思维、实事求是、不断探索的职业素养和工匠精神。

二、相关知识

单相可控整流电路虽然简单，调试、维护方便，但输出整流电压脉动大，又会影响三相交流电网负载的平衡，所以只适用于小容量、对整流指标要求不高的装置中。当整流负载容量较大，或要求直流电压的脉动小、易滤波，或要求快速控制，应采用对电网来说是平衡的三相整流装置。

三相可控整流电路有许多类型：三相半波、三相全控桥式、三相半控桥式、双反星型、十二脉波整流电路等，其中三相半波可控整流电路是最基本的一种，其他电路可看成是它的串联或是并联。下面分析三相半波的电路结构与工作原理，在此基础上，进一步分析应用更为广泛的三相全控桥式整流电路与三相半控桥式整流电路。

教学视频

三相半波可控整流电路工作原理

（一）三相半波可控整流电路

1. 电阻性负载

三相半波（三相零式）可控整流电路有两种基本的结构形式：三相半波共阴极组和三相半波共阳极组。为了得到零线，整流变压器二次绕组必须接成星形。为了给三次谐波电流提供通路，减少高次谐波的影响，变压器一次绕组应当接成三角形。

（1）电路结构。三相半波电路根据三只晶闸管的接线方式不同，可分为共阴极接法与共阳极接法，而共阴极接法触发电路有公共端，接线方便，应用更为广泛，所以下面以共阴极组电路来介绍三相半波电路的原理。三相半波共阴极组可控整流电路是三个单相半波可控整流电路的并联组合。三相半波共阴极组可控整流电路电阻性负载电路结构，如图 3-3 所示。三只晶闸管 VT_1、VT_3、VT_5 的阴极接在一起成为共阴极，其阳极分别接在三相电源的 U、V、W 相。共阴极作为输出电压 U_d 的正极，三相电源的零点作为输出电压

U_d 的负极。其中 T 为整流电压器，R_d 是电阻负载。

（2）工作原理及波形分析。自然换相点：如图 3-4 所示，在各相相电压的 π/6 处，即 ωt_1、ωt_2、ωt_3、ωt_4 点，$\alpha=0°$ 称为自然换相点。三相半波共阴极组自然换相点是三相相电压正半周波形的交叉点，自然换相点之间互差 2π/3，三相脉冲 u_{g1}、u_{g3}、u_{g5} 也互差 2π/3。

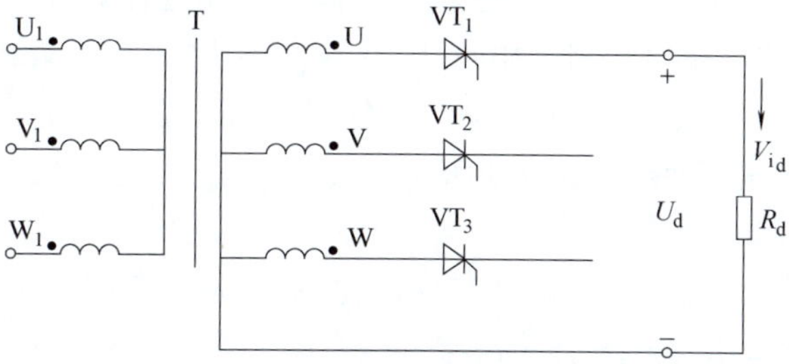

图 3-3　三相半波共阴极组可控整流电路电阻性负载

① $\alpha=0°$时的波形分析。三相半波共阴极组电阻性负载 $\alpha=0°$时的输出电压波形如图 3-4 所示。三相脉冲 u_{g1}、u_{g3}、u_{g5} 分别在各对应的自然换相点 ωt_1、ωt_2、ωt_3 点触发晶闸管 VT_1、VT_3、VT_5。

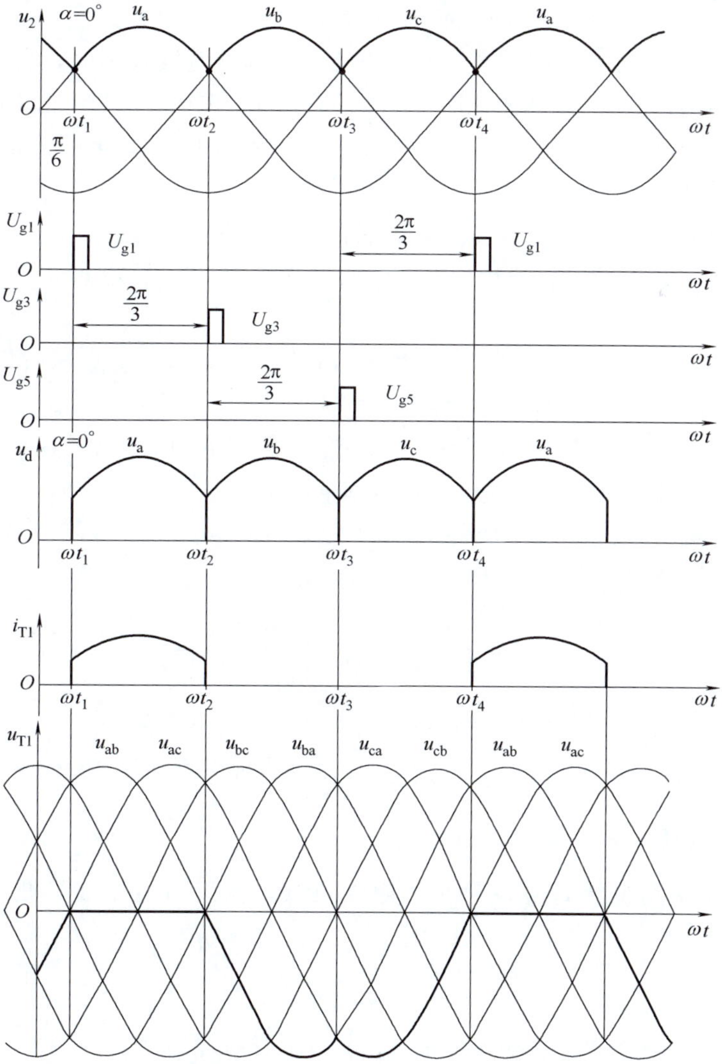

图 3-4　三相半波共阴极组电阻性负载 $\alpha=0°$ 时的波形

任一时刻，只有承受高电压的晶闸管元件才能被触发导通，输出电压 U_d 波形是相电压的一部分，每周期脉动三次，是三相电压正半波完整包络线，输出电流 i_d 与输出电压 U_d 波形相同、相位相同（$i_d=U_d/R_d$）。其他元件因 VT_1 导通承受反向电压而关断。

ωt_1 点：U_{g1} 触发 VT_1，在 $\omega t_1\sim\omega t_2$ 区间，$u_a>u_b$、$u_a>u_c$，a 相电压最高，VT_1 承受正向电压而导通，导通角 $\theta_T=2\pi/3$，输出电压 $U_d=u_a$。其他晶闸管承受反向电压而不能导通。

ωt_2 点：U_{g3} 触发 VT_3，在 $\omega t_2\sim\omega t_3$ 区间，由于 $u_a<u_b$，VT_3 导通，$U_d=u_b$。VT_1 两端电压 $u_{T_1}=u_a-u_b=-u_{ab}$。

ωt_3 点：U_{g5} 触发 VT_5，在 $\omega t_2\sim\omega t_4$ 区间，由于 $u_a<u_c$，VT_5 导通，$U_d=u_c$。VT_1 两端电压 $u_{T_1}=u_a-u_c=-u_{ac}$。一周期内，VT_1 只导通 $2\pi/3$，其余 $4\pi/3$ 承受反向电压而关断。

共阴极组晶闸管承受反向电压的规律是：导通相依次减后两相。根据这条规律，不用画波形图，就可以迅速判断出晶闸管所承受的反向电压。

当 $\alpha<0°$时，触发脉冲出现在自然换相点之前且脉冲宽度较窄时，会出现输出电压由高电压突然变小的现象，三只晶闸管轮流间隔导通，输出电压 U_d 波形是（$u_a\sim u_b\sim u_c\sim u_a$）断续的缺相波形，使电路工作不正常，为了防止这种现象的发生，电路不能工作在 $\alpha=0°$。

在实际应用中，必须对最小控制角 α_{min} 进行限制

② $\alpha=30°$时，脉冲 u_{g1}、u_{g3}、u_{g5} 分别在自然换相点 ωt_1、ωt_2、ωt_3 点往后移相 30°触发晶闸管 VT_1、VT_3、VT_5，输出电压 U_d 波形连续，VT_1 导通角 $\theta_T=2\pi/3$，如图 3-5 所示。

③ $\alpha=90°$时，u_{g1}、u_{g3}、u_{g5} 分别在自然换相点 ωt_1、ωt_2、ωt_3 点往后移相 90°触发晶闸管 VT_1、VT_3、VT_5，输出电压 U_d 波形仍然断续，VT_1 导通角 $\theta_T=\pi/3$，如图 3-6 所示。

④ 当 $\alpha=150°$时，输出电压 $U_d=0$，晶闸管元件关断，两端电压 U_{T1} 是电源相电压正弦波形。三相半波共阴极组电阻性负载，移相范围是 0°～150°（$5\pi/6$）。

（3）基本的物理量计算。由于输出波形有连续和断续之分，因此在两种情况下各电量的计算也不会相同，现分别讨论如下。

① 整流输出电压的平均值计算。

当 $0°\leqslant\alpha\leqslant30°$时，此时电流波形连续，通过分析可得到：

$$\frac{3}{2\pi}\int_{\frac{\pi}{6}+\alpha}^{\frac{5\pi}{6}}\sqrt{2}U_2\sin\omega t\,d(\omega t)=\frac{3\sqrt{6}}{2\pi}U_2\cos\alpha=1.17U_2\cos\alpha$$

当 $30°\leqslant\alpha\leqslant150°$时，此时电流波形断续，通过分析可得到：

$$U_d=\frac{3}{2\pi}\int_{\frac{\pi}{6}+\alpha}^{\pi}\sqrt{2}U_2\sin\omega t\,d(\omega t)=\frac{3\sqrt{6}}{2\pi}U_2\left[1+\cos\left(\frac{\pi}{6}+\alpha\right)\right]=0.675U_2\left[1+\cos\left(\frac{\pi}{6}+\alpha\right)\right]$$

② 直流输出平均电流计算。对于电阻性负载，电流与电压波形是一致的，数量关系为：

$$I_d=\frac{U_d}{R_d}$$

③ 流过每只晶闸管的电流平均值 I_{dT} 和有效值计算 I_T。当 $0°\leqslant\alpha\leqslant30°$时，此时电流波形连续，每只晶闸管轮流导通 120°，流过每只晶闸管的电流有效值为：

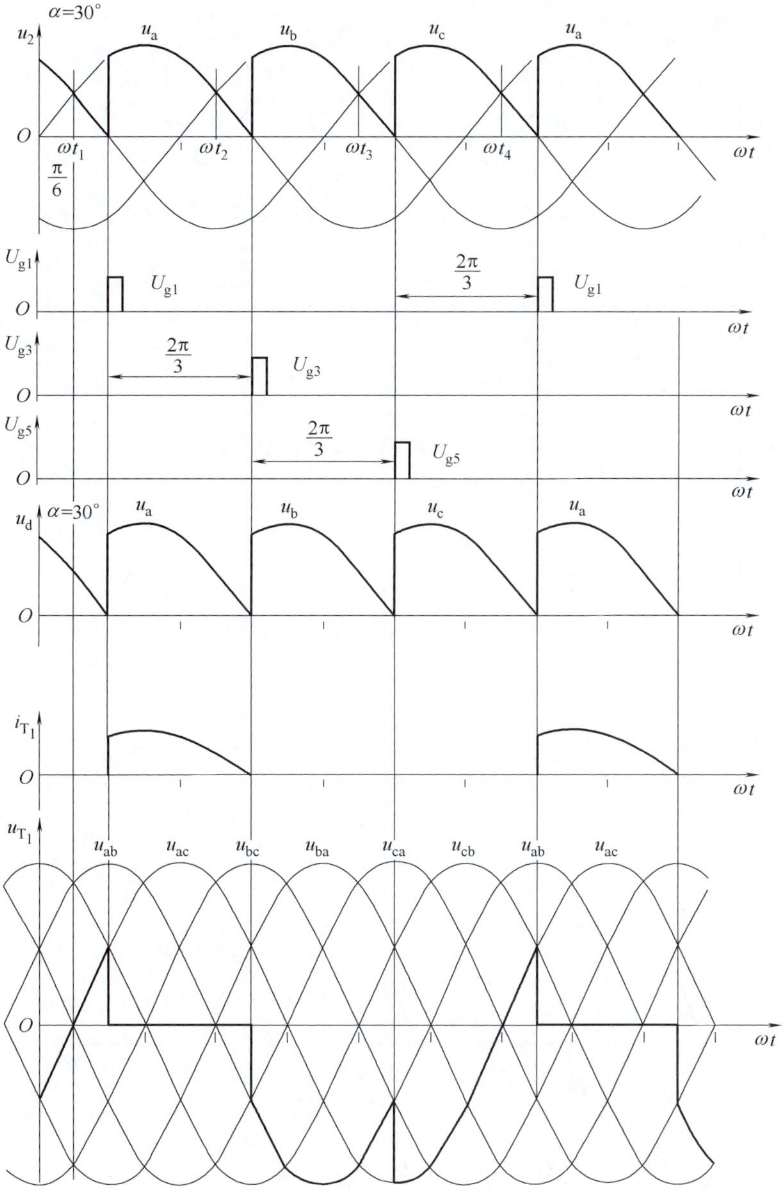

图 3-5　三相半波电阻性负载 α＝30°时的波形

$$I_T=\frac{U_2}{R_d}\sqrt{\frac{1}{2\pi}\left(\frac{2\pi}{3}+\frac{\sqrt{3}}{2}\cos 2\alpha\right)}$$

当 $30^\circ \leqslant \alpha \leqslant 150^\circ$时，此时电流波形断续，三只晶闸管仍然轮流导通，但导通角小于120°，这时流过每只晶闸管的电流有效值为：

$$I_T=\frac{U_2}{R_d}\sqrt{\frac{1}{2\pi}\left(\frac{5\pi}{6}-\alpha+\frac{\sqrt{3}}{4}\cos 2\alpha+\frac{1}{4}\sin 2\alpha\right)}$$

④ 晶闸管两端承受的最大峰值电压 U_{TM}。由前面的波形分析可以知道，晶闸管承受的最大反向电压为变压器二次侧线电压的峰值。电流断续时，晶闸管承受的是电源的相电

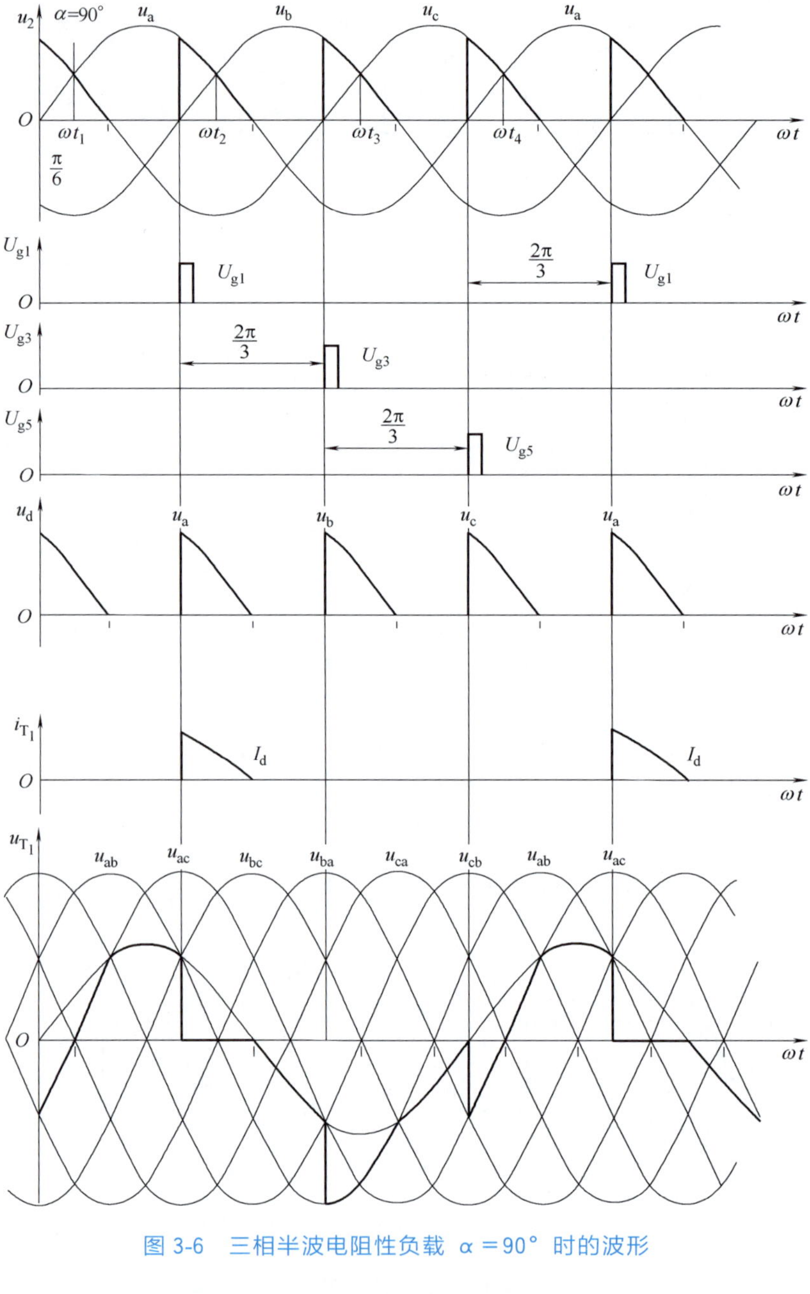

图 3-6　三相半波电阻性负载 α =90° 时的波形

压，所以晶闸管承受的最大正向电压为相电压的峰值即：

$$U_{TM}=\sqrt{2}U_2=\sqrt{2}\times\sqrt{3}U_2=\sqrt{6}U_2$$

由前面的波形分析还可以知道，当触发脉冲后移到 $\alpha=150°$时，此时正好为电源相电压的过零点，后面晶闸管不在承受正向电压，也就是说，晶闸管无法导通。因此，三相半波可控整流电路在电阻性负载时，控制角的移相范围是 0°～150°。

2. 电感性负载

(1) 电路结构。把直流电机的励磁绕组或电抗器接入主回路，取代电阻性负载白炽灯泡，就构成了电感性负载，而且 L_d 值很大，输出整流电流的波形近似直线。三相半波共阴极组电感性负载，如图 3-7 所示。

（2）工作原理及波形分析。

① $\alpha \leqslant 30°$时的波形分析。$\alpha \leqslant 30°$时，输出电压 U_d 波形，U_{VT} 波形与电阻负载完全相同，如图 3-4、图 3-5 所示。由于负载电感的储能作用，输出电流 i_d 是近似平直的直流波形，VT 元件中分别流过幅度 I_d、宽度 $2\pi/3$ 的矩形波电流，导通角 $\theta_T = 2\pi/3$。

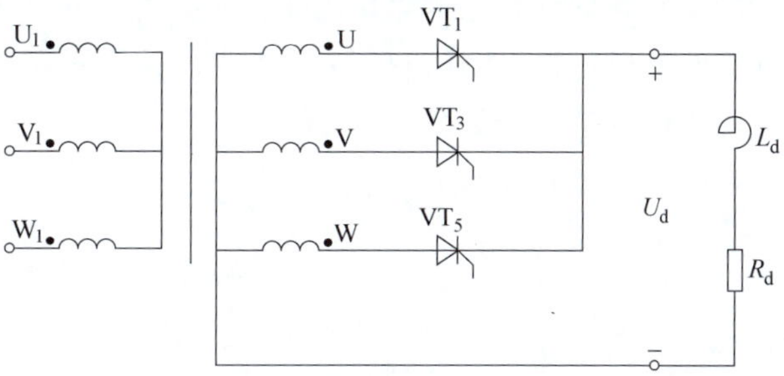

图 3-7　三相半波共阴极组可控整流电路电感性负载

② $\alpha > 30°$时的波形分析。

a. $\alpha = 60°$时的波形如图 3-8 所示。负载电流 i_d 的大小变化，在负载电感 L_d 上产生了

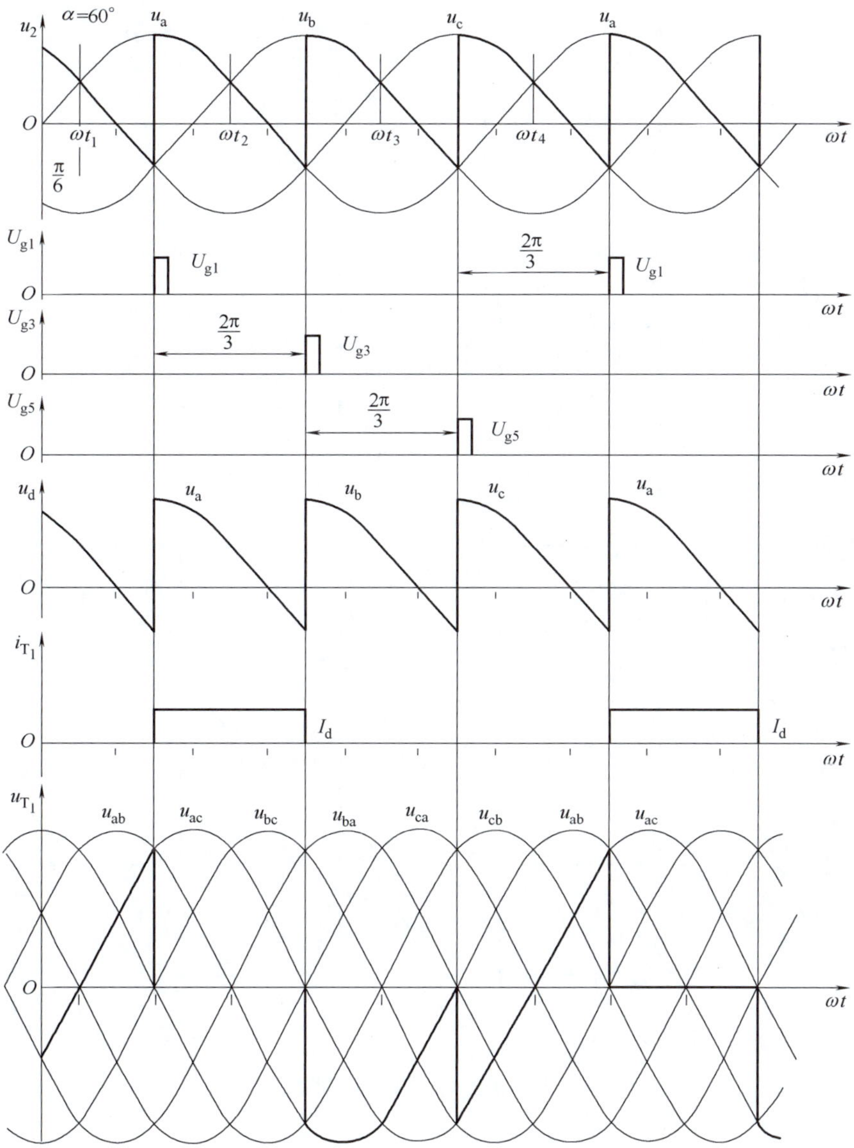

图 3-8　$\alpha = 60°$ 时的波形

极性可以改变的感应电势 E_L，E_L 总是阻止 i_d 的变化。i_d 趋于减小，E_L 极性改变以阻止 i_d 的减小，即使在电源电压由正到负过零点进入负半周以后，E_L 仍能使晶闸管承受正向电压而导通，输出电压 U_d 波形连续，并出现负波形，没有电阻负载时的波形断续现象，导通角仍然是 $\theta_T=2\pi/3$。

b. $\alpha=90°$时的波形如图 3-9 所示。$\alpha=90°$时，U_d 波形正负面积相等，输出电压平均

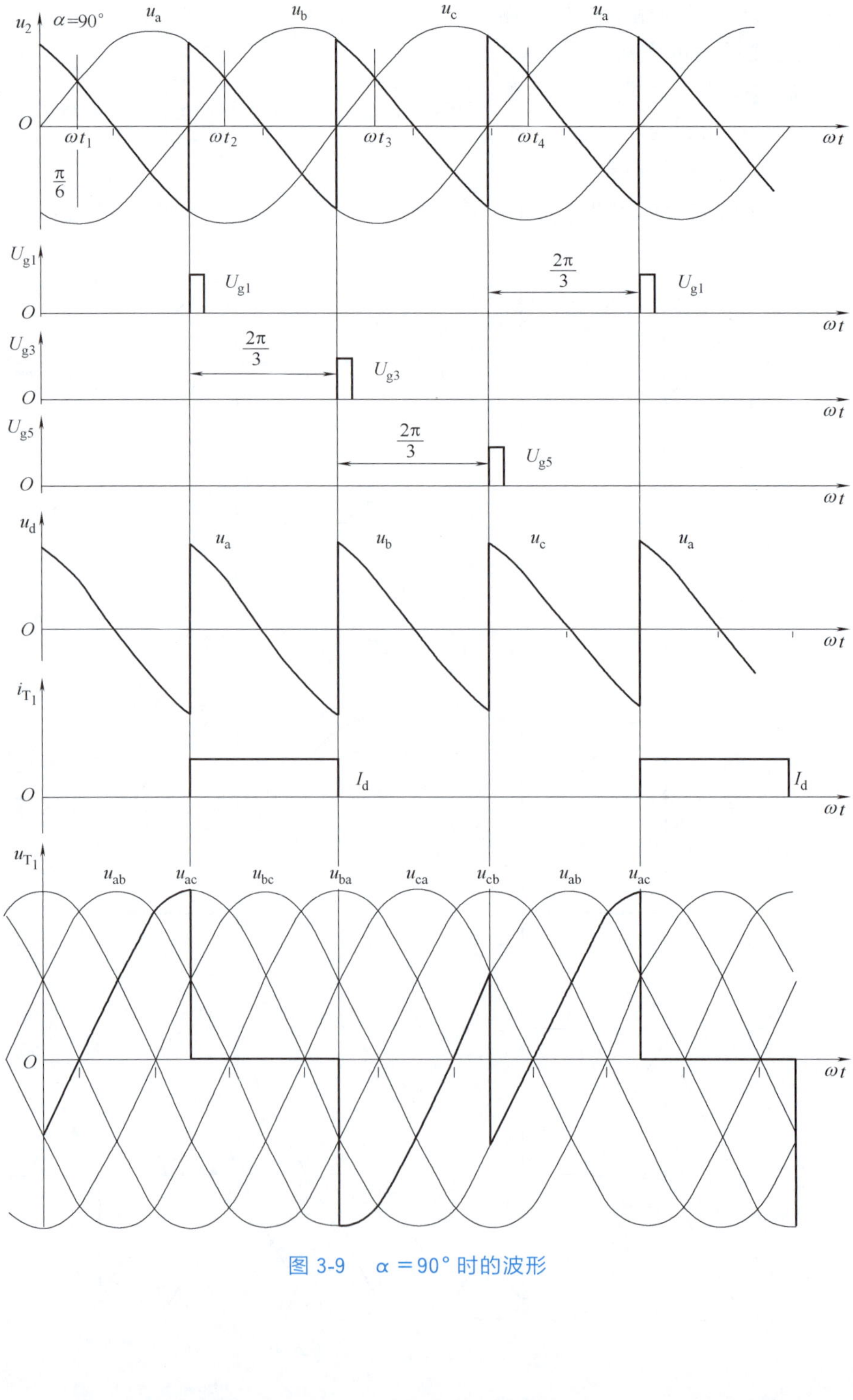

图 3-9 α =90° 时的波形

值 $U_d \approx 0$。$\alpha > 90°$时，仍然是 $U_d = 0$。此时，电路遵循单相半波可控整流电路电感负载时的导通规律。

三相半波共阴极组电感性负载的移相范围是 0°～90°（π/2）。

（3）基本的物理量计算。

① 输出电压平均值 U_d：

由于在导通角范围内，U_d 波形是连续的，其表达式只有一个。

$$U_d = \frac{3}{2\pi}\int_{\frac{\pi}{6}+\alpha}^{\frac{5\pi}{6}} \sqrt{2}U_2 \sin\omega t\, d(\omega t) = \frac{3\sqrt{6}}{2\pi}U_2\cos\alpha = 1.17U_2\cos\alpha$$

$\alpha = 0°$时，$U_d = 1.17\ U_2$

② 输出电流平均值 I_d：

$$I_d = \frac{U_d}{R_d} = 1.17\frac{U_2}{R_d}\cos\alpha$$

③ 晶闸管电流平均值 I_{dT} 和有效值 I_T：

$$I_{dT} = \frac{1}{3}I_d$$

$$I_T = I_d = \sqrt{\frac{1}{3}}I_d = 0.577I_d$$

④ 晶闸管通态平均电流 $I_{T(AV)}$：

$$I_{T(AV)} = I_T/1.57 = 0.368I_d$$

⑤ 晶闸管元件两端承受的电压 U_{TM}：

最大正反向电压是变压器二次线电压的峰值。

$$U_{TM} = \sqrt{2}U_2 = \sqrt{2}\times\sqrt{3}U_2 = \sqrt{6}U_2$$

3. 带续流二极管的电感性负载

三相半波可控整流电路大电感负载，当 $\alpha > 30°$时，输出电压 U_d 的波形出现负值，使平均电压 U_d 下降，可在大电感负载两端并接续流二极管 VD，这样不仅可以提高输出平均电压值，而且可以扩大移相范围，使负载电流 i_d 更平稳。电路如图 3-10 所示。

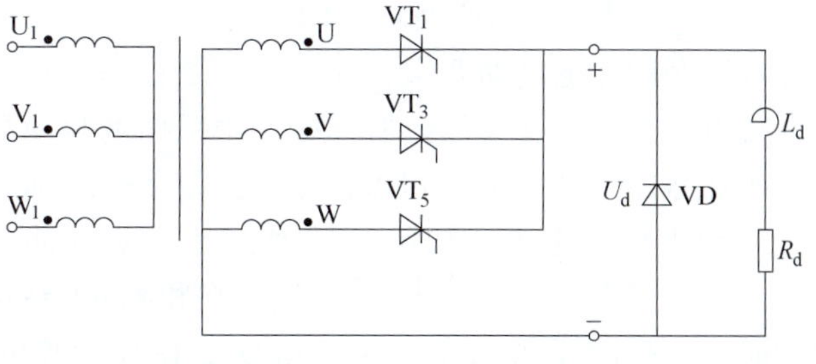

图 3-10　三相半波可控整流带续流二极管电感性负载电路

接入续流二极管后，其波形与电路参数计算可参照电阻性负载，读者自行分析。

（二）三相桥式全控整流电路

1. 电感性负载

（1）电路结构。如图 3-11 所示，其中晶闸管 VT_1、VT_3、VT_5 共阴极接法，晶闸管 VT_2、VT_4、VT_6 共阳极接法。任何时刻，电路中必须在共阴极和共阳极组中各有一个晶闸管导通，才能使负载端有输出电压。共阴极是输出电压的正极，共阳极是输出电压的负极。变压器二次绕组流过正负两个方向的电流，消除了变压器的直流磁化，提高了变压器的利用率。

可见，三相桥式全控整流电路实质上是一组共阴极半波可控整流电路与共阳极半波可控整流电路的串联。

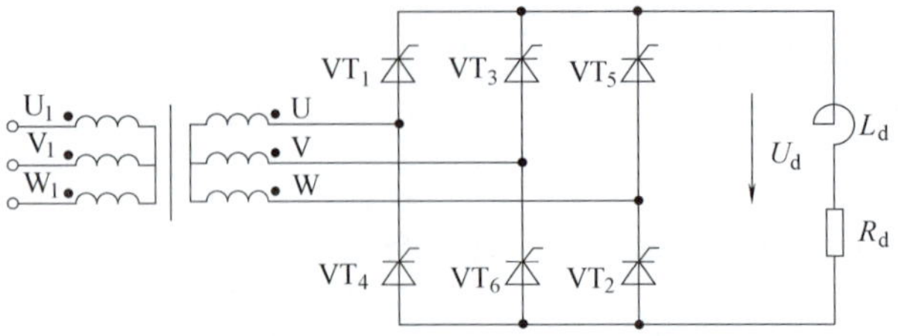

图 3-11 三相全控桥式可控整流电路电感性负载电路

(2) 工作原理及波形分析。

① $\alpha=0°$时的波形分析。自然换相点：线电压自然换相点 $\alpha=0°$ 在各线电压的 $\pi/3$ 处。根据相电压自然换相点，将一周期相电压分为六个区间，然后在各个区间找出最高、最低相电压和各相对应的晶闸管元件，利用表格法分析三相全控桥的工作原理，如表 3-1 所示。输出电压 U_d 每周期脉动六次，是线电压正半波完整包络线，U_d 是各区间最高相电压与最低相电压瞬时值之差，$\alpha=0°$时的波形，如图 3-12 所示。

表 3-1 三相全控桥工作原理表格分析法

区间	最高电压	最低电压	导通元件	输出电压 u_d	换相元件
1	u_a	u_b	VT_1、VT_6	$u_a-u_b=u_{ab}$	VT_1、VT_6
2	u_a	u_c	VT_1、VT_2	$u_a-u_c=u_{ac}$	VT_1、VT_2
3	u_b	u_c	VT_3、VT_2	$u_b-u_c=u_{bc}$	VT_3、VT_2
4	u_b	u_a	VT_3、VT_4	$u_b-u_a=u_{ba}$	VT_3、VT_4
5	u_c	u_a	VT_5、VT_4	$u_c-u_a=u_{ca}$	VT_5、VT_4
6	u_c	u_b	VT_5、VT_6	$u_c-u_b=u_{cb}$	VT_5、VT_6
1	u_a	u_b	VT_1、VT_6	$u_a-u_b=u_{ab}$	VT_1、VT_6

晶闸管元件导通的规律：任何时候共阴、共阳极组各有一只元件同时导通才能形成电流通路；晶闸管导通角 $\theta_T=2\pi/3$，与控制角 α 无关；共阴极组元件的换相顺序是 1、3、5，共阳极组的换相顺序是 4、6、2，全控桥电路的换相顺序是 VT_1、VT_2、VT_3、VT_4、VT_5、VT_6、VT_1，如此循环工作。

对触发脉冲宽度的要求：$60°<\tau<120°$。$\tau<60°$，电流不能形成通路；$\tau>120°$，在逆变电路中会造成逆变失败。实际应用中采用宽脉冲和双窄脉冲触发方式。

触发脉冲相位关系：相邻相脉冲互差 $2\pi/3$；同一相脉冲互差 π；相邻脉冲互差 $\pi/3$。

a. 单宽脉冲触发。如图 3-13 所示为单宽脉冲。每一个触发脉冲的宽度大于 60°而小于 120°（一般取 80°～90°为宜），这样在相隔 60°要触发换相时，当后一个触发脉冲出现时刻，前一个脉冲还未消失，这样就保证在任一换相时刻都有相邻的 2 只晶闸管有触发脉冲。

b. 双窄脉冲触发。如图 3-14 所示为双窄脉冲。触发电路送出的是窄的矩形脉冲（宽度一般为 18°～20°）。在送出某一相晶闸管脉冲的同时，向前一相晶闸管补发一个触发脉冲，称为补脉冲（或辅脉冲）。

② $\alpha\neq0°$时的波形分析。

a. $\alpha=60°$时的波形，如图 3-15 所示，自然换相点的相电压瞬时值相等，所以线电压为零，输出电压 U_d 波形连续，没有出现负波形。当 $\alpha>60°$时，波形将会出现负半周。

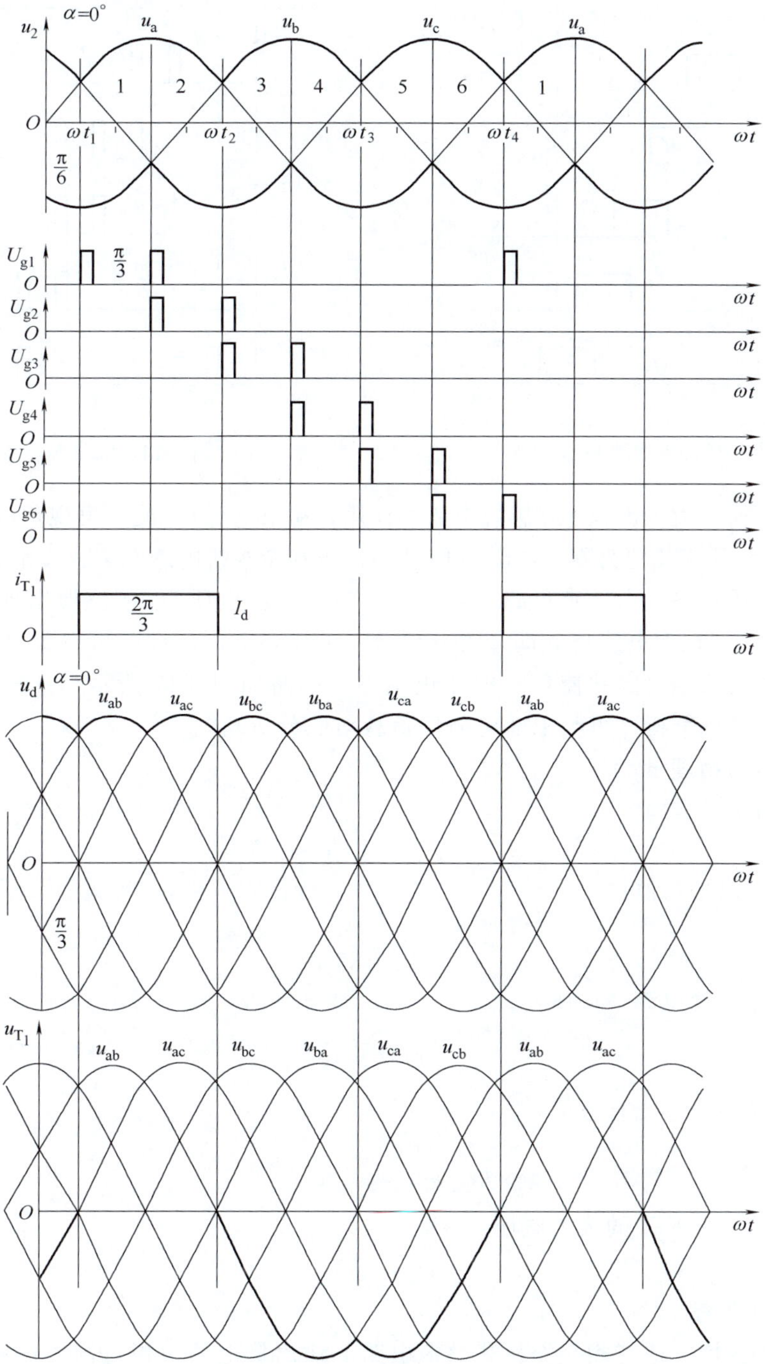

图 3-12　三相全控桥式电感性负载 $\alpha=0°$ 时的波形

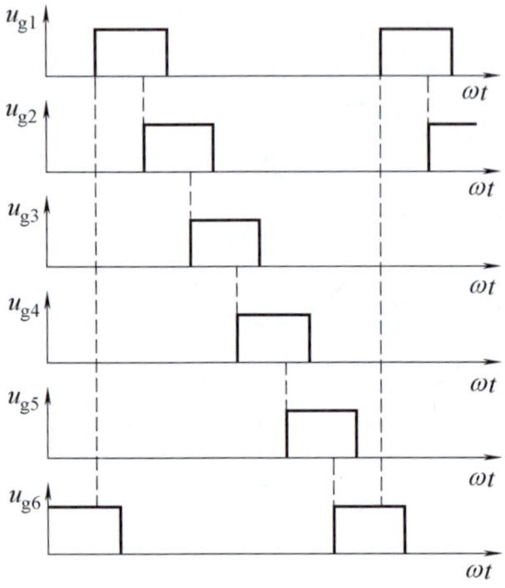

图 3-13　单宽脉冲形式

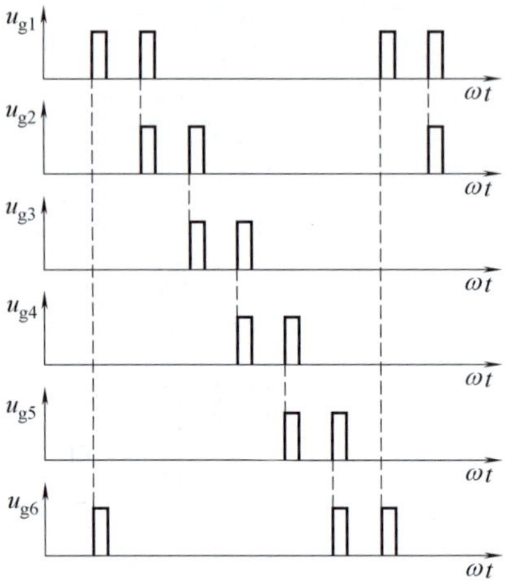

图 3-14　双窄脉冲形式

b. $\alpha=90°$时，由于负载电感感应电势的作用，输出电压 U_d 波形出现负波形，并正、负面积相等输出电压平均值为零，如图 3-16 所示。三相全控桥电感性负载移相范围为 0°～90°。

三相全控桥式整流大电感负载，当 $\alpha>60°$时，输出电压 U_d 的波形出现负值，使平均电压 U_d 下降，可在大电感负载两端并接续流二极管 VD，这样既可以提高输出平均电压值，也可以扩大移相范围并使负载电流更平稳。电路如图 3-17 所示，其输出波形与计算公式，读者可自行分析（可与下面电阻性负载对照分析）。

（3）基本的物理量计算。

① 输出电压平均值：

$$U_d=2.34U_2\cos\alpha$$

② 负载电流平均值：

$$I_d=\frac{U_d}{R_d}$$

③ 流过晶闸管电流平均值：

$$I_{dT}=\frac{1}{3}I_d$$

④ 流过晶闸管电流有效值：

$$I_T=\sqrt{\frac{1}{3}}I_d=0.577I_d$$

⑤ 晶闸管可能承受的最大电压：

$$U_{TM}=\sqrt{6}U_2$$

2. 电阻性负载

（1）电路结构。把三相全控桥式整流电路的输出接上的白炽灯泡等电阻性质的负载，电感性负载就变成了电阻性负载。如图 3-18 所示。

（2）工作原理及波形分析。$\alpha\leqslant60°$时的 U_d、U_T 波形与电感性负载时相同，U_d 波形连续，$\alpha>60°$时 U_d 波形断续。$\alpha=90°$时的波形如图 3-19 所示。$\alpha=120°$时，输出电压为零 $U_d=0$。

三相全控桥式电阻性负载移相范围为 0°～120°。

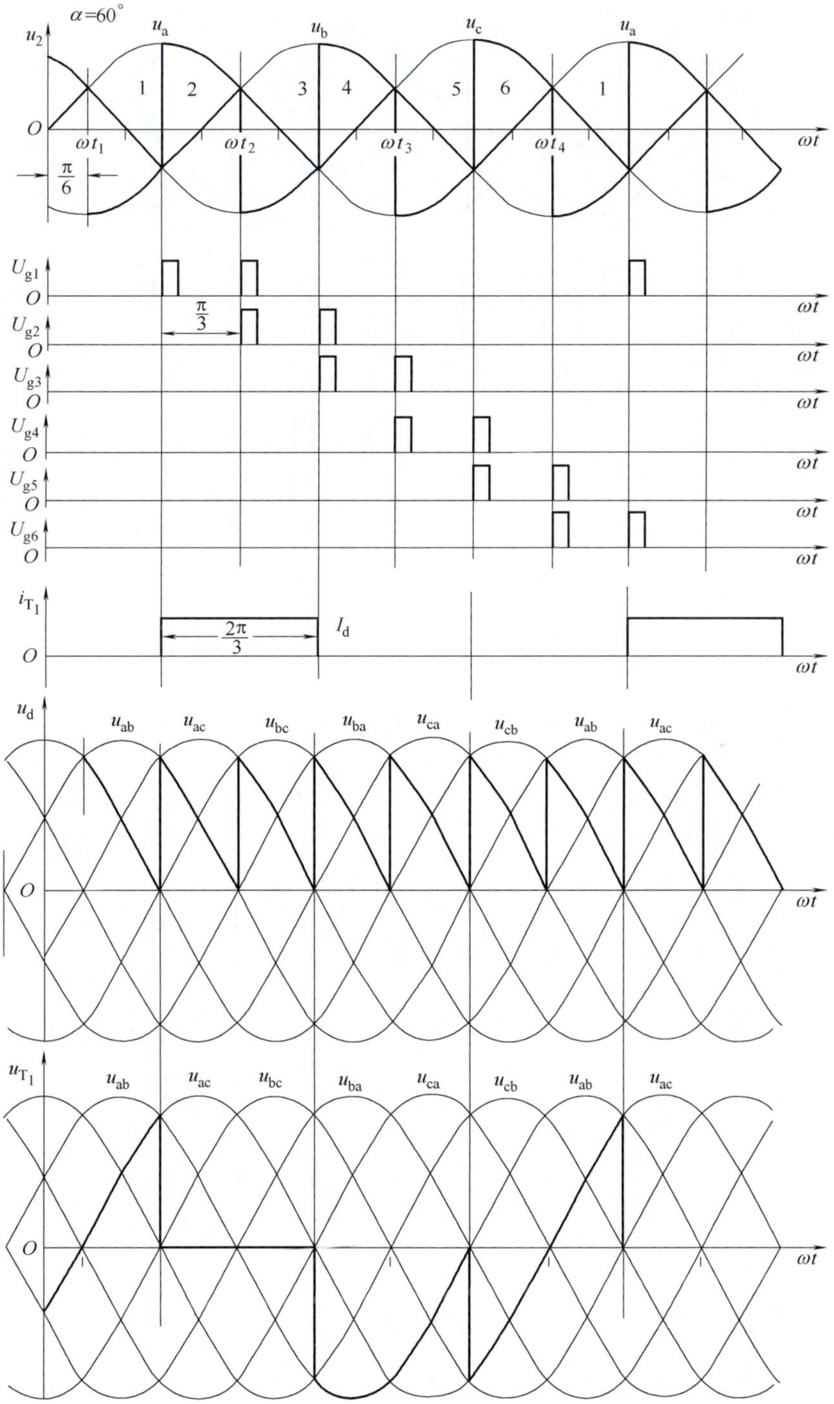

图 3-15　三相全控桥电感性负载 $\alpha=60°$ 时的波形

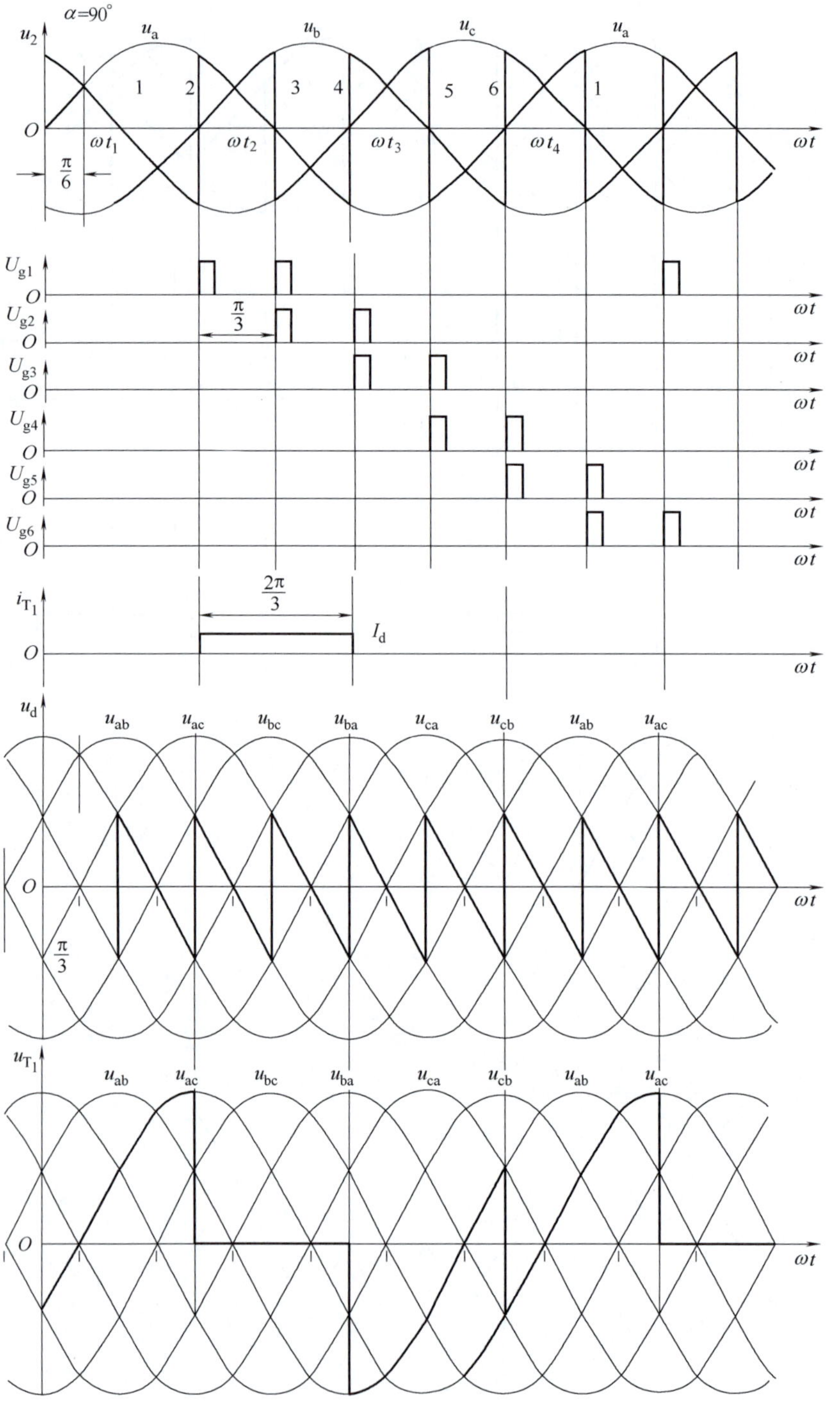

图 3-16　三相全控桥式电感性负载 α =90° 时的波形

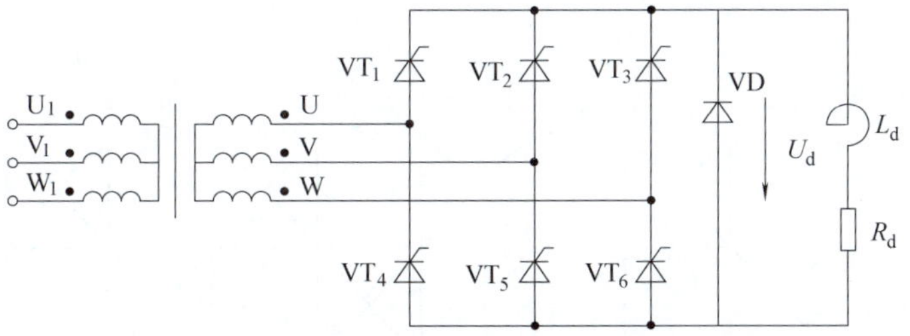

图 3-17　三相全控桥式整流电感性负载接续流二极管电路

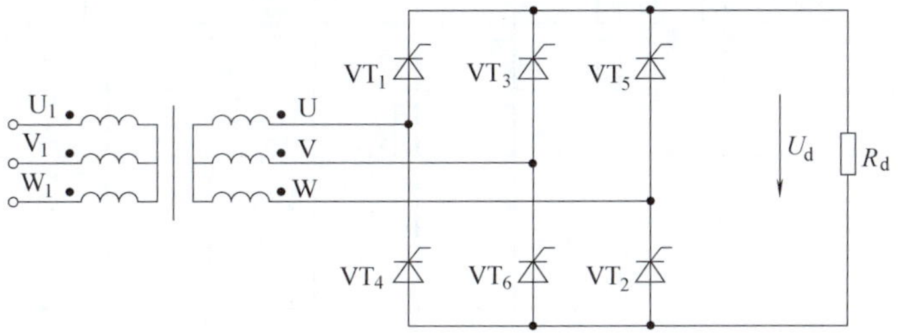

图 3-18　三相全控桥式整流电阻性负载电路

（3）基本的物理量计算。由于 $\alpha=60°$是输出电压 U_d 波形连续和断续的分界点，输出电压平均值应分两种情况计算，至于负载电流平均值，流过晶闸管的电流平均值、有效值的计算公式与电感负载时的一样。晶闸管可能承受的最大电压为$\sqrt{6}U_2$。

① $\alpha \leqslant 60°$：

$$U_d=\frac{1}{\pi/3}\int_{\frac{\pi}{3}+\alpha}^{\frac{2\pi}{3}+\alpha}\sqrt{2}\sqrt{3}U_2\sin\omega t\,d(\omega t)=2.34U_2\cos\alpha=1.35U_2\cos\alpha$$

当 $\alpha=0°$时，$U_d=U_{d0}=2.34U_2$

② $\alpha>60°$：

$$U_d=\frac{1}{\pi/3}\int_{\frac{\pi}{3}+\alpha}^{\pi}\sqrt{3}\sqrt{2}U_2\sin\omega t\,d(\omega t)=2.34U_2[1+\cos(\pi/3+\alpha)]$$

当 $\alpha=120°$时，$U_d=0$

通过上面的分析，可以得出三相全控桥式整流电路的特点如下：

① 必须有两个晶闸管同时导通才可能形成供电回路，其中共阴极组和共阳极组各一个，且不能为同一相的器件。

② 对触发脉冲的要求。按 VT_1—VT_2—VT_3—VT_4—VT_5—VT_6 的顺序，相位依次差 60°，共阴极组 VT_1、VT_3、VT_5 的脉冲依次差 120°，共阳极组 VT_4、VT_6、VT_2 也依次差 120°。同一相的上下两个晶闸管，即 VT_1 与 VT_4，VT_3 与 VT_6，VT_5 与 VT_2，脉冲相差 180°。

③ 触发脉冲要有足够的宽度，通常采用单宽脉冲触发或采用双窄脉冲。但实际应用中，为了减少脉冲变压器的铁芯损耗，大多采用双窄脉冲。

（三）三相桥式半控整流电路

1. 电阻性负载

（1）电路结构。将三相全控桥式整流电路中的一共阳极组的晶闸管用三只二极管代替，

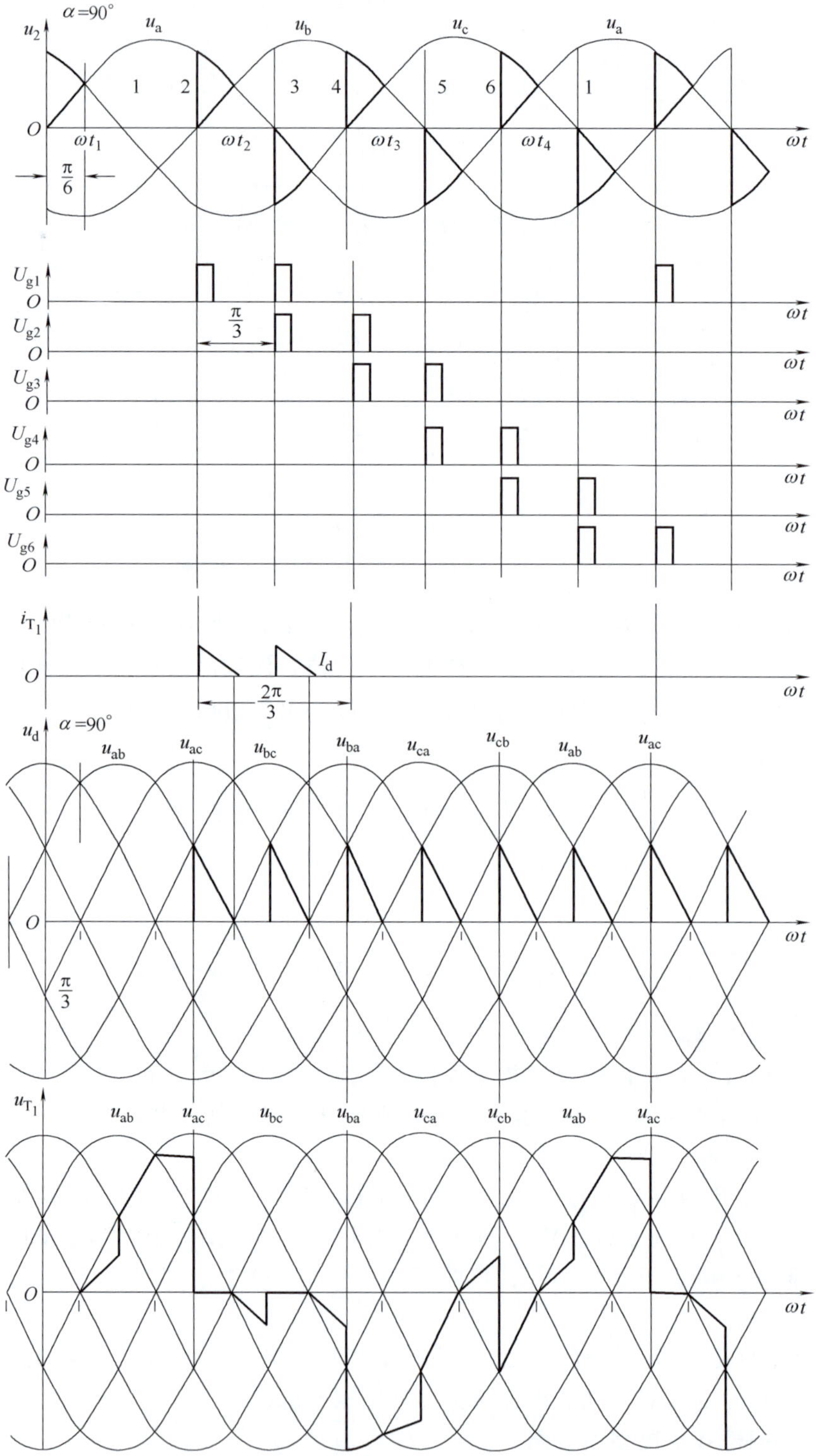

图 3-19 三相全控桥式电阻性负载 α＝90° 时的波形

就构成了三相桥式半控电路，如图3-20所示，其中晶闸管VT_1、VT_3、VT_5的阴极接在一起，构成共阴极接法；VD_2、VD_4、VD_6的阳极接在一起，构成共阳极接法。可见，三相半控桥式可控整流电路由三相半波可控共阴极组与不控共阳极组串联组合构成。

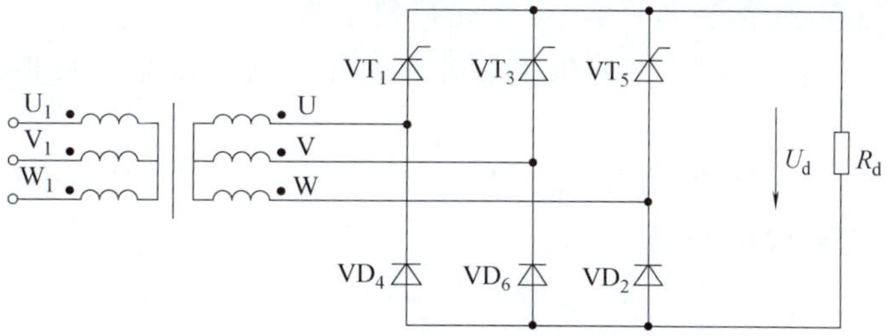

图3-20 三相半控桥式整流电阻性负载电路图

（2）工作原理与波形分析。

① $\alpha=0°$时，工作原理与三相全控桥式可控整流电路相同，输出电压每周期脉动六

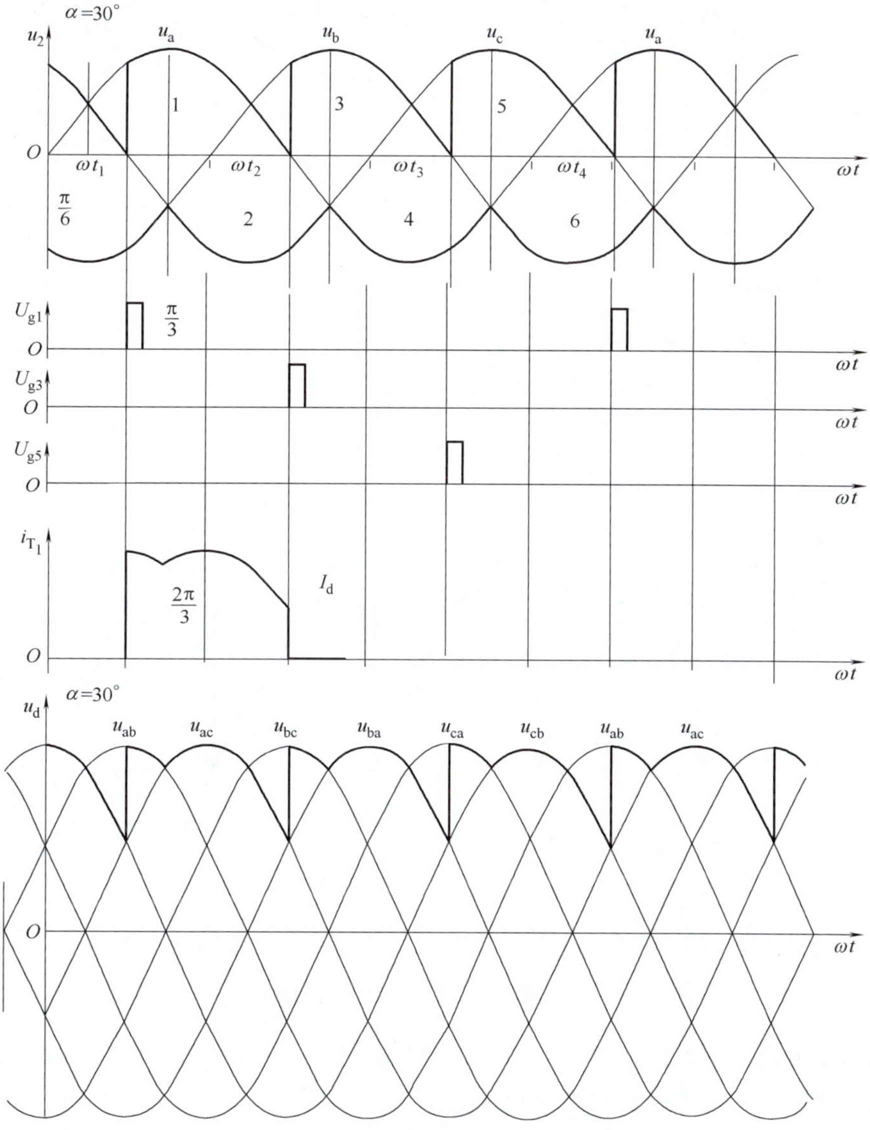

图3-21 $\alpha=30°$时的U_d波形

次，U_d 波形是线电压正半周完整包络线。

② $\alpha>0°$时，共阴极组是可控换相，共阳极组是自然换相。$\alpha=30°$时的 U_d 波形如图3-21 所示。

③ $\alpha=60°$时的 U_d 波形如 3-22 所示。$\alpha=60°$时输出电压每周期脉动三次，$\alpha=60°$是 U_d 波形连续和断续的分界点。

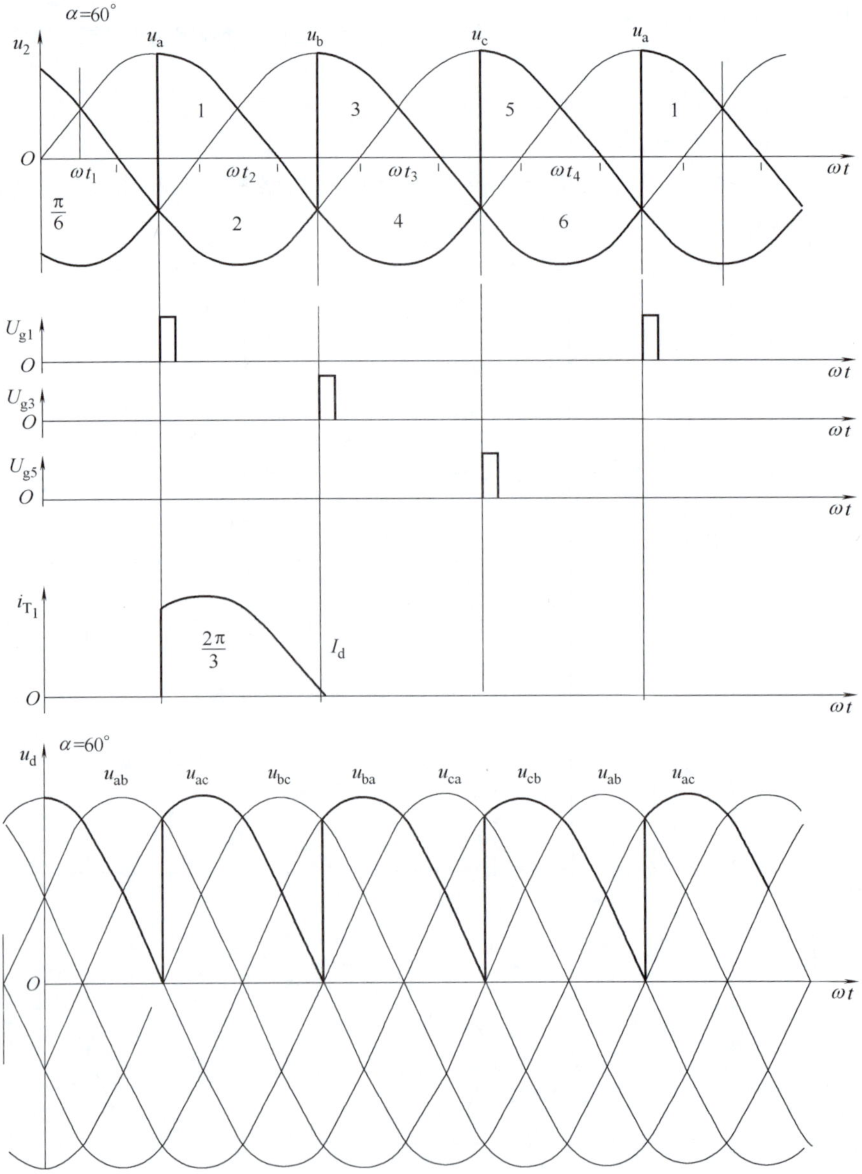

图 3-22 $\alpha=60°$ 时的 U_d 波形

三相半控桥式整流电路只用三只晶闸管和三套触发，采用单脉冲触发，因此线路简单经济，调控方便。三相半控桥式整流电阻性负载电路在 $\alpha\leqslant60°$时波形连续，晶闸管导通角 $\theta_T=120°$；$\alpha>60°$时出现波形断续，晶闸管导通角 $\theta_T<120°$；$\alpha=60°$为临界连续点，移

相范围为：$\alpha=0°\sim180°$。

2. 电感性负载

（1）电路结构。如图 3-23 所示为三相半控桥式整流大电感负载电路原理，输出电压波形与电阻性负载波形相同，不会出现负波形，输出电压平均值与电阻性负载计算相同。通过元件的电流波形为矩形波。线电压过零变负时晶闸管元件不关断，负载电感中的能量通过晶闸管和二极管的串联回路续流。

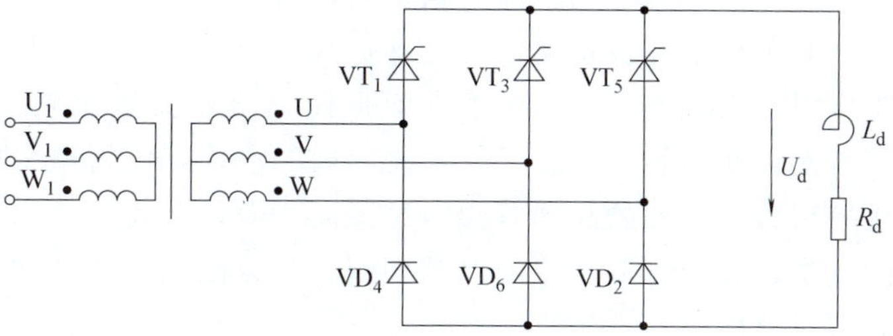

图 3-23　三相桥式半控整流大电感负载电路主电路原理

（2）工作原理及波形分析。

当 $\alpha\leqslant60°$时，负载两端输出电压 U_d 波形、晶闸管两端电压波形分析方法与电阻性负载相同，这里不再重复分析。$\alpha=90°$时，U_d 波形如图 3-24 所示。

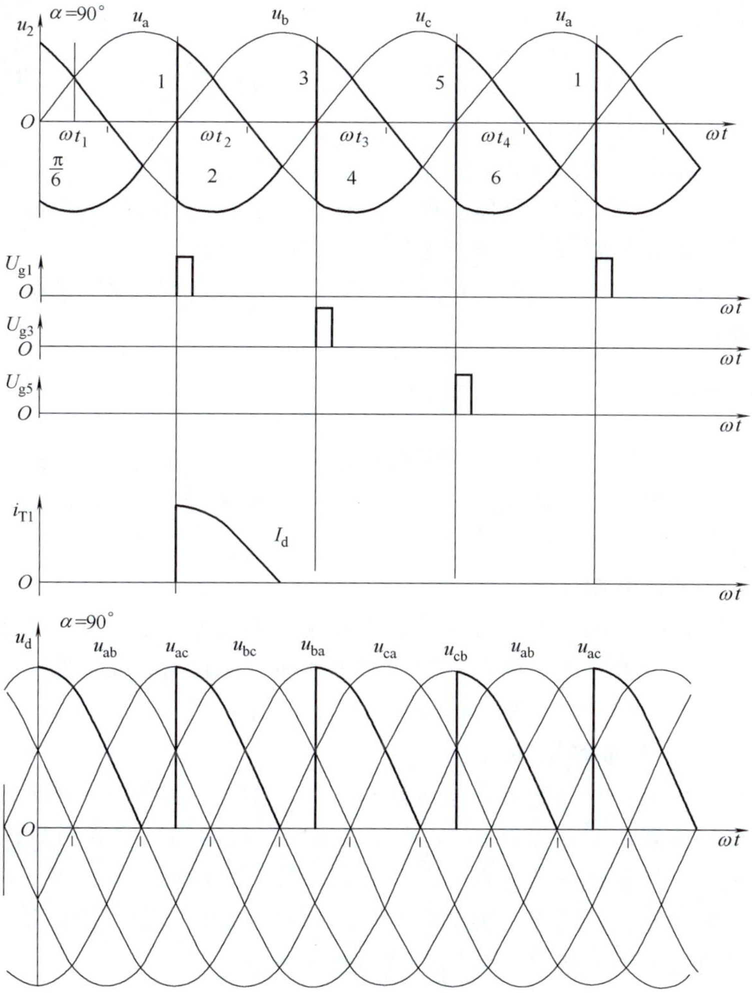

图 3-24　$\alpha=90°$ 时的 U_d 波形

失控问题：触发脉冲突然切除，会出现一只晶闸管元件不关断，另三只二极管轮流导通的失控现象，解决失控的方法是加续流二极管。

三相半控桥带直流电动机负载，为保证电流连续需加平波电抗器，于是仍属于电感性负载，分析方法与电感性负载相同，为防止失控，应加续流二极管。

和单相半控桥式整流大电感负载电路一样，三相半控桥式整流大电感负载电路在正常工作时，当触发脉冲突然丢失或把控制角 α 突然调到 180°以外时，将会出现导通的晶闸管不能关断而和三只二极管轮流导通的现象，使得整个电路处于失控状态。一旦电路出现失控现象，导通的晶闸管会因过载而烧毁，因此，为了保证电路正常工作，避免失控现象的发生，必须采取必要的保护措施，其方法是在负载两端并联续流二极管。电路原理请读者自行分析。

任务二　新能源汽车充电桩触发电路分析

教学课件

新能源汽车充电桩触发电路分析

一、学习目标

（1）了解集成触发电路及数字式触发电路的种类及应用情况。

（2）掌握触发电路与主电路实现同步的方法。

（3）会检测三相桥式全控整流电路。

（4）会正确使用维修工具、仪器、仪表，具备一定的技术数据分析能力。

（5）会按照实训操作流程，制定检测计划、流程并实施。

（6）通过三相桥式全控整流电路检测，培养学生逻辑思维、实事求是、不断探索的职业素养和工匠精神。

二、相关知识

整流电路的触发电路有很多种，要根据具体的整流电路和应用场合选择不同的触发电路。实际中，大多情况选用锯齿波同步触发电路和集成触发器。锯齿波触发电路前面我们已介绍，下面介绍集成触发器。

（一）集成触发器介绍

随着晶闸管变流技术的发展，目前逐渐推广使用集成电路触发器。由于集成电路触发器的应用，提高了触发电路工作的可靠性，缩小体积，简化了触发电路的生产与调试。集成触发器应用越来越广泛。正获得广泛应用的有以下几种。

1. TC787/TC788 集成触发器

该电路只要适用于三相晶闸管移相触发和三相功率晶体管脉宽调制电路，以及构成多种交流调速和变流装置。TC787/TC788 具有功耗小、功能强、输入阻抗高、抗干扰性能好、移相范围宽、外接元件少等优点，而且装调简便、使用可靠，只需一片这样的集成电路、就可完成三相移相控制功能。因此，TC787/TC788 可广泛应用于三相半波、三相全控、三相过零等电力电子、机电一体化产品的移相触发系统。

TC787/TC788 外形采用标准双列直插 18 脚结构，由 6 脚可控制两种脉冲输出方式，半控单脉冲工作模式与双控双窄脉冲工作模式。因此使用非常方便。

2. KC04 移相集成触发器

此触发电路为正极性型电路，及控制电压增加晶闸管输出电压也增加。主要用于单相或三相全控桥装置。KC04 集成触发器采用 16 脚封装形式，其内部电路由同步检测环节、锯齿波形成环节、移相环节、脉冲形成环节、脉冲分选与放大输出六个环节组成。

它与分立元件组成的锯齿波触发电路一样，由同步信号、锯齿波产生、移相控制、脉冲形成和放大输出等环节组成。

3. KC41C 六路双脉冲形成器

KC41C 与三块 KC04 可组成三相全控桥双脉冲触发电路。KC41C 不仅具有双脉冲形成功能，还可作为电子开关提供封锁控制的功能。采用 16 脚封装结构。

4. KC42 脉冲列调制形成器

KC42 脉冲列调制形成器只要用于三相全控桥整流电路的脉冲调制源，这样可减少大功率触发电源功率和脉冲变压器体积，也可用于三相半控桥、单相全控桥、单相半控桥触发电路中。电源具有脉冲占空比可调性好、频率调节范围宽、触发脉冲上升沿可与同步调制信号同步等优点，此外还可作为方波发生器用于其他电力电子设备中。

5. KCZ6 集成六脉冲触发电路

KCZ6 集成六脉冲触发组件是由三块 KC04 移相集成触发器、一块 KC41 六路脉冲形成器和一块 KC42 脉冲列形成器组成。KCZ6 集成六脉冲触发组件具有调试维修方便，脉冲输出间隔均匀，能可靠驱动大功率晶闸管等特点。

（二）触发电路与主电路电压的同步

制作或修理调整晶闸管装置时，常会碰到一种故障现象：在单独检查晶闸管主电路时，接线正确，元件完好；单独检查触发电路时，各点电压波形、输出脉冲正常，调节控制电压 U_c 时，脉冲移相符合要求。但是当主电路与触发电路连接后，工作不正常，直流输出电压 u_d 波形不规则、不稳定，移相调节不能工作。这种故障是由于送到主电路各晶闸管的触发脉冲与其阳极电压之间相位没有正确对应，造成晶闸管工作时控制角不一致，甚至使有的晶闸管触发脉冲在阳极电压负值时出现，当然不能导通。怎样才能消除这种故障使装置工作正常呢？这就是本任务要讨论的触发电路与主电路之间的同步（定相）问题。

1. 同步的定义

前面分析可知，触发脉冲必须在管子阳极电压为正时的某一区间内出现，晶闸管才能被触发导通，而在锯齿波移相触发电路中，送出脉冲的时刻是由接到触发电路不同相位的同步电压 u_s 来定位，由控制与偏移电压大小来决定移相。因此必须根据被触发晶闸管的阳极电压相位，正确供给触发电路特定相位的同步电压，才能使触发电路分别在各晶闸管需要触发脉冲的时刻输出脉冲。这种正确选择同步信号电压相位以及得到不同相位同步信号电压的方法，称为晶闸管装置的同步或定相。

2. 触发电路同步电压的确定

触发电路同步电压的确定包括两方面内容：

（1）根据晶闸管主电路的结构、所带负载的性质及采用的触发电路的形式，确定出该触发电路能够满足移相要求的同步电压与晶闸管阳极电压的相位关系。

（2）用三相同步变压器的不同连接方式或再配合阻容移相得到上述确定的同步电压。

3. 实现同步的方法

实现同步的方法步骤如下：

（1）根据主电路的结构、负载的性质及触发电路的型式与脉冲移相范围的要求，确定该触发电路的同步电压 u_s 与对应晶闸管阳极电压 u_u 之间的相位关系。

（2）根据整流变压器 TR 的接法，以定位某线电压作参考矢量，画出整流变压器二次电压也就是晶闸管阳极电压的矢量，再根据步骤（1）确定的同步电压 u_s 与晶闸管阳极电压 u_u 的相位关系，画出电源的同步相电压和同步线电压矢量。

（3）根据同步变压器二次线电压矢量位置，定出同步变压器 TS 的钟点数的接法，然后确定出 u_{su}、u_{sv}、u_{sw} 分别接到 VT_1、VT_3、VT_5 管触发电路输入端；确定出 $u_{s(-u)}$、$u_{s(-v)}$、$u_{s(-w)}$ 分别接到 VT_4、VT_6、VT_2 管触发电路的输入端，这样就保证了触发电路与主电路的同步。

任务三　三相有源逆变电路分析

教学课件

三相有源逆变电路分析

一、学习目标

（1）掌握三相半波、三相桥式有源逆变的电路的结构与工作原理。

（2）了解三相有源逆变电路在三相绕线式异步电机调速、高压直流输电中的应用原理。

（3）会检测三相桥式全控整流电路。

（4）会正确使用维修工具、仪器、仪表，具备一定的技术数据分析能力。

（5）会按照实训操作流程，制定检测计划、流程并实施。

（6）通过三相桥式全控整流电路检测，培养学生逻辑思维、实事求是、不断探索的职业素养和工匠精神。

二、相关知识

常用的有源逆变电路，除单相全控桥电路外，还有三相半波和三相全控桥电路等。三相有源变电路中，变流装置的输出电压与控制角 α 之间的关系仍与整流状态时相同，即

$$U_d = U_{d0}\cos\alpha$$

逆变时 $90° < \alpha < 180°$，使 $U_d < 0$。

（一）三相半波有源逆变电路

如图 3-25（a）所示为三相半波有源逆变电路。电路中电动机产生的电动势 E 为上负下正，令控制角 $\alpha > 90°$，以使 U_d 为上负下正，且满足 $|E| > |U_d|$，则电路符合有源逆变的条件，可实现有源逆变。

逆变器输出直流电压 U_d（U_d 的方向仍按整流状态时的规定，从上至下为 U_d 的正方向）的计算式为：

$$U_d = U_{d0}\cos\alpha = -U_{d0}\cos\beta = -1.17U_2\cos\beta \quad (\alpha > 90°)$$

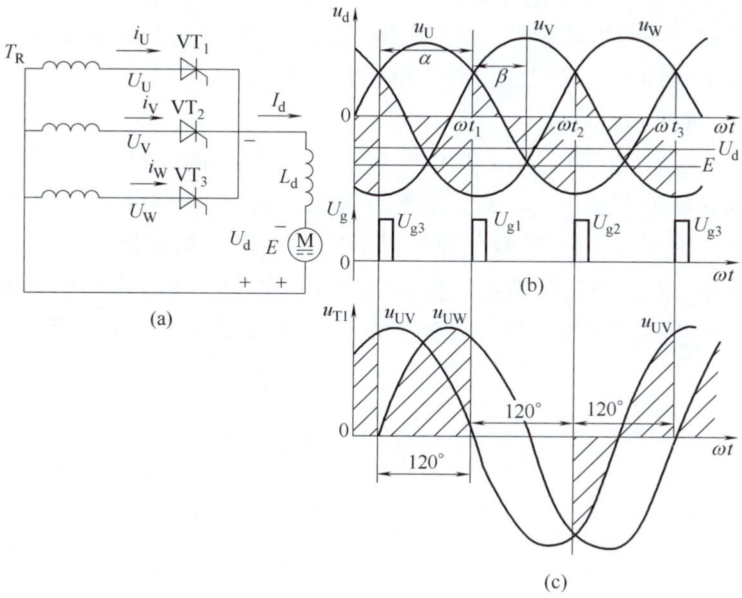

图 3-25　三相半波有源逆变电路

(a) 电路　(b) 输出电压波形　(c) 晶闸管两端电压波形

式中，U_d 为负值，即 U_d 的极性与整流状态时相反。输出直流电流平均值为：

$$I_d = \frac{E - U_d}{R_\Sigma}$$

式中，R_Σ 为回路的总电阻。电流从 E 的正极流出，流入 U_d 的正端，即 E 端输出电能，经过晶闸管装置将电能送给电网。

下面以 $\beta=60°$ 为例对其工作过程做一分析。在 $\beta=60°$ 时，即 ωt_1 时刻触发脉冲 U_{g1} 触发晶闸管 VT_1 导通。即使 u_U 相电压为零或负值，但由于有电动势 E 的作用，VT_1 仍可能承受正压而导通。则电动势 E 提供能量，有电流 I_d 流过晶闸管 VT_1，输出电压波形 $u_d=u_U$。然后，与整流时一样，按电源相序每隔 120°依次轮流触发相应的晶闸管使之导通，同时关断前面导通的晶闸管，实现依次换相，每个晶闸管导通 120°。输出电压 u_d 的波形如图 3-25（b）所示，其直流平均电压 U_d 为负值，数值小于电动势 E。

图 3-25（c）中画出了晶闸管 VT_1 两端电压 u_{VT1} 的波形。在一个电源周期内，VT_1 导通 120°角，导通期间其端电压为零，随后的 120°内是 VT_2 导通，VT_1 关断，VT_1 承受线电压 u_{UV}，再后的 120°内是 VT_3 导通，VT_1 承受线电压 u_{UW}。由端电压波形可见，逆变时晶闸管两端电压波形的正面积总是大于负面积，而整流时则相反，正面积总是小于负面积。只有 $\alpha=\beta$ 时，正负面积才相等。

下面以 VT_1 换相到 VT_2 为例，简单说明一下图中晶闸管换相的过程。在 VT_1 导通时，到 ωt_2 时刻触发 VT_2，则 VT_2 导通，与此同时使 VT_1 承受 U、V 两相间的线电压 u_{UV}。由于 $u_{UV}<0$。故 VT_1 承受反向电压而被迫关断，完成了 VT_1 向 VT_2 的换相过程。其他管的换相可由此类推。

（二）三相全控桥有源逆变电路

如图 3-26（a）所示为三相全控桥带电动机负载的电路，当 $\alpha<90°$时，电路工作在整

流状态，当 $\alpha>90°$ 时，电路工作在逆变状态。两种状态除 α 角的范围不同外，晶闸管的控制过程是一样的，即都要求每隔 60°依次轮流触发晶闸管使其导通 120°，触发脉冲都必须是宽脉冲或双窄脉冲。逆变时输出直流电压的计算式为：

$$U_d=U_{d0}\cos\alpha=-U_{d0}\cos\beta=-2.34U_2\cos\beta \quad (\alpha>90°)$$

图 3-26（b）为 $\beta=30°$ 时三相全控桥直流输出电压 u_d 的波形。共阴极组晶闸管 VT_1、VT_3、VT_5 分别在脉冲 U_{g1}、U_{g3}、U_{g5} 触发时换流，由阳极电位低的管子导通换到阳极电位高的管子导通，因此相电压波形在触发时上跳；共阳极组晶闸管 VT_2、VT_4、VT_6 分别在脉冲 U_{g2}、U_{g4}、U_{g6} 触发时换流，由阴极电位高的管子导通换到阴极电位低的管子导通，因此在触发时相电压波形下跳。晶闸管两端电压波形与三相半波有源逆变电路相同。

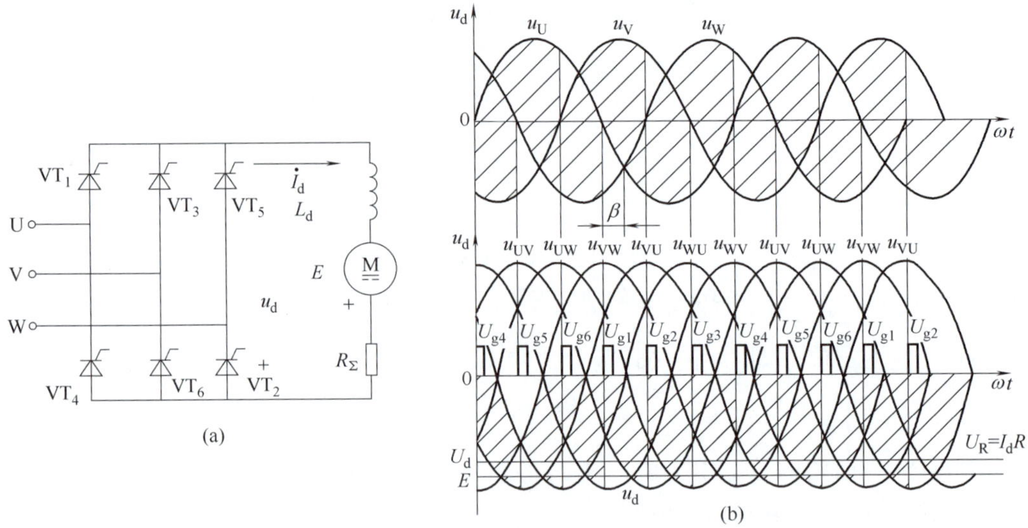

图 3-26 三相全控桥式有源逆变电路

（a）电路 （b）$\beta=30°$ 时三相全控桥直流输出电压波形

下面再分析一下晶闸管的换流过程。设触发方式为双窄脉冲方式。在 VT_5、VT_6 导通期间，发 U_{g1}、U_{g6} 脉冲，则 VT_6 继续导通，而 VT_1 在被触发之前，由于 VT_5 处于导通状态，已使其承受正向电压 u_{UW}，所以一旦触发，VT_1 即可导通，若不考虑换相重叠的影响，当 VT_1 导通之后，VT_5 就会因承受反向电压 u_{WU} 而关断，从而完成了从 VT_5 到 VT_1 的换流过程，其他管的换流过程可由此类推。

应当指出，传统的有源逆变电路开关元件通常采用普通晶闸管，但近年来出现的可关断晶闸管既具有普通晶闸管的优点，又具有自关断能力，工作频率也高，因此在逆变电路中很有可能取代普通晶闸管。

（三）有源逆变电路的应用

有源逆变电路有较多的应用领域，常见的有直流电机可逆拖动、绕线式交流异步电动机串级调速以及高压直流输电等方面。下面对绕线式交流异步电动机串级调速以及高压直流输电中应用加以介绍。

1. 绕线转子异步电动机的晶闸管串级调速

（1）串级调速的原理。绕线转子异步电动机可采用改变串接于转子回路附加电阻的方法进行调速。这种调速方法简单、投资少，但其调速不平滑、附加电阻耗能大。串级调速是在转子回路中引入附加电动势来实现调速的。这种方法不仅可对异步电动机进行无级调速，而且具有节能、机械特性较硬等特点。

下面分析串级调速的原理。假定异步电动机在自然机械特性上（即转子电路无附加电动势）稳定运行，电源电压和负载转矩均不变。转子电动势为 sE_{20}，转子电流值为：

$$I_2=\frac{sE_{20}}{\sqrt{R_2^2+(sx_{20})^2}}$$

式中：s 为电动机转差率；E_{20} 为 $s=1$ 时转子开路相电动势；x_{20} 为 $s=1$ 时每相转子绕组的漏抗；R_2 为转子绕组电阻。

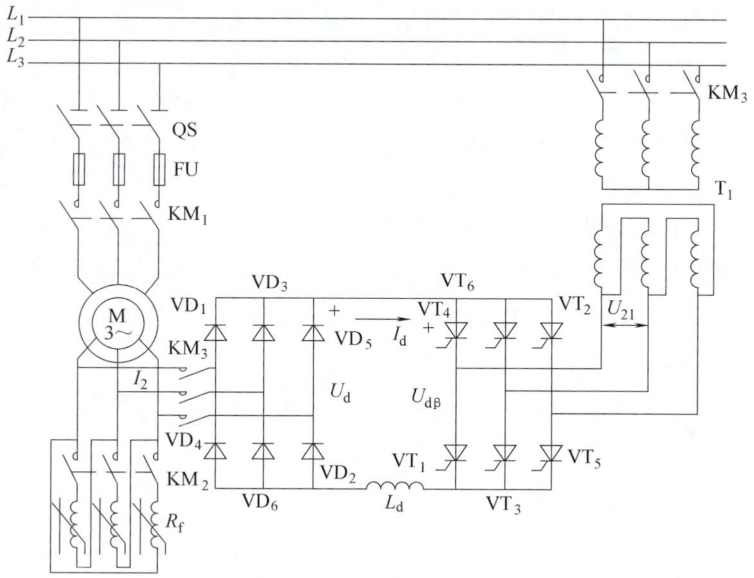

图 3-27　晶闸管串级调速主电路原理图

当在转子中串入一个与转子感应电动势 sE_{20} 同频率、反相的附加电动势 E_f 时，转子合成电动势减小为 $sE_{20}-E_f$，转子电流减小为：

$$I_2=\frac{sE_{20}-E_f}{\sqrt{R_2^2+(sx_{20})^2}}$$

由于电动机定子电压、气隙磁通恒定，故电动机的电磁转矩 T 将随转子电流 I_2 的减小而减小，使电动机的输出转矩小于负载转矩，迫使电动机降低转速，转差率 s 增加，从而又使转子电流 I_2 增加，转矩也随之回升，直至电磁转矩与负载转矩重新达到平衡，电动机便稳定运行在低于原值的某一转速上。调整 E_f 值就可调节电动机的转速。这是低于同步转速的串级调速。

当在转子中串入一个与 sE_{20} 同频率、同相的 E_f 时，转子合成电动势增大为 $sE_{20}+E_f$，转子电流增大为：

$$I_2=\frac{sE_{20}+E_f}{\sqrt{R_2^2+(sx_{20})^2}}$$

电磁转矩也随之增加，电动机升速，s 减小。直至电磁转矩与负载转矩重新达到平衡，电动机稳定运行在高于原值的某一转速上。若串人的 E_f 足够大，会使电动机稳定运行在高于同步转速的某一转速上。这是高于同步转速的串级调速。

本任务主要介绍低于同步转速的串级调速——低同步晶闸管串级调速。

(2) 低同步晶闸管串级调速。由上述分析可知，绕线转子异步电动机的转子电动势的大小与频率都随电动机转速而变，在转子回路中串入一个与转子电动势频率一致、相位相反的交流附加电动势，就可改变电动机转速。附加电动势越大，电动机转速越低。可见，实现串级调速的核心环节是要有一套产生附加电动势的装置，其所产生的附加电动势既要大小可调，又要使其频率保持与转子频率一致。这在技术上是非常复杂的。目前广泛采用的办法是把转子电动势整流为直流，再通过晶闸管有源逆变电路引入直流附加反电动势。图 3-27 即为运用这种办法的晶闸管串级调速主电路原理图。

图 3-27 中，转子回路经三相桥式整流后输出直流电压 U_d 为：

$$U_d = 1.35sE_{21}$$

式中：E_{21}——转子开路线电动势的有效值（转速 $n=0$）；

s——电动机转差率。

串级调速系统运行时，由晶闸管组成的有源逆变器一直处于逆变工作状态，将转子能量反馈给电网，逆变电压 $U_{d\beta}$ 即为引入转子电路的反电动势。当电动机稳定运行、并忽略直流回路电阻时，整流电压 u_d 与逆变电压 $U_{d\beta}$ 大小相等、方向相反，即 $U_d = U_{d\beta}$。设逆变变压器 T_1 的二次侧线电压为 U_{21}，则有：

$$U_{d\beta} = 1.35U_{21}\cos\beta = U_d = 1.35sE_{21}$$

故有：

$$s = \frac{U_{21}}{E_{21}}\cos\beta$$

由上式可以看出，改变逆变角 β 的数值即可改变电动机的转差率，从而达到调速的目的。逆变角的变化范围一般为 30°～90°。

上述调速方法的核心是将逆变电压 $U_{d\beta}$ 引入转子电路，作为转子的反电动势。而逆变电压又受逆变角 β 的控制，改变 β 的大小便可改变反电动势的大小，从而改变反送交流电网的功率，同时改变了转子的转速。其具体调节过程为：首先启动电动机。对于水泵、风机类负载，接通 KM_1、KM_2 接触器，利用频敏变阻器启动，以限制启动电流；对于传输带、矿井提升等设备则可直接启动。电动机启动之后，断开 KM_2，接通 KM_3，电动机转入串级调速。当电动机稳定运行在某一转速时，有 $U_d = U_{d\beta}$。欲提高转速，可增大 β 角，则 $U_{d\beta}$ 减小，转子电流 I_2 增大，使电磁转矩增大，转速提高，转差率 s 减小，sE_{21} 减小，U_d 减小，到 $U_d = U_{d\beta}$ 时电动机稳定运行在较原来高的转速上。反之，欲降低转速则减小 β 角。若要停车，可先断开 KM_1，延时断开 KM_3，电机即停车。

2. 高压直流输电

高压直流输电在跨越江河、海峡的输电，大容量远距离输电，联系两个不同频率的交流电网，同频率两个相邻交流电网的非同步并联等方面，发挥着非常重要的作用。与其他输电方式相比，高压直流输电能减少输电线的能量损耗，增加电网稳定性，提高输电效益，因而得到了迅速的发展。图 3-28 为高压直流输电系统的原理图。图 3-28 中，中间的直流环节未接负载，起传输功率的作用，通过分别控制两侧变流桥的工作状态就可控制电功率的流向。如左边变流桥工作于整流状态、右边变流桥工作于有源逆变状态，则系统由左边电网向右边电网输送电功率。变流桥均采用三相桥式全控电路，每个桥臂由许多只光控大功率晶闸管串联组成。由于光控晶闸管光脉冲只需 0.1ms，因此，用光脉冲可以同时触发桥臂中这些处于不同电位的多只串联晶闸管。

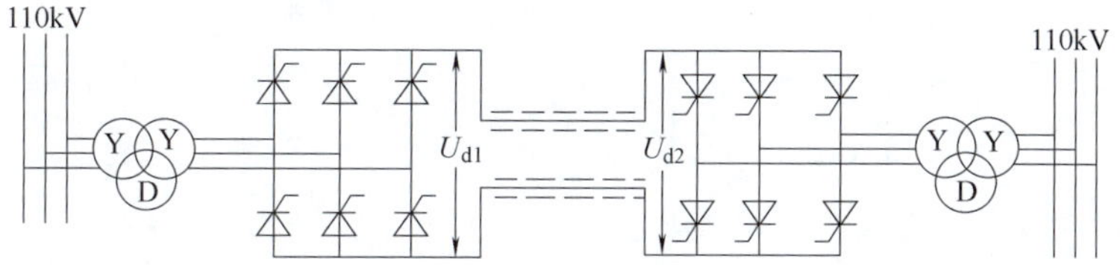

(a)

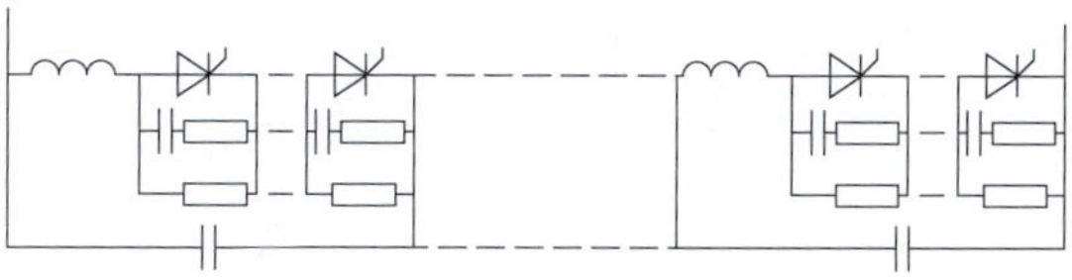

(b)

图 3-28　高压直流输电系统原理图

（a）原理图　（b）桥臂中晶闸管串联方式

项目实施　三相桥式全控整流电路安装与调试

一、实训目的

（1）掌握三相桥式全控整流电路的电路结构与工作原理。

（2）了解 TCA785 集成触发器的调整方法和各点的波形。

（3）熟悉三相桥式全控整流电路故障的分析与处理。

（4）会检测三相桥式全控整流电路。

（5）会正确使用维修工具、仪器、仪表，具备一定的技术数据分析能力。

（6）会按照实训操作流程，制定检测计划、流程并实施。

（7）通过三相桥式全控整流电路检测，培养学生逻辑思维、实事求是、不断探索的职业素养和工匠精神。

二、仪器器材

模块化电力电子实训装置、数字示波器、万用表。

三、实训内容及原理

· 三相桥式全控整流电路

图 3-29 为三相桥式全控整流电路的主电路与控制电路。主电路为三相全控桥式整流电路，触发电路为集成触发电路，由 TCA785、KC41 等集成芯片组成，可输出经调制后的双窄脉冲。集成触发电路的原理可参考有关资料。

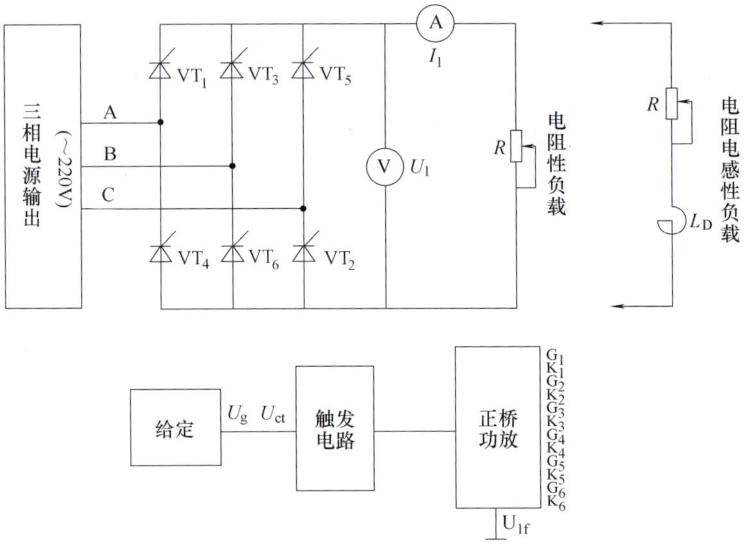

图 3-29　三相桥式全控整流电路原理图

四、实训方法

(1) 根据三相桥式全控整流电路的原理测试要求，在模块化电力电子实训装置上选取对应的模块。

(2) 根据选取的模块与对应的原理要求正确接线。

(3) 接线正确后，启动电源，分别进行电阻性负载与电感性负载的调试。

(4) 在电阻性负载实训时，将“给定”输出调到零（逆时针旋到底），使电阻器放在最大阻值处，按下“启动”按钮，调节给定电位器，增加移相电压，使 α 角在 30°～150°范围内调节，同时，根据需要不断调整负载电阻 R，使得负载电流 I_d 保持在 0.6A 左右（注意 I_d 不得超过 0.65A）。用示波器观察并记录 $\alpha=30°$、60°及 90°时的整流电压 U_d 和晶闸管两端电压 U_{vt} 的波形，并记录相应的 U_d 数值于表 3-2 中。

表 3-2　　U_d、U_2 记录表 1

α	30°	60°	90°
U_2			
U_d(记录值)			
U_d/U_2			
U_d(计算值)			

(5) 电阻性负载实训完后，断电，负载端接上电阻电感性负载，启动电源，将“给定”输出调到零（逆时针旋到底），使电阻器放在最大阻值处，按下“启动”按钮，调节给定电位器，增加移相电压，使 α 角在 30°～150°范围内调节，同时，根据需要不断调整负载电阻 R，使得负载电流 I_d 保持在 0.6A 左右（注意 I_d 不得超过 0.65A）。用示波器观察并记录 $\alpha=30°$、60°及 90°时的整流电压 U_d 和晶闸管两端电压 U_{vt} 的波形，并记录相应的 U_d 数值于表 3-3 中。

表 3-3　　U_d、U_2 记录表 2

α	30°	60°	90°
U_2			
U_d（记录值）			
U_d/U_2			
U_d（计算值）			

五、实训报告

（1）画出电路的移相特性 $U_d=f(\alpha)$。

（2）画出触发电路的传输特性 $\alpha=f\ (U_{ct})$。

（3）画出 $\alpha=30°$、$60°$、$90°$、$120°$、$150°$时的整流电压 U_d 和晶闸管端电压 U_{VT} 的波形。

（4）简单分析实训过程中所出现的故障现象。

六、注意事项

（1）为了防止过流，启动时将负载电阻 R 调至最大阻值位置。

（2）整流电路与三相电源连接时，一定要注意相序，必须一一对应。

知识拓展——整流电路的保护

整流电路的保护主要是晶闸管的保护，因为晶闸管元件有许多优点，但与其他电气设备相比，过电压、过电流能力差，短时间的过电流、过电压都可能造成元件损坏。为使晶闸管装置能正常工作而不损坏，只靠合理选择元件还不行，还要设计完善的保护环节，以防不测。具体保护电路主要有以下这些。

一、过电压保护

过电压保护有交流侧保护、直流侧保护和器件保护。过电压保护设置如图 3-30 所示，其中 H 属于器件保护，H 左边设置的是交流侧保护、H 右边设置的为直流侧保护。

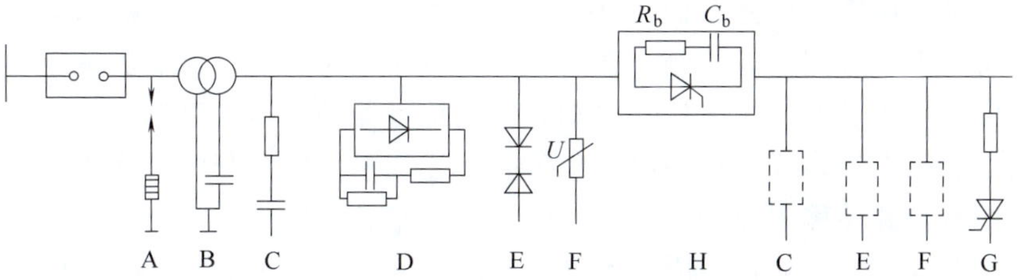

图 3-30　晶闸管过电压保护设置图

A—避雷器　B—接地电容　C—阻容保护　D—整流式阻容保护　E—硒堆保护

F—压敏保护　G—晶闸管泄能保护　H—换相过电压保护

（一）晶闸管的关断过电压及其保护

晶闸管关断引起的过电压，可达工作电压峰值的 5～6 倍，线路电感（主要是变压器漏感）释放能量而产生的。一般情况采用的保护方法是在晶闸管的两端并联 RC 吸收电路，如图 3-31 所示。

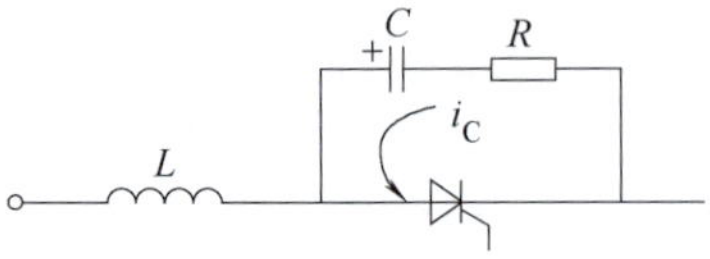

图 3-31　用阻容吸收抑止晶闸管关断过电压

（二）交流侧过电压保护

由于交流侧电路在接通或断开时感应出过电压，一般情况下，能量较大，常用的保护措施为：

（1）阻容吸收保护电路，应用广泛，性能可靠，但正常运行时，电阻上消耗功率，引起电阻发热，且体积大，对于能量较大的过电压不能完全抑制。一次根据稳压管的稳压原理，目前较多采用非线性电阻吸收装置，常用的有硒堆与压敏电阻。

（2）硒堆就是成组串联的硒整流片。单相时用两组对接后再与电源并联，三相时用三组对接成 Y 形或用六组接成 D 形。

（3）压敏电阻是由氧化锌、氧化铋等烧结而成，每一颗氧化锌晶粒外面裹着一层薄薄的氧化锌，构成像硅稳压管一样的半导体结构，具有正反向都很陡的稳压特性。

（三）直流侧过电压的保护

保护措施一般与交流过电压保护一致。

二、过电流保护

晶闸管装置出现的元件误导通或击穿、可逆传动系统中产生环流、逆变失败以及传动装置生产机械过载及机械故障引起电机堵转等，都会导致流过整流元件的电流大大超过其正常管子电流，即产生所谓的过电流。通常采用的保护措施，如图 3-32 所示。

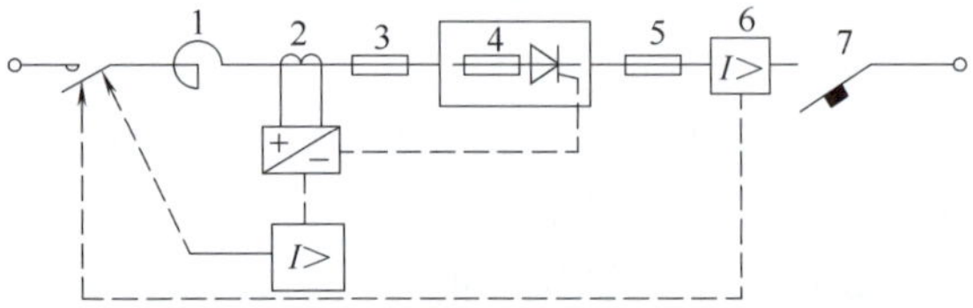

图 3-32　晶闸管装置可采用的过电流保护措施

1—进线电抗限流　2—电流检测和过流继电器　3、4、5—快速熔断器　6—过电流继电器　7—直流快速开关

（一）交流进线电抗保护

在交流进线中串接电抗器（称交流进线电抗），或采用漏抗较大的变压器是限制短路电流以保护晶闸管的有效办法，缺点是在有负载时要损失较大的电压降。

（二）灵敏过电流继电器保护

继电器可装在交流侧或直流侧，在发生过电流故障时动作，使交流侧自动开关或直流侧接触器跳闸。由于过电流继电器和自动开关或接触器动作需几百毫秒，故只能保护由于机械过载引起的过电流，或在短路电流不大时，才能对晶闸管起保护作用。

（三）限流与脉冲移相保护

交流互感器 TA 经整流桥组成交流电流检测电路得到一个能反映交流电流大小的电压信号去控制晶闸管的触发电路。当直流输出端过载，直流电流 I_d 增大时交流电流也同时增大，检测电路输出超过某一电压，使稳压管击穿，于是控制晶闸管的触发脉冲左移即控制角增大，使输出电压 U_d 减小，I_d 减小，以达到限流的目的，调节电位器即可调节负载电流限流值。当出现严重过电流或短路时，故障电流迅速上升，此时限流控制可能来不及起作用，电流就已超过允许值。在全控整流带大电感负载时，为了尽快消除故障电流，可控制晶闸管的触发脉冲快速左移到整流状态的移相范围之外，使输出端瞬时值出现负电压，电路进入逆变状态，将故障电流迅速衰减到 0，这种称为拉逆变保护。

（四）直流快速开关保护

在大容量、要求高、经常容易短路的场合，可采用装在直流侧的直流快速开关作直流侧的过载与短路保护。这种快速开关经特殊设计，它的开关动作时间只有 2ms，全部断弧时间仅 25～30ms，目前国内生产的直流快速开关为 DS 系列。从保护角度看，快速开关的动作时间和切断整定电流值应该和限流电抗器的电感相协调。

（五）快速熔断器保护

熔断器是最简单有效的保护元件，针对晶闸管、硅整流元件过流能力差，专门制造了快速熔断器，简称快熔。与普通熔断器相比，它具有快速熔断特性，通常能做到当电流 5 倍额定电流时，熔断时间小于 0.02s，在流过通常的短路电流时，快熔能保证在晶闸管损坏之前，切断短路电流，故适用与短路保护场合。快熔的选择：$1.57I_{T(AV)}>I_{RD}>I_{T}$（实际管子最大电流有效值）

三、电压与电流上升率的限制

（一）晶闸管的正向电压上升率的限制

晶闸管在阻断状态下它的 J_2 结面存在着结电容。当加在晶闸管上的正向电压上升率较大时，便会有较大的充电电流流过 J_2 结面，起到触发电流的作用，使晶闸管误导通。晶闸管的误导通会引起很大的浪涌电流，使快速熔断器熔断或使晶闸管损坏。

变压器的漏感和保护用的 *RC* 电路组成滤波环节，对过电压有一定的延缓作用，使作用于晶闸管的正向电压上升率大大地减小，因而不会引起晶闸管的误导通。晶闸管的阻容保护也有抑制的作用。

（二）电流上升率及其限制

晶闸管在导通瞬间，电流集中在门极附近，随着时间的推移导通区材逐渐扩大，直到整个结面导通为止。在此过程中，电流上升率应限制在通态电流临界上升率以内，否则将导致门极附近过热，损坏晶闸管。晶闸管在换相过程中，导通的晶闸管电流逐渐增大，产生换相电流上升率。通常由于变压器漏感的存在而受到限制。晶闸管换相过程中，相当于交流侧线电压短路，交流侧阻容保护电路电容中的储能很快地释放，使导通的晶闸管产生较大的 di/dt。采用整流式阻容保护，可以防止这一原因造成过大的 di/dt。晶闸管换相结束时，直流侧输出电压瞬时值提高，使直流侧阻容保护有一个较大的充电电流，造成导通的晶闸管 di/dt 增大。采用整流式阻容保护，可以减小这一原因造成过大的 di/dt。

项 目 小 结

（1）三相电源电压正半波的相邻交点，称为自然换相点，是三相半波可控整流个相晶闸管移相控制角 $\alpha=0°$的点。

（2）三相半波可控整流电阻性负载电路的移相范围是 $\alpha=0°\sim150°$。当 $\alpha\leqslant30°$时，U_d 的波形连续，各相晶闸管的导通角均为 $\theta=120°$；当 $\alpha>30°$时，U_d 波形连续，晶闸管关断电均在各自相电压过零处，各相晶闸管的导通角 $\theta<120°$。

（3）可见三相半波可控整流大电感负载电路，在不接续流管的情况下，当 $\omega L_d\gg R_d$，移相范围为 $\alpha=0°\sim90°$。

（4）三相半波可控整流大电感负载，当 $\alpha>30°$时，输出电压 U_d 的波形出现负值，使平均电压 U_d 下降，可在大电感负载两端并接续流管 VD，这样不仅可以提高输出平均值 U_d 的值，而且可以扩大移相范围并使负载电流 i_d 更平稳。

（5）三相电源线电压正半波的相邻交点，是三相全控桥式整流个相晶闸管移相控制角 $\alpha\leqslant0°$的点。

（6）三相全控桥式整流电阻性负载电路的移相范围是 $\alpha=0°\sim120°$。当 $\alpha\leqslant60°$时，U_d 波形连续，各相晶闸管的导通角均为 $\theta=120°$；当 $\alpha>60°$时，U_d 的波形连续，晶闸管关断点均在各自相电压过零处。

（7）三相全控桥式整流大电感负载电路，在不接续流管的情况下，当 $\omega L_d\gg R_d$，移相范围为 $\alpha=0°\sim90°$。当 $\alpha>60°$时，输出电压 U_d 的必须出现负值，使平均电压 U_d 下降，可见大电感负载两端并接续流管 VD，这样不仅可以提高输出平均电压 U_d 值，而且可以扩大移相范围并使负载电流 i_d 更平稳。

（8）三相半控桥式整流电阻性负载电路在 $\alpha\leqslant60°$时波形连续，晶闸管导通角 $\theta_T=120°$；$\alpha>60°$时出现波形连续，晶闸管的导通角 $\theta_T<120°$；$\alpha=60°$为临界连续点，移相范围为 $\alpha=0°\sim180°$。

（9）三相半控桥式整流大电感负载电路工作时，在电感的自感电动势的作用下，内部桥路二极管可以起到自然续流的作用，因此输出电压 U_d 波形与三相半控桥式整流电阻性负载电路时相同，当电感足够大时，负载电流连续，每只晶闸管在一个周期内导通 180°，移相范围为 $\alpha=0°\sim180°$。

项目测试

一、选择题

1. 三相半波可控整流电路带大电感负载时，在负载二端（　　）续流二极管。

A. 必须接　　B、不可接　　C. 可接可不接　　D. 必须串联连接

2. 三相半波可控整流电路带电阻负载时，其输出直流电压的波形在（　　）的范围内是连续的。

A. $\alpha<60°$　　B. $\alpha<30°$　　C. $30°<\alpha<150°$　　D. $\alpha>30°$

3. 在三相半波可控整流电路中，每只晶闸管的最大导通角为（　　）。

A. 30°　　B. 60°　　C. 90°　　D. 120°

4. 三相半控桥式整流电路带电阻负载时，其输出直流电压波形在（　　）的范围内是连续的。

A. $\alpha<60^\circ$　　B. $\alpha<30^\circ$　　C. $30^\circ<\alpha<150^\circ$　　D. $\alpha>30^\circ$

5. 三相半控桥式整流电阻带电阻负载时，其触发脉冲控制角 α 的移相范围是（　　）。

A. $0^\circ\sim90^\circ$　　B. $0^\circ\sim120^\circ$　　C. $0^\circ\sim150^\circ$　　D. $0^\circ\sim180^\circ$

6. 三相全控桥式整流电路电阻性负载时，当控制角大于（　　）时，输出电压开始断续。

A. 30°　　B. 60°　　C. 90°　　D. 120°

7. 三相全控桥式整流电路电感性负载时，当控制角等于（　　）时输出电压 U_d 为零。

A. 30°　　B. 60°　　C. 90°　　D. 120°

二、判断题

1. 三相半波可控整流电感性负载电路，其移相范围为 $0^\circ\sim90^\circ$。（　　）

2. 三相半波可控整流电路，其输出电压瞬时最大值为线电压的峰值。（　　）

3. 三相半波可控整流电路，带大电感负载时，必须并联续流二极管才能正常工作。（　　）

4. 三相桥式可控整流电路中，每只晶闸管流过的平均电流值是负载电流的 1/3。（　　）

5. 三相桥式半控整流电路中，一般都用 3 只二极管和三只晶闸管。（　　）

6. KC41C 仅与 KC04 组成三相全控桥双脉冲触发电路，还具有低电平有效的脉冲封锁功能。（　　）

7. 三相半波可控整流电路是能实现有源逆变电路。（　　）

8. 三相桥式全控整流电路是能实现有源逆变电路。（　　）

三、思考题

1. 在三相克控整流电路中，为什么以自然换相点作为控制角 α 的起点？

2. 对于三相半波共阴极接法带电阻性负载可控整流电路，可不可以用同一个脉冲去同时触发 3 只晶闸管？

3. 在三相全控桥式可控整流电路中，为什么触发脉冲要"成对"出现？如何保证触发脉冲"成对"出现？

4. 三相半波可控整流电路，当 A 相 VT_1 无触发脉冲时，试画出 $\alpha=15^\circ$、$\alpha=60^\circ$两种情况下的 u_d 波形，并画出时 B 相晶闸管 VT_2 两端电压 u_{T2} 波形。

5. 试画出三相半波共阴极接法时，$\beta=60^\circ$的 u_d 与 u_{T3} 的波形。

项目四

新能源汽车电机控制装置

【项目描述】

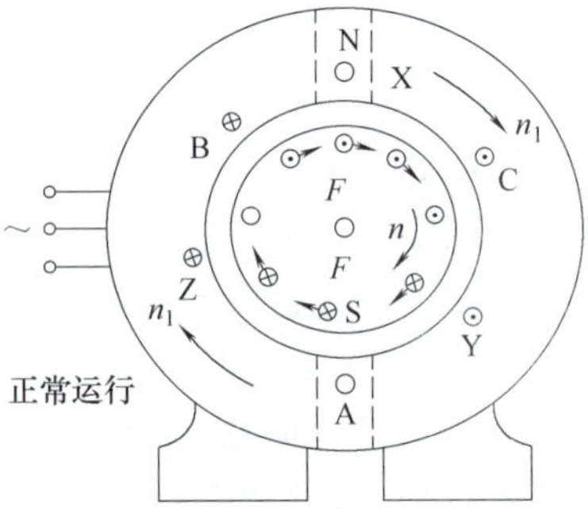

图 4-1　三相交流电机工作原理图

电动汽车的电机控制器作为整个制动系统的控制中心，它由逆变器和控制器两部分组成。逆变器接收电池输送过来的直流电电能，逆变成三相交流电给汽车电机提供电源。控制器接受电机转速等信号反馈到仪表，当发生制动或者加速行为时，控制器控制变频器频率的升降，从而达到加速或者减速的目的。其中电机通常采用三相交流电机，如图 4-1 所示。

【项目分析】

电动汽车驱动电机为三相交流异步电动机，采用直接转矩/矢量控制技术进行控制，使电动机控制在最佳工况下运转，整车采用 ECU 控制器和总线系统 CAN 对整车进行全网络化控制。电机控制器采用 PWM 控制方式，其形式有直流电机驱动系统、交流感应电机驱动系统、交流永磁电机驱动系统、开关磁阻电机驱动系统四种，其中主要控制器件是具有快速开关控制的半导体器件，因此本项目主要介绍常规的半导体器件和电机控制主要工作原理。

任务一　双向晶闸管的认知

教学课件

双向晶闸管的认知

一、学习目标

（1）了解双向晶闸管的结构、特性及主要参数。

（2）掌握双向晶闸管的测试方法。

（3）熟悉双向晶闸管的触发方式和常用的触发电路。

（4）会检测单相交流调压电路。

（5）会正确使用维修工具、仪器、仪表，具备一定的技术数据分析能力。

（6）会按照实训操作流程，制定检测计划、流程并实施。

（7）通过单相交流调压电路检测，培养学生安全规范、吃苦耐劳的品质和专注细致的工匠精神，树立职业理想。

二、相关知识

随着生产实际需求的增加，普通晶闸管派生出了一种用于交流电路中的双向晶闸管。它具有可控双向导电特性，在交流调压、禁止无功补偿、无触点交流开关、灯光调节以及交流电动机调速等领域广泛应用。

（一）双向晶闸管的外形与结构

双向晶闸管的外形与普通晶闸管类似，有塑封式、螺栓式、平板式。但其内部是一种NPNPN五层结构的三端器件。有两个主电极 T_1、T_2，一个门极G，其内部结构、等效电路及图形符号，如图4-2所示。

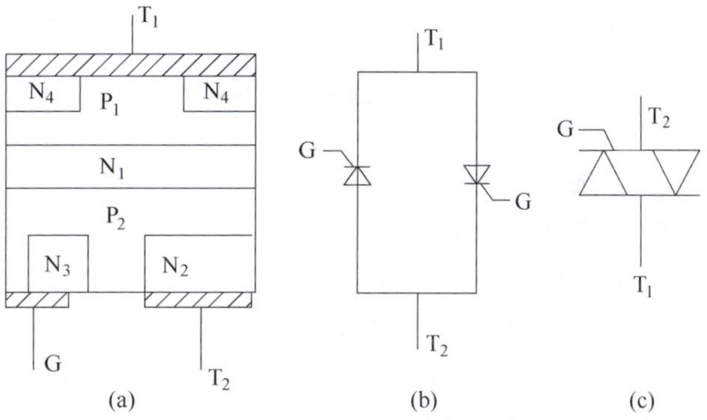

图 4-2 双向晶闸管内部结构、等效电路及图形符号

（a）内部结构 （b）等效电路 （c）图形符号

由图4-2可知，双向晶闸管内部结构有五层（NPNPN），其核心部分集成在一块单晶片上，相当于两个晶闸管反并联（$P_1N_1P_2N_2$ 和 $P_2N_1P_1N_4$），但它只有一个门极G，由于 N_3 区的存在，使得门极G相对于 T_1 无论是正的或是负的，都能触发，而且 T_1 相对于 T_2 既可以是正，也可以是负，常见的双向晶闸管引脚排列，如图4-3所示。

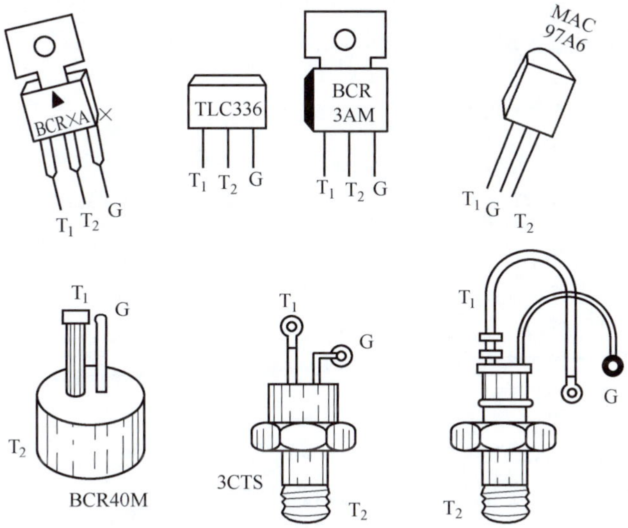

图 4-3 常见的双向晶闸管引脚排列

（二）双向晶闸管的伏安特性与触发方式

1. 伏安特性

双向晶闸管正反两个方向都能够导通，有正反向对称的伏安特性。如图4-4所示，正

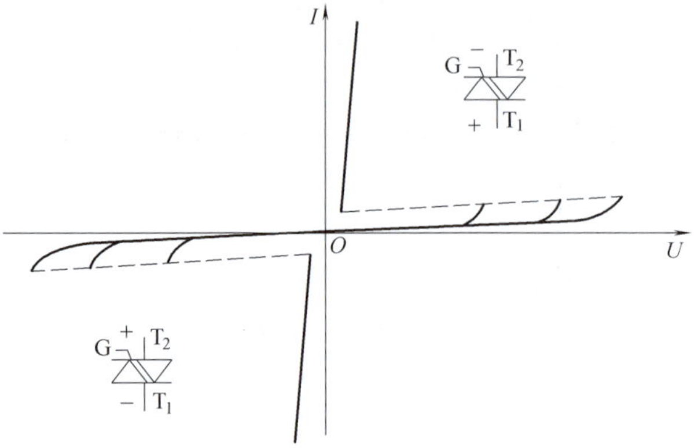

图 4-4　双向晶闸管伏安特性

向部分位于第Ⅰ象限，双向晶闸管的 T_1 极为正，T_2 极为负；反向部分位于第Ⅲ象限，T_1 极为负，T_2 极为正。

2. 触发方式

双向晶闸管正反两个方向都能导通，门极加正、负触发信号都使管子触发导通。所以，通过主电压与触发电压相互配合，可以得到四种触发方式：

① $Ⅰ_+$ 触发方式：第Ⅰ象限，T_1 为正，T_2 为负；门极电压 G 为正，T_2 为负；正触发。

② $Ⅰ_-$ 触发方式：第Ⅰ象限，T_1 为正，T_2 为负；门极电压 G 为负，T_2 为正；负触发。

③ $Ⅲ_+$ 触发方式：第Ⅲ象限，T_1 为负，T_2 为正；门极电压 G 为正，T_2 为负；正触发。

④ $Ⅲ_-$ 触发方式：第Ⅲ象限，T_1 为负，T_2 为正；门极电压 G 为负，T_2 为正；负触发。

由于双向晶闸管的内部结构原因，四种触发方式中灵敏度不相同，以 $Ⅲ_+$ 触发方式灵敏度最低，所需的门极触发功率很大，在实际应用中一般不选此种触发方式。常采用的触发方式为（$Ⅰ_+$、$Ⅲ_-$）或（$Ⅰ_-$、$Ⅲ_-$）。

（三）双向晶闸管的型号及主要参数

1. 双向晶闸管型号

各个生产商有其自己产品命名方式，下面我们主要以国产双向晶闸管来介绍其型号定义。国产双向晶闸管用 KS 或 3CTS 表示，根据标准规定，双向晶闸管的型号定义为：

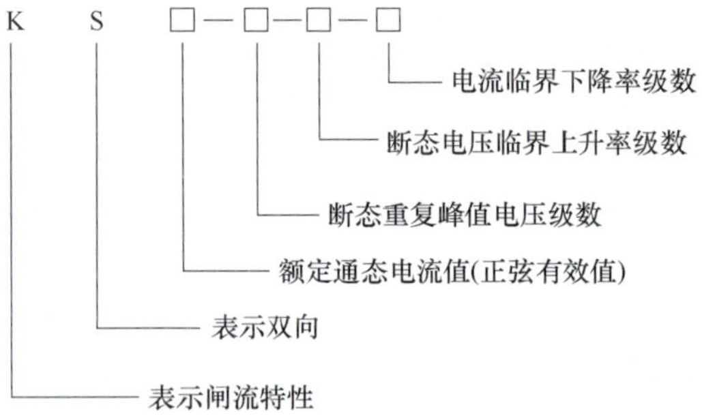

例如，KS100-12 表示额定电压为 1200V、额定电流为 100A 的双向晶闸管；3CTS1 表示额定电压为 400V、额定电流为 1A 的双向晶闸管。

2. 主要参数

（1）额定通态电流 $I_{T(RMS)}$（额定电流）。双向晶闸管的主要参数中只有额定电流与普通晶闸管有所不同，其他参数定义相似。

由于双向晶闸管工作在交流电路中，正反向电流都可以流过，所以它的额定电流不用平均值而是用有效值来表示。定义为：在标准散热条件下，当器件的单向导通角大于

170°，允许流过器件的最大交流正弦电流的有效值，用 $I_{T(RMS)}$ 表示。

双向晶闸管额定电流与普通晶闸管额定电流之间的换算关系式为：

$$I_{T(AV)}=\frac{\sqrt{2}}{\pi}I_{T(RMS)}=0.45I_{T(RMS)}$$

以此推算，一个 100A 的双向晶闸管与两个反并联 45A 的普通晶闸管电流容量相等。

（2）断态重复峰值电压 U_{DRM}（额定电压）。国产双向晶闸管用 KS 表示。如型号 KS50-10-21 表示额定电流 50A，额定电压 10 级（1000V）断态电压临界上升率 du/dt 为 2 级（不小于 200V/μs），换向电流临界下降率 di/dt 为 1 级（不小于 $1\%I_{T(RMS)}$）的双向晶闸管。有关 KS 型双向晶闸管的主要参数和分级的规定如表 4-1 所示。

表 4-1　双向晶闸管的主要参数

系列	额定通态电流（有效值）$I_{T(RMS)}$/A	断态重复峰值电压（额定电压）U_{DRM}/V	断态重复峰值电流 I_{DRM}/mA	额定结温 T_{jm}/℃	断态电压临界上升率 (du/dt)/(V/μs)	通态电流临界上升率 (di/dt)/(A/μs)	换向电流临界下降率 (di/dt)/(A/μs)	门极触发电流 I_{CT}/mA	门极触发电压 U_{CT}/V	门极峰值电流 I_{CM}/A	门极峰值电压 U_{CM}/V	维持电流 I_H/mA	通态平均电压 $U_{T(AV)}$/V
KS1	1	100~200	<1	115	≥20	—	≥0.2% $I_{I(RMS)}$	3~100	≤2	0.3	10	实测值	上限值各厂由浪涌电流和结温的合格形式试验决定并满足 $\lvert U_{T1}-U_{T2}\rvert\leq 0.5$V
KS10	10		<10	115	≥20	—		5~100	≤3	2	10		
KS20	20		<10	115	≥20	—		5~200	≤3	2	10		
KS50	50		<15	115	≥20	10		8~200	≤4	3	10		
KS100	100		<20	115	≥50	10		10~300	≤4	4	12		
KS200	200		<20	115	≥50	15		10~400	≤4	4	12		
KS400	400		<25	115	≥50	30		20~400	≤4	4	12		
KS500	500		<25	115	≥50	30		20~400	≤4	4	12		

3. 主要参数选择

为了保证交流开关的可靠运行，必须根据开关的工作条件，合理选择双向晶闸管的额定通态电流、断态重复峰值电压以及换向电压上升率。

（1）额定通态电流 $I_{T(RMS)}$ 的选择。双向晶闸管交流开关较多用于频繁启动、制动和要求可逆运转的交流电动机，要考虑启动或反接电流峰值来选取元件的额定通态电流 $I_{T(RMS)}$。对于绕线转子异步电动机最大电流为电动机额定电流的 3~6 倍，对笼型电动机则取 7~10 倍。例如 30KW 的绕线转子异步电机和 11KW 的笼型电动机选用 200A 的双向晶闸管。

（2）额定电压 U_{Tn} 的选择。电压裕量通常取 2 倍，380V 线路用的交流开关，一般应选 1000~1200V 的双向晶闸管。

（3）换向能力（du/dt）的选择。电压上升率（du/dt）是一个重要参数，反映双向晶闸管的换向能力。一些双向晶闸管的交流开关经常发生短路事故，主要原因之一是元件允许的（du/dt）太小，通常解决的办法是：

① 在交流开关的主电路中串入空心电抗器，抑制电路中的换向电压上升率，降低对双向晶闸管换向能力的要求；

② 选用（du/dt）值高的元件，一般选（du/dt）为 200V/μs。

（四）双向晶闸管的测试

1. 双向晶闸管电极的判别

用数字万用表的红、黑表笔接触双向晶闸管的任意两个电极，当测得为 0.578V 即 U_{gt1} 时，便确定未与表笔相接的一极为 T_2。再将红表笔接 T_2，黑表笔任接其余两极之一，此时显示溢出。在红表笔短接 T_2 和悬空的电极是显示 0.546V，该电压小于 0.578V，故黑表笔所接为 T_1，另一极则为 G 极。

(1) 首先确定 T_2：门极 G 与 T_1 之间的距离较近，其正、反向电阻都很小，用万用表“R×1”挡测量 G～T_1 间的电阻仅几十欧，而 G～T_2、T_1～T_2 之间的反向电阻均为无穷大。那么，当测出某脚和其他两脚都不通，就能确定该脚为 T_2 极。有散热板的双向晶闸管 T_2 极往往与散热板相通。

(2) 区分 G 与 T_1 极：确定 T_2 后，剩下两脚中一脚为 T_1 极，另一脚为 G 极。用黑表笔接 T_1 极，红表笔接 T_2 极，把 T_2 与 G 极瞬时短接一下（给 G 加上负触发信号），电阻值如为 10Ω 左右，证明管子已导通，导通方向为 T_1～T_2，上述假设正确。如万用表没有指示，电阻值仍为无穷大，说明管子没有导通，假设错误，可改变两极连接表笔再测；如果把红表笔接 T_1 极，黑表笔接 T_2 极，然后将 T_2 与 G 极瞬时短接一下（给 G 加上正触发信号），电阻值如为 10Ω 左右，管子为导通，导通方向为 T_2～T_1。

2. 双向晶闸管的好坏测试

数字式万用表的红表笔接 T_2、黑表笔接 T_1。显示溢出（管子关断）。使红表笔短接 T_2 与 G，此时显示 0.546（管子导通），当红表笔脱离 G 极时显示 0.558V，显然，该值大于导通电压，而又小于 U_{gt1}，管子处于维持导通状态。在检测相反方向的触发性能时，所得结果与上述极为接近，证明管子性能良好。

因为双向晶闸管 G、T_1 两极离的较近，因此用万用表测量 G、T_1 的正、反向电阻都应该较小（几十欧姆），而 T_2 与 G 和 T_1 间的正、反向电阻均应为无穷大。

在判别双向晶闸管的 G、T_1 极时，如果晶闸管能在正、负触发信号下触发导通，则证明该晶闸管具有双向可控性，其性能完好。

（五）双向晶闸管的触发电路

1. 简易触发电路

图 4-5 为双向晶闸管简易触发电路。图 4-5（a）中当开关 S 拨至“2”双向晶闸管 VT 只在 I_+ 触发，负载 R_L 上仅得到正半周电压；当 S 拨至“3”时，VT 在正、负半周分别在 I_+、Ⅲ-触发，R_L 上得到正、负两个半周的电压，因而比置“2”时电压大。图 4-5（c）、(d) 中均引入了具有对称击性的触发二极管 VD，这种二极管两端电压达到击穿电压数值（通常为 30V 左右，不分极性）时被击穿导通，晶闸管便也触发导通。调节电位器 RP 改变控制角 α，实现调压。图 4-5（c）与图 4-5（b）的不同点在于图 4-5（c）中增设了 R_1、R_2、C_2。在图 4-5（b）中，当工作于大 α 值时，因 RP 阻值较大，使 C_1 充电缓慢，到 α 角时电源电压已经过峰值并降得过低，则 C_1 上充电电压过小不足以击穿双向触发二极管 VD；而图 4-5 在大 α 时，C_2 上可获得滞后的电压 u_{c2}，给电容 C_1 增加一个充电电路，保证在大 α 时 VT 能可靠触发。图 4-5（e）就是电风扇无级调速电路图，接通电源后，电容 C_1 充电，当电容 C_1 两端电压的峰值达到氖管 HL 的阻断电压时，HL 亮，双向晶闸管 VT 被触发导通，电扇转动。改变电位器 RP 的大小，即改变了 C_1 的充电时间

常数，使 VT 的导通角发生变化，也就改变了电动机两端的电压，因此电扇的转速改变。由于 RP 是无级变化的，因此电扇的转速也是无级变化的。

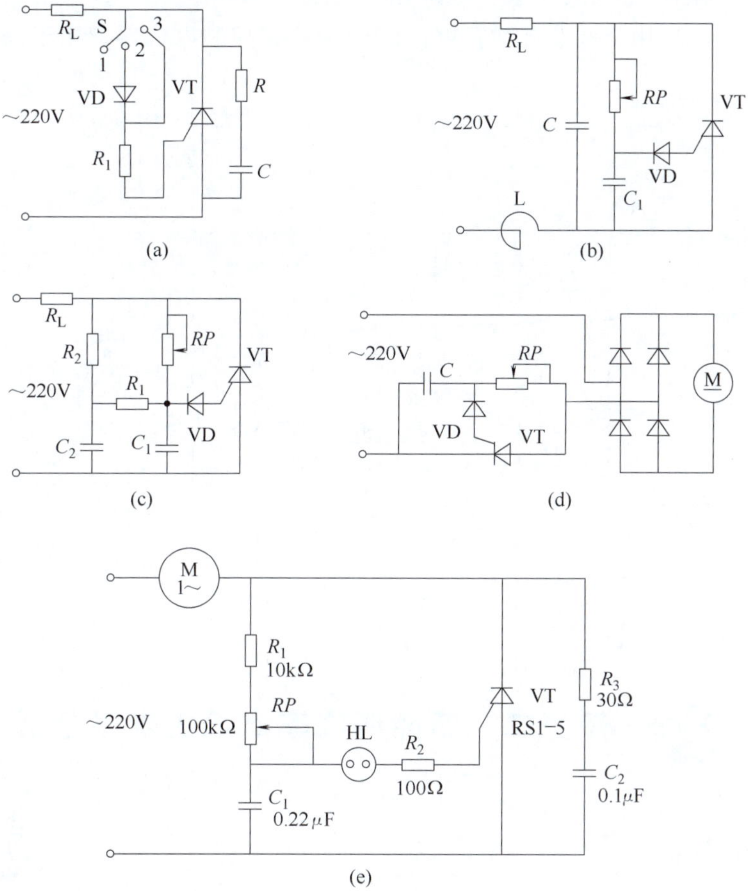

图 4-5　双向晶闸管的简易触发电路

2. 单结晶体管触发

图 4-6 为单结晶体管触发的交流调压电路，调节 RP 阻值可改变负载 R_L 上电压的大小。

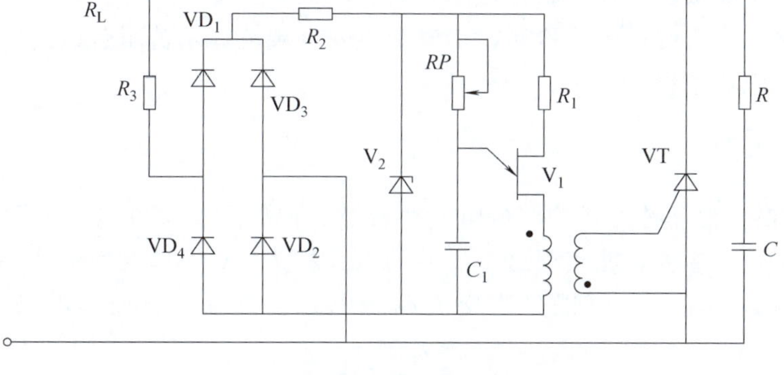

图 4-6　用单结晶体管组成的触发电路

3. 集成触发器

如图4-7所示即为K006组成的双向晶闸管移相交流调压电路。该电路主要适用于交流直接供电的双向晶闸管或反并联普通晶闸管的交流移相控制。RP_1 用于调节触发电路锯齿波斜率，R_4、C_3 用于调节脉冲宽度，RP_2 为移相控制电位器，用于调节输出电压的大小。

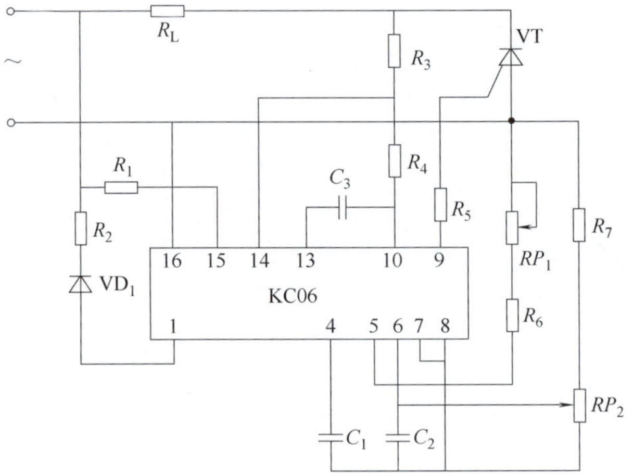

图4-7　KC06组成集成触发器

任务二　新能源汽车电机主电路分析

教学课件

新能源汽车电机主电路分析

一、学习目标

（1）理解单相、三相交流调压电路的基本电路结构。

（2）掌握单相、三相交流调压电路的工作原理与波形分析。

（3）掌握单相、三相交流调压应用电路的分析。

（4）会检测单相交流调压电路。

（5）会正确使用维修工具、仪器、仪表，具备一定的技术数据分析能力。

（6）会按照实训操作流程，制定检测计划、流程并实施。

（7）通过单相交流调压电路检测，培养学生安全规范、吃苦耐劳的品质和专注细致的工匠精神，树立职业理想。

二、相关知识

AC/AC变换：把一种形式的交流电变换成另一种形式的交流电，可以是电压幅值的变换、频率或相数的变换，能实现这种变换的电路称为AC/AC变换器或AC/AC变换电路。根据变换参数的不同，可以分为交流调压电路、交流电力控制电路和交—交变频电路。

交流调压电路一般采用相位控制，其特点是维持频率不变，仅改变输出电压的大小，它广泛应用于电炉温度控制、灯光调节、异步电机的软启动和调速等场合。此外，在高压或低压大功率直流电源中，也常用交流调压电路调节变压器一次电压。

在这种电路中如采用晶闸管相控整流电路，高电压小电流可控直流电源就需要很多晶闸管串联，低电压大电流直流电源需要很多晶闸管并联，这都是十分不合理的。若采用交流调压电路在变压器一次侧调压，其电压电流值都适中，而在变压器二次侧只要用二极管整流就可以了。

在一些大惯性环节中，例如温度控制有时也采用通断控制，这种电路称交流调功电路。通断控制一般在交流电压的过零点接通或关断，加在负载上是整数倍周期的交流电，在接通期间负载上承受的电压与流过的电流均是正弦波，与相位控制相比，对电网不会造成谐波污染，仅仅表现为负载通断。

交流电子开关一般也采用通断控制，用来替代交流电路中的机械开关，主要用于投切交流电力电容器以控制电网的无功功率。交流调功电路和交流电子开关通称交流电力控制电路。

（一）单相交流调压电路

交流调压是将一种幅值的交流电能转化为同频率的另一种幅值的交流电能。

1. 电阻性负载

交流调压电路采用两单向晶闸管反并联或双向晶闸管，实现对交流电正、负半周的对称控制，达到方便地调节输出交流电压大小的目的，或实现交流电路的通、断控制如图4-8所示。因此交流调压电路可用于供电系统无功调节/异步电动机的调压调速、恒流软启动，交流负载的功率调节，灯光调节，用作交流无触点开关、固态继电器等，应用领域十分广泛。

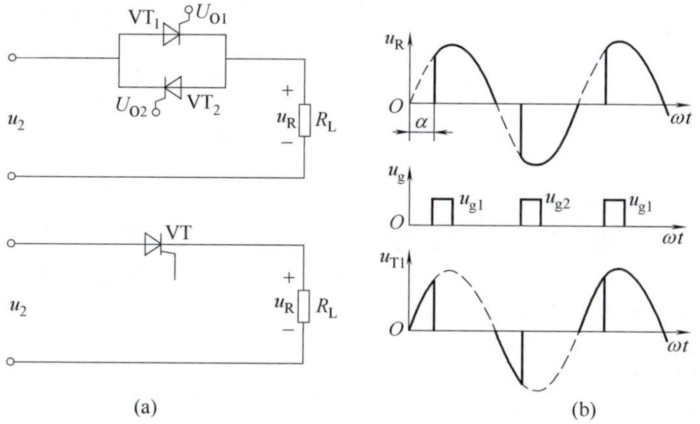

图 4-8　单相交流调压电路电阻性负载电路及波形

（a）电路图　（b）波形图

交流调压是将一种幅值的交流电能转化为同频率的另一种幅值的交流电能。

如图4-8（a）所示为一双向晶闸管与电阻负载 R_L 组成的交流调压电路，图中双向晶闸管也可改用两只反并联的普通晶闸管，但需要两组独立的触发电路分别控制两只晶闸管。

在电源正半周 $\omega t=\alpha$ 触发 VT_1 导通，有正向电流流过 R_L，负载端电压 U_R 为正值，

电流过零时 VT_1 自行关断；在电源负半周 $\omega t=\pi+\alpha$ 时，再触发 VT_2 导通，有反向电流流过 R_L，其端电压 U_R 为负值，到电流过零时 VT_2 再次自行关断。然后重复上述过程。改变角 α 即可调节负载两端的输出电压有效值，达到交流调压的目的。

电阻负载上交流电压有效值为：

$$U_R=\sqrt{\frac{1}{\pi}\int_{\alpha}^{\pi}(\sqrt{2}U_2\sin\omega t)^2\mathrm{d}(\omega t)}=U_2\sqrt{\frac{1}{2\pi}\sin2\alpha+\frac{\pi-\alpha}{\pi}}$$

电流有效值：

$$I=\frac{U_R}{R}=\frac{U_2}{R}\sqrt{\frac{1}{2\pi}\sin2\alpha+\frac{\pi-\alpha}{\pi}}$$

电路功率因数：

$$\cos\varphi=\frac{P}{S}=\frac{U_RI}{U_2I}=\sqrt{\frac{1}{2\pi}\sin2\alpha+\frac{\pi-\alpha}{\pi}}$$

电路的移相范围为 0～π。

通过改变 α 可得到不同的输出电压有效值，从而达到交流调压的目的。由双向晶闸管组成的电路，只要在正负半周对称的相应时刻（α、$\pi+\alpha$）给触发脉冲，则和反并联电路一样可得到同样的可调交流电压。

交流调压电路的触发电路完全可以套用整流移相触发电路，但是脉冲的输出必须通过脉冲变压器，其两个二次线圈之间要有足够的绝缘。

2. 电感性负载

如图 4-9 所示为电感性负载的交流调压电路。由于电感的作用，在电源电压由正向负过零时，负载中电流要滞后一定 φ 角度才能到零，即管子要继续导通到电源电压的负半周才能关断。晶闸管的导通角 θ 不仅与控制角 α 有关，而且与负载的功率因数角 φ 有关。控制角越小则导通角越大，负载的功率因数角 φ 越大，表明负载感抗大，自感电动势使电流过零的时间越长，因而导通角 θ 越大。

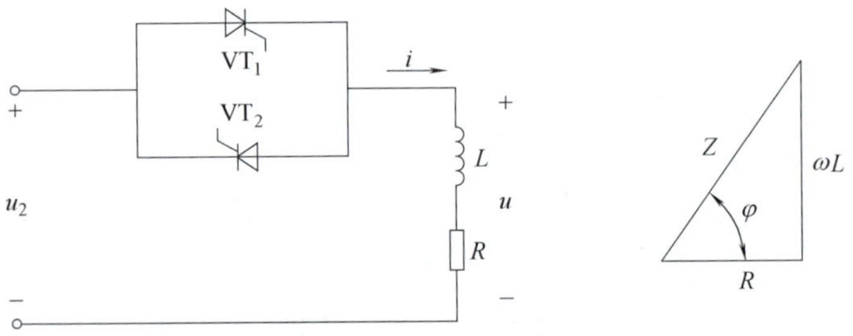

图 4-9　单相交流调压电感负载电路图

下面分三种情况加以讨论。

（1）$\alpha>\varphi$。由图 4-10 可见，当 $\alpha>\varphi$ 时，$\theta<180°$，即正负半周电流断续，且 α 越大，θ 越小。可见，α 在 φ～180°范围内，交流电压连续可调。电流电压波形如图 4-10（a）所示。

（2）$\alpha=\varphi$。由图 4-10 可知，当 $\alpha=\varphi$ 时，$\theta=180°$，即正负半周电流临界连续。相当于晶闸管失去控制，电流电压波形如图 4-10（b）所示。

（3）$\alpha<\varphi$。此种情况若开始给 VT_1 管以触发脉冲，VT_1 管导通，而且 $\theta>180°$。如果触发脉冲为窄脉冲，当 u_{g2} 出现时，VT_1 管的电流还未到零，VT_1 管关不断，VT_2 管不能导通。当 VT_1 管电流到零关断时，u_{g2} 脉冲已消失，此时 VT_2 管虽已受正压，但也无法导通。到第 3 个半波时，u_{g1} 又触发 VT_1 导通。这样负载电流只有正半波部分，出现很大直流分量，电路不能正常工作。因而电感性负载时，晶闸管不能用窄脉冲触发，可采用宽脉冲或脉冲列触发。

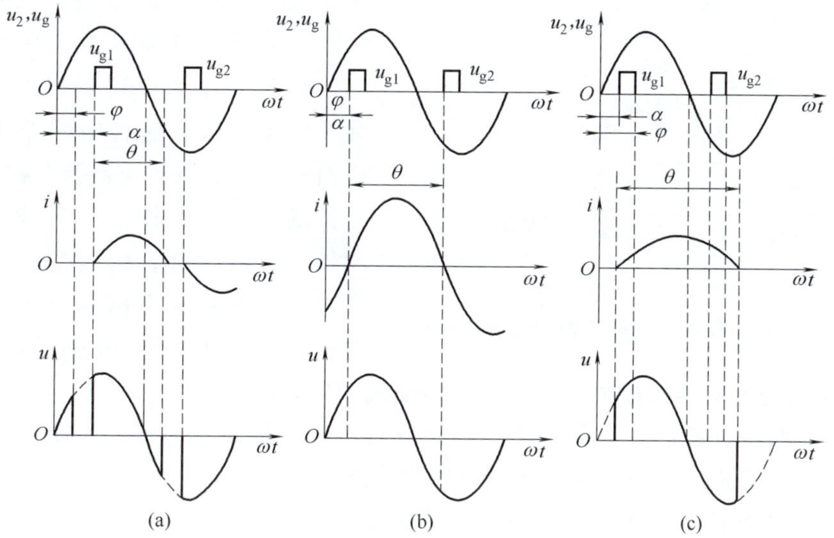

图 4-10　单相交流调压电感负载波形图

(a) $\alpha>\varphi$　(b) $\alpha=\varphi$　(c) $\alpha<\varphi$

综上所述，单相交流调压有如下特点。

① 电阻负载时，负载电流波形与单相桥式可控整流交流侧电流一致。改变控制角 α 可以连续改变负载电压有效值，达到交流调压的目的。电阻负载时移相范围为 0°～180°。

② 电感性负载时，不能用窄脉冲触发。否则当 $\alpha<\varphi$ 时，会出现一个晶闸管无法导通，产生很大直流分量电流，烧毁熔断器或晶闸管。

③ 电感性负载时，最小控制角 $\alpha_{\min}=\varphi$（阻抗角）。所以 α 的移相范围为 φ～180°。

（二）三相交流调压电路

单相交流调压只适用于单相负载和中、小容量的应用场所。在三相负载和大容量交流调压的场合，应该采用三相交流调压电路。例如三相异步电动机启动时，可以采用软启动器启动，以减小启动电流，提高电动机启动性能，而软启动器的主电路是采用的三相三线交流调压电路。

三相交流调压电路有多种组成形式，下面介绍较常用的 3 种接线形式。

1. 星型连接带中性线的三相交流调压电路

带中性线的三相交流调压电路实际上是 3 个单相交流调压电路的组合，如图 4-11 所示，其工作原理和波形分析也与单相交流调压电路相同。图 4-11（a）采用单相晶闸管形式，图 4-11（b）采用双相晶闸管形式。以图 4-11（a）电路为例进行分析，从图中可以看出晶闸管的导通顺序为 $VT_1 \rightarrow VT_2 \rightarrow VT_3 \rightarrow VT_4 \rightarrow VT_5 \rightarrow VT_6$，触发脉冲间隔为 60°，由于有中性线，所以不需要采用双窄脉冲或宽脉冲触发。

在三相正弦交流电路中，如三相对称（平衡），则中性线的电流为零。而在交流调压电路中，各相负载电流为正负对称的缺角正弦波，这包含了较大的奇次谐波电流，主要是

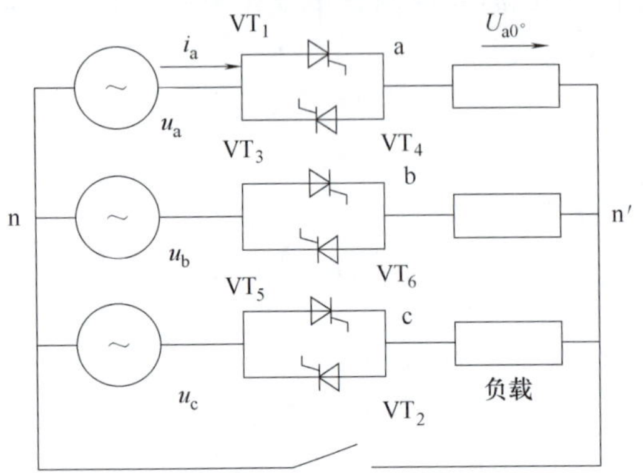

图 4-11 星形连接带中性线的三相交流调压电路

3 次谐波电流。各相的 3 次谐波电流之间并没有相位差，因此中性线的电流为一相 3 次谐波电流的 3 倍。特别是当 $\alpha=90°$时 3 次谐波电流最大，中性线电流近似为额定相电流。当三相不平衡时，中性线电流更大，这种电路要求中性线的截面较大。如果变压器为三柱式，则 3 次谐波磁通不能在铁心中形成通路，会出现较大的漏磁通，引起变压器的发热和噪声，对线路和电网均带来干扰。因此这种电路的应用有一定的局限性。

2. 晶闸管与负载连接成内三角形的三相交流调压电路

晶闸管与负载连接成内三角形的三相交流调压电路接性线形式，如图 4-12 所示，这种电路实际上也是由 3 个单相交流调压电路组合而成的。其优点是由于晶闸管串接在三角形内部，流过晶闸管的电流是相电流，故在同样线电流情况下，晶闸管的电流容量可以降低。其线电流中无 3 的倍数次谐波分量，对外干扰较小。缺点是负载必须为能拆成 3 部分的负载，因而应用范围也有一定的局限性。

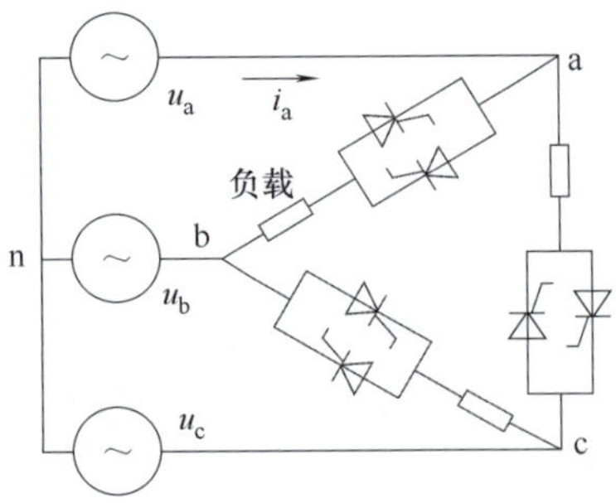

图 4-12 晶闸管与负载连接成内三角形的三相交流调压电路

3. 三对反并联晶闸管连接成的三相三线交流调压电路

该电路的接线形式如图 4-13 所示，负载可连接成星形或三角形。由于没有中性线（零线），每相电流和另一相电流构成回路，因此触发电路和三相桥式全控整流电路一样，需采用宽脉冲或双窄脉冲。

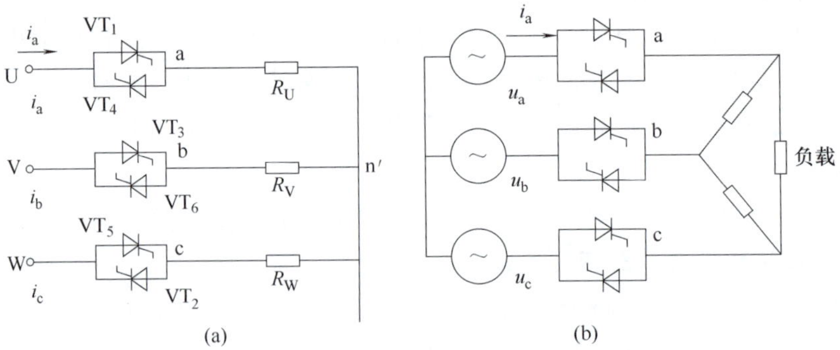

图 4-13 三相三线交流调压电路

（a）星形 （b）三角形

下面以图 4-13 中星形联结的电阻负载为例进行分析。

1. 触发延迟角 $\alpha=0°$

$\alpha=0°$即在相应的每相电压过零处给晶闸管施加触发脉冲，就相当于将 6 只晶闸管换成 6 只二极管，因而三相正、反向电流都畅通，相当于一般的三相交流电路。各相的电流为：

$$i=\frac{u_2}{R}$$

式中，u_2 是对应相电压。

以图 4-13 为例分析，电路中晶闸管的导通顺序为：$VT_1 \rightarrow VT_2 \rightarrow VT_3 \rightarrow VT_4 \rightarrow VT_5 \rightarrow VT_6$。触发电路的脉冲间隔为 60°，每个晶闸管导通角 $\theta=180°$，除过零换流外，任何时刻都有三只晶闸管导通。

2. 触发延迟角 $\alpha=60°$

U 相晶闸管导通情况与电流波形如图 4-14 所示。ωt_1 时刻触发 VT_1 导通，VT_1 与 VT_6 构成电流回路，此时在线电压 u_{uv} 作用下，U 相电流为：

$$i_u=\frac{u_{uv}}{2R}$$

式中，u_{uv} 是 U 相与 V 相之间线电压。

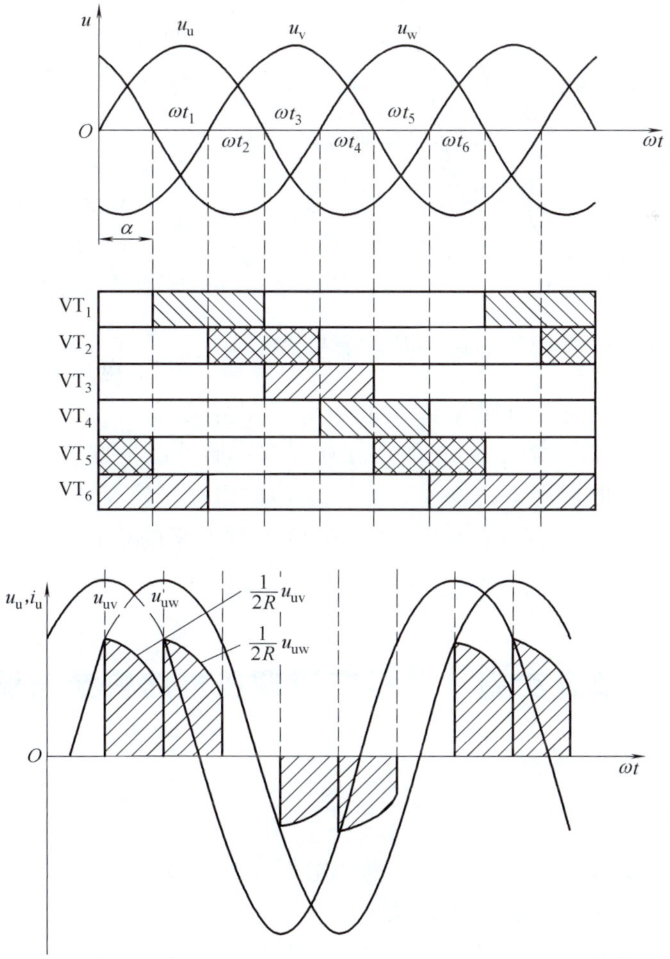

图 4-14　触发延迟角 $\alpha=60°$ 时的波形和晶闸管导通情况

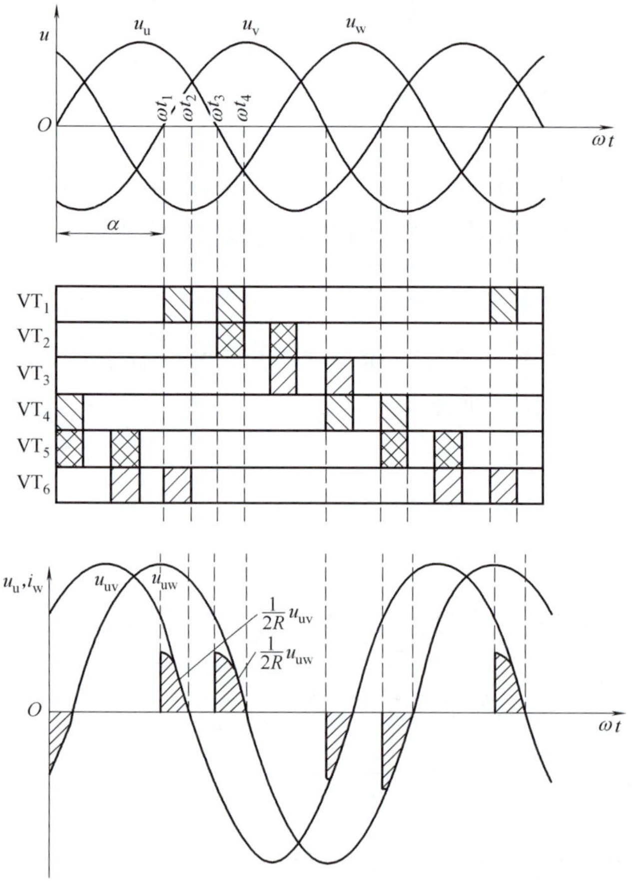

图 4-15 触发延迟角 α = 120° 时的波形和晶闸管导通情况

ωt_2 时刻，VT_2 被触发导通，VT_1 与 VT_2 构成电流回路，此时在线电压 u_{uw} 作用下，U 相电流为：

$$i_u=\frac{u_{uw}}{2R}$$

式中，u_{uw} 是 U 相与 W 相之间线电压。

ωt_3 时刻，VT_3 被触发导通，VT_1 关断，VT_4 未导通，所以 $i_u=0$。ωt_4 时刻，VT_4 被触发导通，i_u 在 u_{uv} 电压的作用下，经 VT_3 与 VT_4 构成电流回路。同理，在 $\omega t_5\sim\omega t_6$ 期间，电压经过 VT_4、VT_5 构成电流回路，i_u 电流波形如图中断面线所示。同样分析可得 i_v、i_w 波形，其波形与 i_u 相同，只是相位互差 120°。

3. 触发延迟角 α＝120°

$\alpha=120°$时的波形和晶闸管导通情况如图 4-15 所示。在 ωt_1 时刻触发 VT_1 导通时，VT_1 与 VT_6 构成回路，导通到 ωt_2 时刻，由于 u_{uv} 电压过零反向，迫使 VT_1 关断，VT_1 只导通了 30°。在 ωt_3 时刻，VT_2 被触发导通，此时由于采用了脉宽大于 60°的宽脉冲或双窄脉冲触发方式，故 VT_1 仍有脉冲触发。此时在线电压 u_{uw} 的作用下，经 VT_1、VT_2 构成回路，使 VT_1 又重新导通 30°。从图 4-15 可见，当 α 增大至 150°时，$i_u=0$。故电阻负载时电路的移相范围为 0°～150°，导通角 $\theta=180°-\alpha$。

项目实施　单相交流调压电路安装与调试

教学视频

单相交流调压电路的安装与调试

一、实训目的

（1）了解 KC05 集成晶闸管移相触发器的工作原理和应用。

（2）理解单相交流调压电路的工作原理。

（3）理解单相交流调压电路带电感性负载对脉冲及移相范围的要求。

（4）熟悉单相交流调压电路故障的分析与处理。

（5）会检测单相交流调压电路。

（6）会正确使用维修工具、仪器、仪表，具备一定的技术数据分析能力。

（7）会按照实训操作流程，制定检测计划、流程并实施。

（8）通过单相交流调压电路检测，培养学生安全规范、吃苦耐劳的品质，和专注细致的工匠精神，树立职业理想。

二、仪器器材

模块化电力电子实训装置、双踪示波器、万用表。

三、实训内容及原理

（一） KC05 集成晶闸管移相触发器安装与调试

• 单相交流调压触发电路原理（图 4-16）

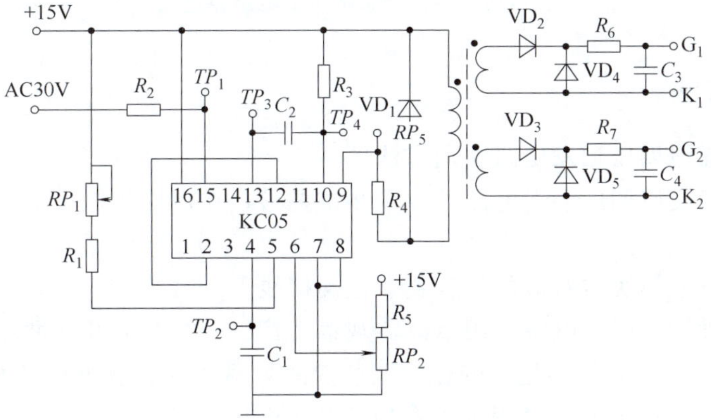

图 4-16　单相交流调压触发电路原理图

同步电压由 KC05 的 15、16 脚输入，在 TP_2 点可以观测到锯齿波，锯齿波斜率决定于 RP_1、R_1、C_1 的数值，锯齿波的斜率由 5 脚的外接电位器 RP_1 调节。锯齿波与 6 脚引入的移相控制电压进行比较放大，由 R_3、C_2 微分。脉冲宽度由 R_3、C_2 的值决定，再经功率放大由 9 脚输出，能够得到 200mA 的输出负载能力。当来自比较放大器的单稳微分触发脉冲没有触发可控硅时，从 2 脚得到的检测信号通过 12 脚的连接，使 9 脚又输出脉冲给可控硅，这样对电感性负载时非常有利的，此外也能起到锯齿波与移相控制电压失交保护的作用。RP_2 电位器调节移相角度，触发脉冲从第 9 脚，经脉冲变压器输出。

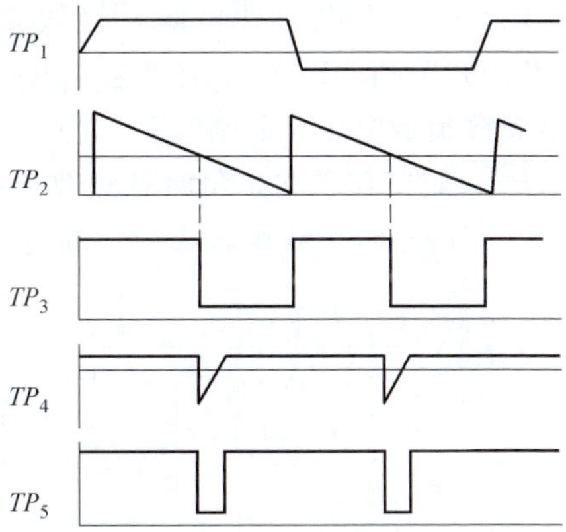

图 4-17　单相交流调压触发电路各点波形图（ α =90° 时）

电位器 RP_1、RP_2 均已安装在挂箱的面板上，同步变压器副边已在挂箱内部接好，所有的测试信号都在面板上引出。

（二）单相交流调压主电路安装与调试

• **电路原理**

单相晶闸管交流调压器的主电路由两个反向并联的晶闸管组成，如图 4-18 所示。图中电阻 R 用 450Ω（将两个 900Ω 接成并联接法）电抗器用 200mH。

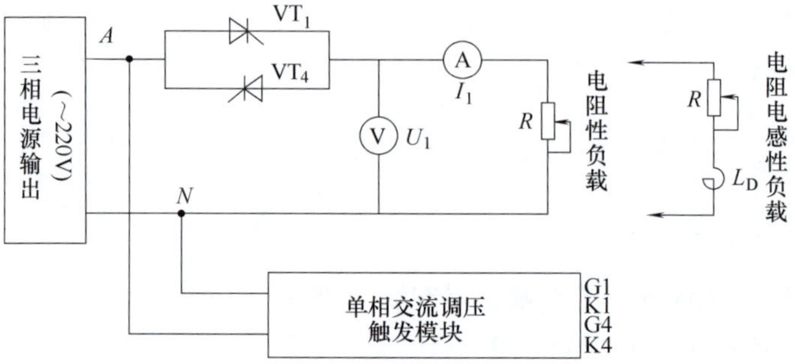

图 4-18　单相交流调压主电路原理图

四、实训方法

（一）单相交流调压触发电路实训方法

（1）根据单相交流调压触发电路的原理测试要求，在模块化电力电子实训装置上选取对应的模块。

（2）根据选取的模块与对应的原理要求正确接线。

（3）接线正确后，启动电源，用示波器观察“1”～“5”端及脉冲输出的波形。调节电位器 RP_1，观察锯齿波斜率是否变化，调节 RP_2，观察输出脉冲的移相范围如何变化，移相能否达到 170°，记录上述过程中观察到的各点电压波形。

（二）单相交流调压电路实训方法

（1）根据单相交流调压电路的原理测试要求，在模块化电力电子实训装置上选取对应的模块。

（2）根据选取的模块与对应的原理要求正确接线。

（3）先接上电阻性负载，接线正确后，启动电源，将触发器的输出脉冲端“G1”“K1”“G2”和“K2”分别接至主电路相应晶闸管的门极和阴极。接上电阻性负载，用示波器观察负载电压、晶闸管两端电压 U_{VT} 的波形。调节“单相调压触发电路”上的电位器 RP_2，观察在不同 α 角时各点波形的变化，并记录 $\alpha=30°$、60°、90°、120°时的波形。

（4）待电阻负载调试完后，断电，接上电感性负载，启动电源。

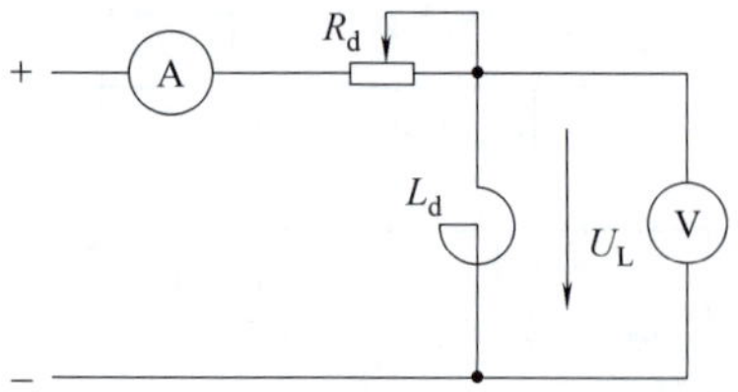

图 4-19　用直流伏安法测电抗器内阻

① 在进行电阻电感性负载实训时，需要调节负载阻抗角的大小，因此应该知道电抗器的内阻和电感量。常采用直流伏安法来测量内阻，如图 4-19 所示。电抗器的内阻为：

$$R_L = U_L / I$$

电抗器的电感量可采用交流伏安法测量，如图 4-20 所示。由于电流大时，对电抗器的电感量影响较大，采用自耦调压器调压，多测几次取其平均值，从而可得到交流阻抗。

$$Z_L=\frac{U_L}{I}$$

电抗器的电感为：

$$L=\frac{\sqrt{Z_L^2-R_L^2}}{2\pi f}$$

这样，即可求得负载阻抗角：

$$\varphi=\arctan\frac{\omega L}{R_d+R_L}$$

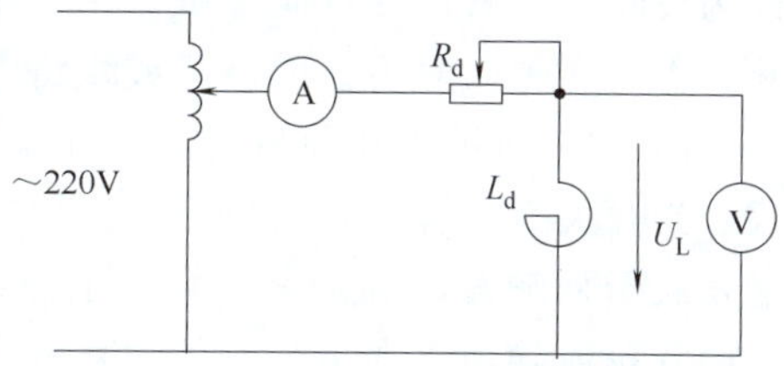

图 4-20　用交流伏安法测定电感量

在实训中，欲改变阻抗角，只需改变可调电阻器 R 的电阻值即可。

② 切断电源，将 L 与 R 串联，改接为电阻电感性负载。按下“启动”按钮，用双踪示波器同时观察负载电压 U_1 和负载电流 I_1 的波形。调节 R 的数值，使阻抗角为一定值，观察在不同 α 角时波形的变化情况，记录 $\alpha>\varphi$、$\alpha=\varphi$、$\alpha<\varphi$ 三种情况下负载两端的电压 U_1 和流过负载的电流 I_1 波形。

五、实训报告

（1）画出 $\alpha=60°$时，KC05 集成晶闸管移相触发电路各点输出的波形及其幅值。

（2）画出电阻性负载在 $\alpha=30°$、$60°$、$90°$、$120°$时的波形。

（3）画出电感性负载在 $\alpha>\varphi$、$\alpha=\varphi$、$\alpha<\varphi$3 种情况下负载两端的电压 U_1 和流过负载的电流 I_1 波形。

（4）对调试过程中出现的故障现象作出书面分析。

六、注意事项

（1）双踪示波器有两个探头，可同时观测两路信号，但这两探头的地线都与示波器的外壳相连，所以两个探头的地线不能同时接在同一电路的不同电位的两个点上，否则这两点会通过示波器外壳发生电气短路。为此，为了保证测量的顺利进行，可将其中一根探头的地线取下或外包绝缘，只使用其中一路的地线，这样从根本上解决了这个问题。当需要同时观察两个信号时，必须在被测电路上找到这两个信号的公共点，将探头的地线接于此处，探头各接至被测信号，只有这样才能在示波器上同时观察到两个信号，而不发生意外。

（2）由于“G”“K”输出端有电容影响，故观察触发脉冲电压波形时，需将输出端“G”和“K”分别接到晶闸管的门极和阴极（或者也可用约 100Ω 左右阻值的电阻接到“G”“K”两端，来模拟晶闸管门极与阴极的阻值），否则，无法观察到正确的脉冲波形。

知识拓展——交流开关及其应用电路

一、晶闸管交流开关的基本形式

晶闸管交流开关是以其门极中毫安级的触发电流，来控制其阳极中几安至几百安大电流通断的装置。在电源电压为正半周时，晶闸管承受正向电压并触发导通，在电源电压过零或为负时晶闸管承受反向电压，在电流过零时自然关断。由于晶闸管总是在电流过零时关断，因而在关断时不会因负载或线路中电感储能而造成暂态过电压。

如图 4-21 所示为几种晶闸管交流开关的基本形式。图 4-21（a）是普通晶闸管反并联形式。当开关 S 闭合时，两只晶闸管均以管子本身的阳极电压作为触发电压进行触发，这种触发属于强触发，对要求大触发电流的晶闸管也能可靠触发。随着交流电源的正负交变，两管轮流导通，在负载上得到基本为正弦波的电压。图 4-21（b）为双向晶闸管交流开关，双向晶闸管工作于 I_+、III_- 触发方式，这种线路比较简单，但其工作频率低于反并联电路。图 4-21（c）为带整流桥的晶闸管交流开关。该电路只用一只普通晶闸管，且晶闸管不受反压。其缺点是串联元件多，压降损耗较大。

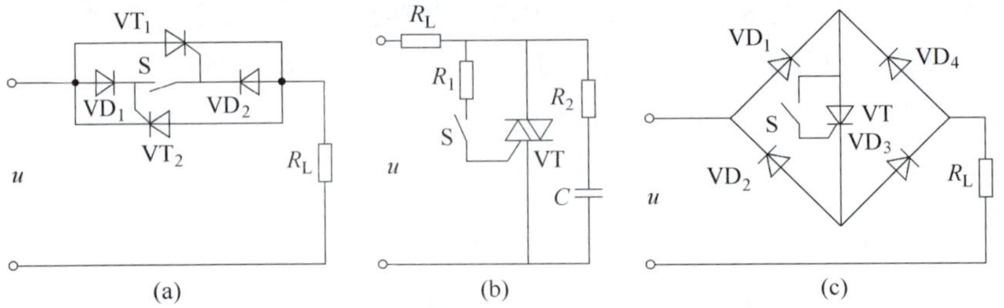

图 4-21　晶闸管交流开关的基本形式

（a）普通晶闸管反并联形式　（b）双向晶闸管交流开关　（c）带整流桥的晶闸管交流开关

如图 4-22 所示是一个三相自动控温电热炉电路，它采用双向晶闸管作为功率开关，与 KT 温控仪配合，实现三相电热炉的温度自动控制。控制开关 S 有 3 个挡位：自动、手动、停止。当 S 拨至“手动”位置时，中间继电器 KA 得电，主电路中 3 个本相强触发电路工作，VT_1～VT_3 导通，电路一直处于加热状态，须由人工控制 SB 按钮来调节温度。当 S 拨至“自动”位置时，温控仪 KT 自动控制晶闸管的通断，使炉温自动保持在设定温度上。若炉温低于设定温度，温控仪 KT（调节式毫伏温度计）使常开触点 KT 闭合，晶闸管 VT_4 被触发，KA 得电，使 VT_1～VT_3 导通，R_L 发热使炉温升高。炉温升至设定温度时，温控仪控制触点 KT 断开，KA 失电，VT_1～VT_3 关断，停止加热。待炉温降至设定温度以下时，再次加热。如此反复，则炉温被控制在设定温度附近的小范围内。由于继电器线圈 KA 导通电流不大，故 VT_4 采用小容量的双向晶闸管即可。各双向晶闸管的门极限流电阻（R_1^*、R_2^*）可由实验确定，其值以使双向晶闸管两端交流电压减到 2～5V 为宜，通常为 30～3000Ω。

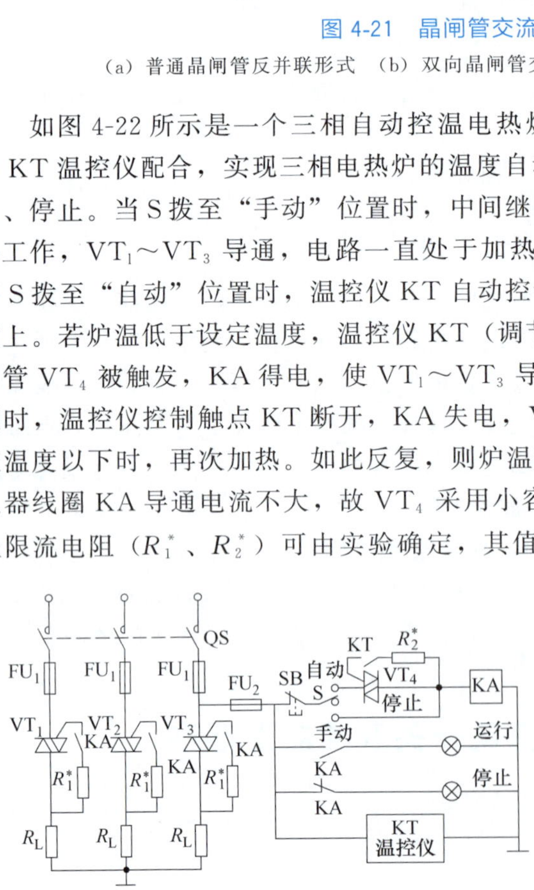

图 4-22　三相自动控温电热炉电路图

二、交流调功器

前述各种晶闸管可控整流电路都是采用移相触发控制。这种触发方式的主要缺点是其所产生的缺角正弦波中包含较大的高次谐波，对电力系统形成干扰。过零触发（也称零触发）方式则可克服这种缺点。晶闸管过零触发开关是在电源电压为零或接近零的瞬时给晶闸管以触发脉冲使之导通，利用管子电流小于维持电流使管子自行关断。这样，晶闸管的导通角是 2π 的整数倍，不再出现缺角正弦波，因而对外界的电磁干扰最小。

利用晶闸管的过零控制可以实现交流功率调节，这种装置称为调功器或周波控制器。其控制方式有全周波连续式和全周波断续式两种，如图 4-23 所示。如果在设定周期内，将电路接通几个周波，然后断开几个周波，通过改变晶闸管在设定周期内通断时间的比例，达到调节负载两端交流电压有效值即负载功率的目的。

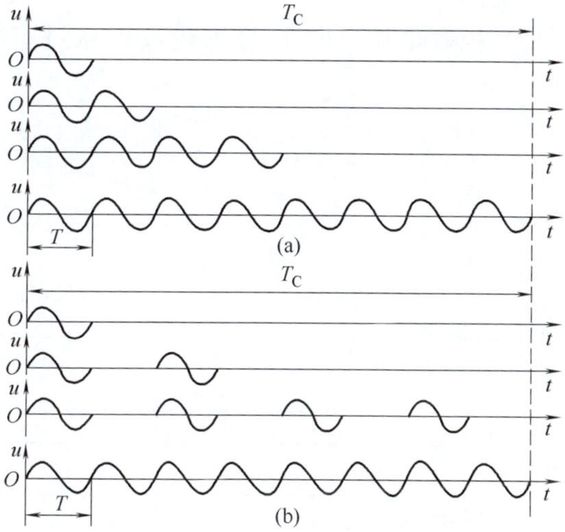

图 4-23　全周波过零触发输出电压波形

如在设定周期 T_C 内导通的周波数为 n，每个周波的周期为 T（50Hz，$T=20$ms），则调功器的输出功率：

$$P=\frac{nT}{T_C}P_n$$

调功器输出电压有效值：

$$U=\sqrt{\frac{nT}{T_C}}U_n$$

P_n、U_n 为在设定周期 T_C 内晶闸管全导通时调功器输出的功率与电压有效值。显然，改变导通的周波数 n 就可改变输出电压或功率。

调功器可以用双向晶闸管，也可以用两只晶闸管反并联联结，其触发电路可以采用集成过零触发器，也可利用分立元件组成的过零触发电路。图 4-24 为全周波连续式的过零触发电路。电路由锯齿波发生、信号综合、直流开关、同步电压与过零脉冲输出 5 个环节组成。

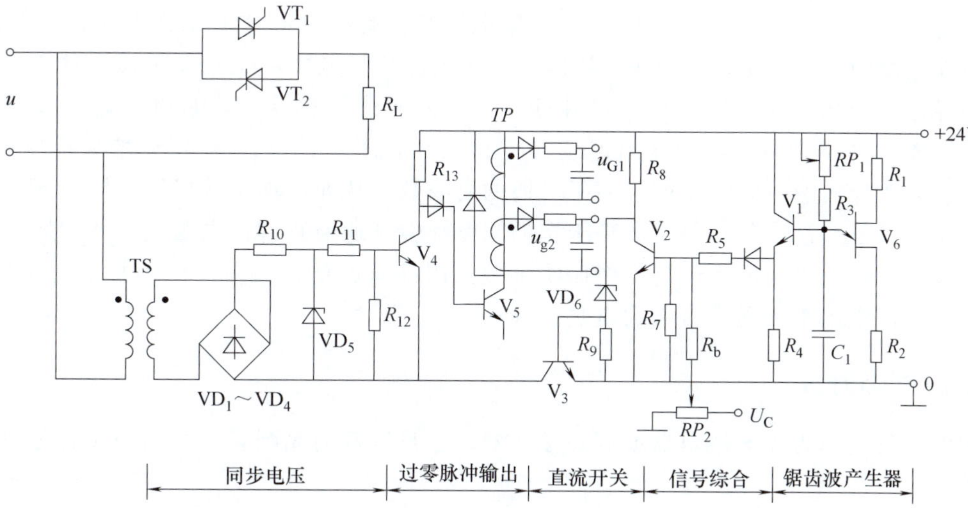

图 4-24　过零触发电路

(1) 锯齿波是由单结晶体管 V_6 和 R_1、R_2、R_3、RP_1 和 C_1 组成张弛振荡器产生的，经射极跟随器（V_1、R_4）输出。其波形如图 4-25（a）所示。锯齿波的底宽对应着一定的时间间隔（T_C）。调节电位器 RP_1 即可改变锯齿波的斜率。由于单结晶体管的分压比一定，故电容 C_1 放电电压为一定，斜率的减小，就意味着锯齿波底宽增大（T_C 增大），反之，底宽减小。

(2) 控制电压（U_C）与锯齿波电压进行叠加后送至 V_2 基极，合成电压为 u_s。当 $u_s>0$（0.7V），则 V_2 导通；$u_s<0$，则 V_2 截止，如图 4-25（b）所示。

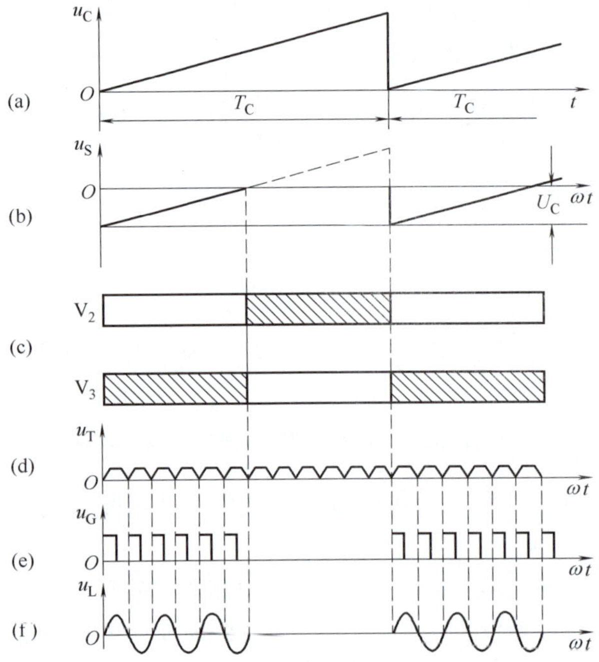

图 4-25 过零触发电路的电压波形

(3) 由 V_2、V_3 及 R_8、R_9、VD_6 组成一直流开关。当 V_2 基极电压 $U_{be2}>0$（0.7V）时，V_2 管导通，U_{be3} 接近零电位，V_3 管截止，直流开关阻断。

当 $U_{be2}<0$ 时，V_2 截止，由 R_8、VD_6 和 R_9 组成的分压电路使 V_3 导通，直流开关导通，输出 24V 直流电压，V_3 通断时刻如图 4-25（c）所示。VD_6 为 V_3 基极提供一阀值电压，使 V_2 导通时，V_3 更可靠地截止。

(4) 过零脉冲输出。由同步变压器 TS，整流桥 $VD_1 \sim VD_4$ 及 R_{10}、R_{11}、VD_5 组成一削波同步电源，如图 4-25（d）所示。它与直流开关输出电压共同去控制 V_4 和 V_5，只有当直流开关导通期间，V_4 和 V_5 集电极和发射极之间才有工作电压，才能进行工作。在这期间，同步电压每次过零时，V_4 截止，其集电极输出一正电压，使 V_5 由截止转为导通，经脉冲变压器输出触发脉冲。此脉冲使晶闸管导通，如图 4-25（e）所示。于是在直流开关导通期间，便输出连续的正弦波，如图 4-25（f）所示。增大控制电压，便可加长开关导通的时间，也就增多了导通的周波数，从而增加了输出的平均功率。

过零触发虽然没有移相触发高频干扰的问题，但其通断频率比电源频率低，特别是当通断比较小时，会出现低频干扰，使照明出现人眼能觉察倒的闪烁，电表指针的摇摆等。所以调功器通常用于热惯性较大的电热负载。

三、固态开关

固态开关也称为固态继电器或固态接触器，它是以双向晶闸管为基础构成的无触点通断组件。

图 4-26（a）为采用光电三极管耦合器的“0”压固态开关内部电路。1、2 为输入端，相当于继电器或接触器的线圈；3、4 为输出端，相当于继电器或接触器的一对触点，与

负载串联后接到交流电源上。

输入端接上控制电压，使发光二极管 VD_2 发光，光敏管 V_1 阻值减小，使原来导通的晶体管 V_1 截止，原来阻断的晶闸管 VT_1 通过 R_4 被触发导通。输出端交流电源通过负载、二极管 $VD_1 \sim VD_6$、VT_1 以及 R_6 构成通路，在电阻 R_5 上产生电压降作为双向晶闸管 VT_2 的触发信号，使 VT_2 导通，负载得电。由于 VT_2 的导通区域处于电源电压的“0”点附近，因而具有“0”电压开关功能。

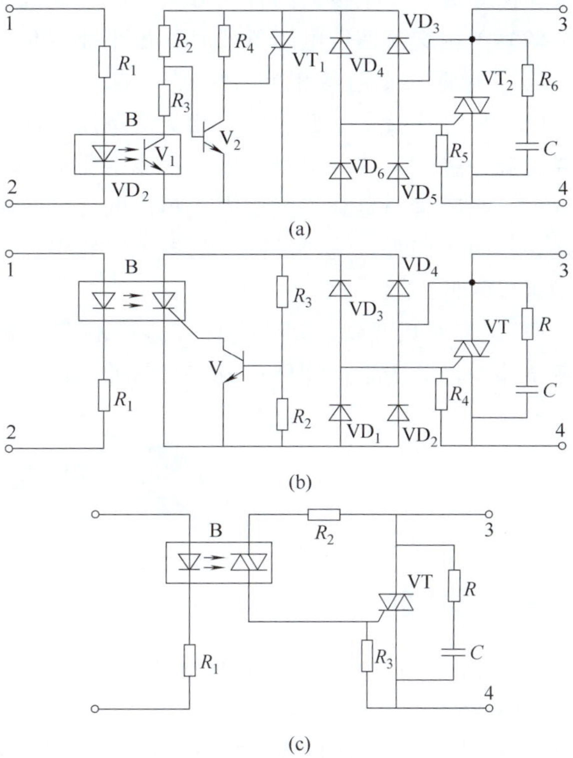

图 4-26　固态开关

图 4-26（b）为光电晶闸管耦合器“0”电压开关。由输入端 1、2 输入信号，光电晶闸管耦合器 B 中的光控晶闸管导通；电流经 3→VD_4→B→VD_1→R_4→4 构成回路；借助 R_4 上的电压降向双向晶闸管 VT 的控制极提供分流，使 VT 导通。由 R_3、R_2 与 V_1 组成“0”电压开关功能电路。即当电源电压过“0”并升至一定幅值时，V_1 导通，光控晶闸管则被关断。

图 4-26（c）为光电双向晶闸管耦合器非“0”电压开关。由输入端 1、2 输入信号时，光电双向晶闸管耦合器 B 导通；电流经 3→R_2→B→R_3→4 形成回路，R_3 提供双向晶闸管 VT 的触发信号。这种电路相对于输入信号的任意相位，交流电源均可同步接通，因而称为非“0”电压开关。

项目小结

（1）双向晶闸管与普通晶闸管一样，也有塑封式、螺栓式和平板式，其核心部分是 NPNPN 五层三端半导体结构，有两个主电极 T_1、T_2，一个门极 G。

（2）双向晶闸管常用在交流调压电路中，触发方式常选（I_+、III_-）或（I_-、III_-）。

（3）额定通态电流 $I_{T(RMS)}$ 选取：对于绕线转子异步电机最大电流为电机额定电流的 3～6 倍，对于笼型电机则取 7～10 倍。

（4）额定电压 U_{Tn} 在选择时通常取 2 倍的电压裕量。

（5）单相交流调压电阻负载时，负载电流波形与单相桥式可控整流交流侧电流一致。改变控制角 α 可以连续改变负载电压有效值，达到交流调压的目的。

（6）单相交流调压电感负载时，不能用窄脉冲触发。否则当 $\alpha < \varphi$ 时，会出现一个晶

闸管无法导通，产生很大的直流分量电流，烧毁熔断器或晶闸管。

(7) 单相交流调压电感负载时，最小控制角 $\alpha_{min}=\varphi$（阻抗角）。所以 α 的移相范围为 φ～180°，电阻负载时移相范围为 0°～180°。

(8) 星型连接带中性线的三相交流调压电路，由于有中性线，所以不需要采用双窄脉冲或宽脉冲触发。这种电路要求中性线的截面较大。

(9) 晶闸管与负载连接成内三角形的三相交流调压电路接线形式，优点是由于晶闸管串接在三角形内部，流过晶闸管的电流时相电流，故在同样线电流情况下，晶闸管的电流容量可以降低。

(10) 三对反并联晶闸管连接成的三相三线交流调压电路，触发电路和三相桥式全控整流电路一样，需采用宽脉冲或双窄脉冲。

项 目 测 试

一、选择题

1. 双向晶闸管的额定电流是用电流的（　　）来表示的。

A. 有效值　　B. 最大值　　C. 平均值　　D. 峰值

2. 双向晶闸管的四种触发方式中，灵敏度最低的是（　　）。

A. $Ⅰ_+$　　B. $Ⅰ_-$　　C. $Ⅲ_+$　　D. $Ⅲ_-$

3. 三相三线交流调压电路中不同相的晶闸管 VT_1、VT_3、VT_5 的触发脉冲依次相位差（　　）。

A. 60°　　B. 90°　　C. 120°　　D. 180°

二、判断题

1. 双向晶闸管的额定电流是用有效值来表示的。（　　）

2. 两只反并联 50A 的普通晶闸管可以用一只额定电流为 100A 的双向晶闸管来代替。（　　）

3. 普通单向晶闸管不能进行交流调压。（　　）

4. 单相交流调压电路带电感性负载时移相范围为 0°～180°。（　　）

5. 单相交流调压电路带电阻负载时移相范围为 0°～180°。（　　）

6. 单相交流调压电路带电感性负载时，可以用窄脉冲触发。（　　）

7. 采用相位控制的交流调压电路输出电压为缺角正弦波，其谐波分量较大。（　　）

8. 三相三线交流调压电路的触发脉冲应采用宽脉冲或双脉冲。（　　）

三、思考题

1. 双向晶闸管额定电流的定义和普通晶闸管额定电流的定义有何不同？额定电流为 100A 的两只普通晶闸管反并联可以用额定电流为多少安的双向晶闸管代替？

2. 双向晶闸管有哪几种触发方式？一般选用哪几种？

3. 说明如图 4-27 所示的电路，指出双向晶闸管的触发方式。

4. 在交流调压电路中，采用相位控制和通断控制各有何优缺点？为什么通断控制适用于大惯性负载？

5. 单相交流调压电路，负载阻抗角为 30°，问控制角 α 的有效移相范围有多大？

6. 单相交流调压主电路中，对于电阻-电感负载，为什么晶闸管的触发脉冲要用宽脉冲或脉冲列？

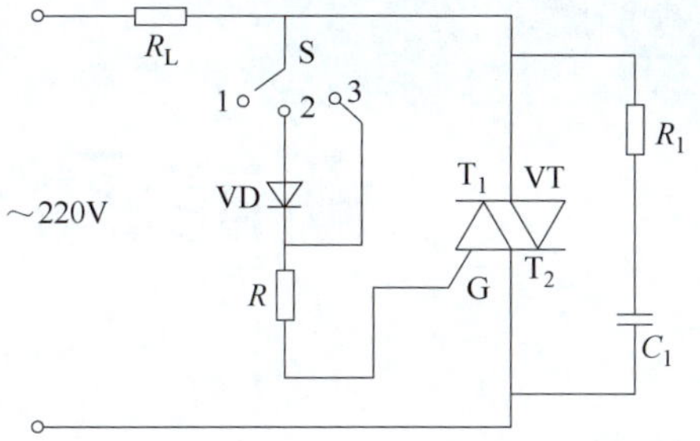

图 4-27　题 3 图

7. 一台 220V/10kW 的电炉，采用单相交流调压电路，现使其工作在功率为 5kW 的电路中，试求电路的控制角 α、工作电流以及电源侧功率因数。

8. 图 4-28 单相交流调压电路，$U_2=220\text{V}$，$L=5.516\text{mH}$，$R=1\Omega$，试求：

（1）控制角 α 的移相范围。

（2）负载电流最大有效值。

（3）最大输出功率和功率因数。

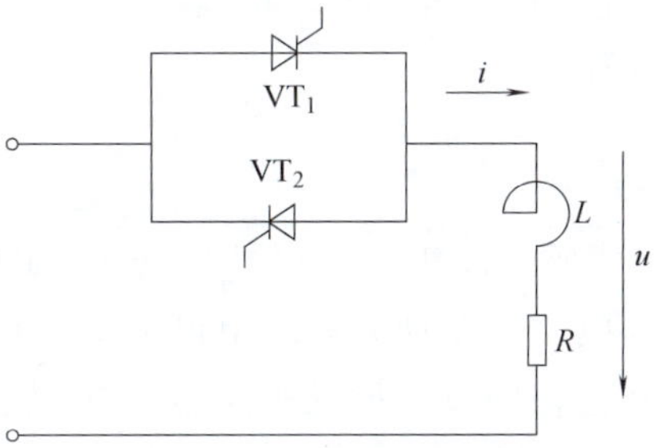

图 4-28　题 8 图

9. 采用双向晶闸管组成的单相调功电路采用过零触发，$U_2=220\text{V}$，负载电阻 $R=1\Omega$，在控制的设定周期 T_c 内，使晶闸管导通 0.3s，断开 0.2s。试计算：

（1）输出电压的有效值。

（2）负载上所得的平均功率与假定晶闸管一直导通时输出的功率。

（3）选择双向晶闸管的型号。

项目五 新能源汽车DC/DC转换器

【项目描述】

图 5-1　DC/DC 转换器

DC/DC 转换器就是将动力电池组高电压转换为恒定 12V 或者 14V、24V 低电压，既能给全车电器供电，又能给辅助蓄电池充电的设备。DC/DC 转换器在纯电动汽车上的功能就相当于发电机和调节器在传统燃油车上的功能。电动汽车 DC/DC 转换器，如图 5-1 所示。

【项目分析】

DC/DC 转换器在新能源汽车上主要用于高低电压转换，以供全车电气设备。它的电能来自于动力电池包，用处是给车载用电器供电。作为电动汽车动力系统中很重要的一部分，它的一类重要功用是为动力转向系统，空调以及其他辅助设备提供所需的电力。另一类，是出现在复合电源系统中，与超级电容串联，起到调节电源输出，稳定母线电压的作用。本项目主要介绍 DC/DC 转换器全控器件及其工作原理。

任务一　全控型器件的认知

教学课件

全控型器件的认知

一、学习目标

（1）了解常用全控型电力电子器件的基本原理。

（2）掌握常用全控型电力电子器件的应用场合及使用注意事项。

（3）会检测直流斩波电路。

（4）会正确使用维修工具、仪器、仪表，具备一定的技术数据分析能力。

（5）会按照实训操作流程，制定检测计划、流程并实施。

（6）通过直流斩波电路检测，培养学生科学探索、创新意识的品质，吃苦耐劳的劳动素养和实干争先的工匠精神，树立职业理想。

二、相关知识

（一）电力晶体管（GTR）

1. 电力晶体管的结构

电力晶体管（Giant Transistor，简称GTR），又称为巨型晶体管、大功率晶体管、双极型功率晶体管。它是一种电流控制的双极双结型大功率、高反压电力电子器件。

通常把集电极最大允许耗散功率在1W以上，或最大集电极电流在1A以上的三极管称为大功率晶体管，其结构和工作原理都和小功率晶体管非常相似。由三层半导体、两个PN结组成，有PNP和NPN两种结构。

GTR可通过基极电流信号方便地对集电极-发射极的通断进行控制，并具有饱和压降低、耐压高，电流大，开关特性好等优点，在电源、电机控制、通用逆变器等中等容量、中等频率的电路中应用广泛。

GTR与一般双极型晶体管结构相似，也分为PNP型和NPN型两种，但大功率的GTR多采用NPN型。NPN型GTR的结构图、电气符合、正向导通原理图，如图5-2所示。

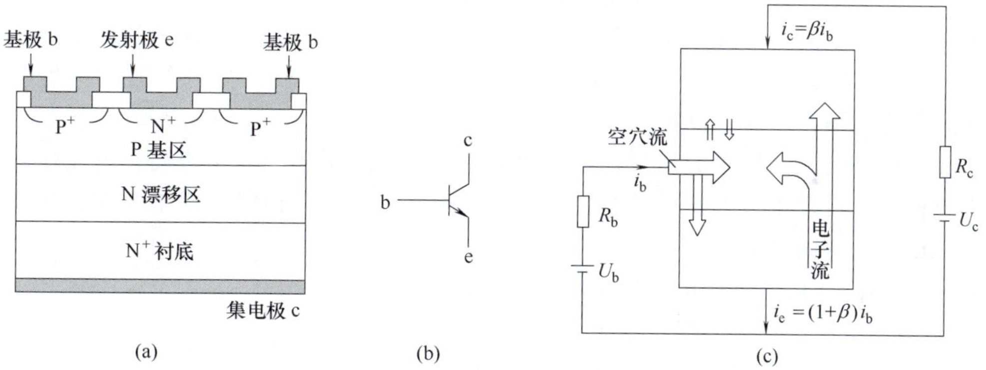

图5-2　GTR的结构图、电气符号和正向导通原理图

（a）GTR的结构　（b）电气符号　（c）正向导通原理图

一些常见大功率晶体三极管的外形，如图5-3所示。从图5-3可见，大功率晶体三极管的外形除体积比较大外，其外壳上都有安装孔或安装螺钉，便于将三极管安装在外加的散热器上。因为对大功率三极管来讲，单靠外壳散热是远远不够的。例如，50W的硅低频大功率晶体三极管，如果不加散热器工作，其最大允许耗散功率仅为2～3W。

2. 晶体管GTR的工作原理

GTR是用基极电流i_b来控制集电极电流i_c的电流控制型器件，其基本工作原理与小功率三极管基本相同。当工作在正偏（$i_b>0$）时，GTR导通；当工作在反偏（$i_b<0$）时，GTR截止，因此，给GTR的基极施加幅度足够大的脉冲驱动信号，它将工作于导通和截止的开关工作状态。

在电力电子技术中，GTR主要作为功率开关使用，工作于饱和导通与截止状态，不允许工作于放大状态。GTR要有足够的容量、适当的增益、较高的开关速度和较低的功率损耗等。

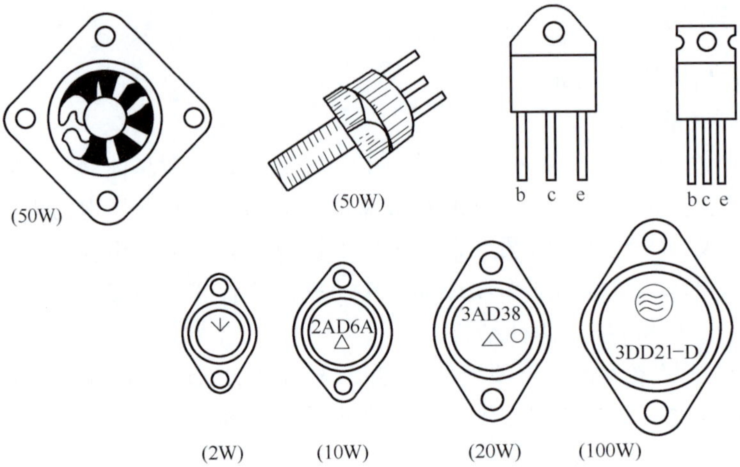

图 5-3　常见大功率三极管外形

3. 晶体管 GTR 的二次击穿与安全工作区

（1）二次击穿问题。二次击穿是由于集电极电压升高到一定值（未达到极限值）时，发生雪崩效应造成的。按理来讲，只要功耗不超过极限，管子是可以承受的，但是在实际使用中，出现负阻效应，i_e 进一步剧增。由于管子结面的缺陷、结构参数的不均匀，使局部电流密度剧增，形成恶性循环，使管子损坏。

二次击穿是电力晶体管突然损坏的主要原因之一，成为影响其是否安全可靠使用的一个重要因素。一旦发生二次击穿就会使器件受到永久性损坏。而且二次击穿难以计算和预测。防止二次击穿的办法是：

① 应使实际使用的工作电压比反向击穿电压低得多。

② 必须有电压电流缓冲保护措施。

（2）安全工作区。GTR 的安全工作区，如图 5-4 所示，是由电力晶体管的二次击穿功率 P_{SB}、集射极最高电压 U_{CEM}、集电极最大电流 I_{CM} 集电极最大耗散功率 P_{CM} 等参数限制的区域。为了防止二次击穿，要选用足够大功率的 GTR，实际使用的最高电压应比 GTR 的极限电压低很多。

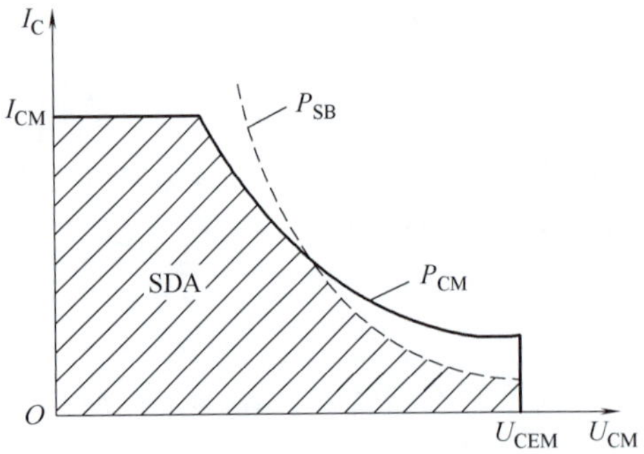

图 5-4　电力晶体管的安全工作区

安全工作区是在一定的温度条件下得出的，例如环境温度 25℃或壳温 75℃等，使用时若超过上述指定温度值，允许功耗和二次击穿耐量都必须降额。

（二）功率场效应晶体管（MOSFET）

功率场效应晶体管（Metal Oxide Semiconductor Field Effect Transistor，简称 MOSFET）。与 GTR 相比，MOSFET 具有开关速度快、损耗低、驱动电流小、无二次击穿现象等优点。它的缺点是电压还不能太高、电流容量也不能太大。所以目前只适用于小功率电力电子变流装置。

1. MOSFET 的类型及结构

MOSFET 分为结型和绝缘栅型，但通常主要指绝缘栅型，栅极是由多晶硅制成的，它同基片之间隔着 SiO_2 薄层，因此它同其他两个极之间是绝缘的。这样一来，只要 SiO_2 层不被击穿，栅极对源极之间的阻抗是非常高的。结型功率场效应晶体管一般称为静电感应晶体管（SIT）。

根据载流子的性质，MOSFET 可分为 P 沟道和 N 沟道两种类型，符号与实物，如图 5-5 所示。

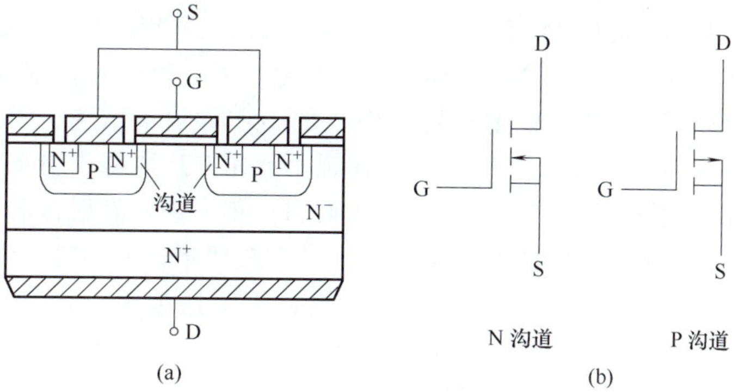

图 5-5 MOSFET 的结构和电气图形符号

（a）MOSFET 的结构 （b）电气图形符号

它的 3 个电极分别是：栅极 G、源极 S、漏极 D。N 沟道中的载流子是电子，P 沟道中的载流子是空穴。其中每一种类型又可以分为增强型和耗尽型。增强型就是当 $U_{GS}=0$ 时没有导电沟道，$I_D=0$，只有当 $U_{GS}>0$（N 沟道）或 $U_{GS}<0$（P 沟道）时才开始有 I_D；耗尽型就是当栅源间电压 $U_{GS}=0$ 时存在导电沟道，漏极电流 $I_D\neq 0$。MOSFET 主要是 N 沟道增强型。这是因为电子作用比空穴大得多。

2. 工作原理

当漏、源极间加正向电压，栅、漏极间 $U_{GS}=0$ 时，P 区与 N 区之间形成的 PN 结反偏，漏源极之间无电流流过。如在栅源极间加正电压 U_{GS}，栅极是绝缘的，所以不会有栅极电流流过，但栅极的正电压会将其下面 P 区中的空穴推开，而将 P 区中的少子—电子吸引到栅极下面的 P 区表面。当 $U_{GS}>U_T$（U_T 为开启电压或阈值电压）时，栅极下 P 区表面的电子浓度将超过空穴浓度，使 P 型半导体反型成反型层，该反型层形成 N 沟道而使 PN 结消失，漏极和源极导电，流过漏极电流。

MOSFET 最大的优点是具有极高的输入阻抗，但在静电较强的场合易被静电击穿，防止静电击穿应注意：

（1）在测试和接入电路之前器件应存放在静电包装袋，导电材料或金属容器中，不能放在塑料盒或塑料袋中。取用时应拿管壳部分而不是引线部分。工作人员需通过防静电腕带良好接地。

（2）将器件接入电路时，工作台和烙铁都必须良好接地，焊接时烙铁应断电。

（3）在测试器件时，测量仪器和工作台都必须良好接地。器件的 3 个电极未全部接入测试仪器或电路前不要施加电压。改换测试范围时，电压和电流都必须先恢复到零。

（4）注意栅极电压不要过限。

教学视频

IGBT 特性

（三）绝缘栅双极晶体管（IGBT）

绝缘栅双极晶体管（Insulated Gate Bipolar Transistor，简称 IGBT）

是一种复合型电力半导体器件。由于它结合了 MOSFET 和 GTR 的特点，既具有输入阻抗高、速度快、热稳定性好和驱动电路简单的优点，又具有输入通态电压低，耐压高和承受电流大的优点。因此 IGBT 自 20 世纪 80 年代初问世以来，发展非常迅速。在电机控制、中频和开关电源，以及要求快速、低损耗的领域备受青睐且有着主导地位。

1. IGBT 的结构

IGBT 是从 MOSFET 发展而来，也是三端器件，它的 3 个极为漏极 D、栅极 G 和源极 S。有时也将 IGBT 的漏极称为集电极 C，源极称为发射极 E。图 5-6 是一种由 N 沟道 MOSFET 与双极晶体管复合而成的 IGBT 基本结构、符号、等效电路和实物照片。由图 5-6（a）可知，IGBT 与 N 沟道 MOSFET 结构十分类似，不同之处是 IGBT 多一个 P^+ 层发射极，形成 PN 结 J_1，由此引出集电极；发射极和栅极与 N 沟道 MOSFET 类似。IGBT 可按缓冲区的有无来分类，缓冲区是介于 P^+ 发射区和 N^- 漂移区之间的 N^+ 层。有 N^+ 缓冲区称为非对称型 IGBT，也称为穿透型 IGBT；无 N^+ 缓冲区称为对称型 IGBT，也称为非穿透型 IGBT。由于其结构的不同，器件的性能也有所不同，非对称型 IGBT 反向阻断能力弱，但正向阻断能力强，但正向压降低，关断时间短，关断尾部电流小；对称型 IGBT 具有正、反向阻断能力，但特性不及非对称的 IGBT。

从结构图 5-6（a）中可以看出，IGBT 相当于一个由 N 沟道 MOSFET 驱动的厚基区 GTR（PNP 型），其简化等效电路如图 5-6（b）所示，等效电路中 R_{dr} 是厚基区 GTR 基区内的扩展电阻。IGBT 是以 GTR 为主导元件、N 沟道 MOSFET 为驱动元件的达林顿结构。图 5-6（c）为以 GTR 形式表示的 IGBT 符号，若以 MOSFET 形式表示，也可将 IGBT［图 5-6（d）］的集电极称为漏极、发射极称为源极。

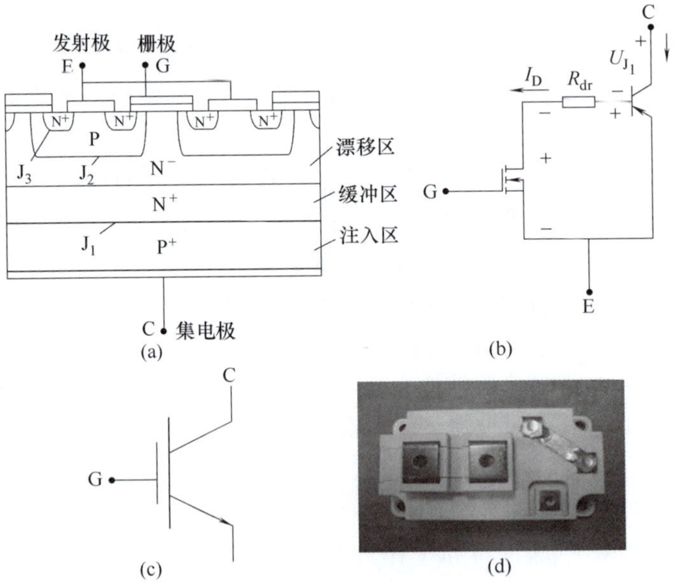

图 5-6　IGBT 结构、等效符号及实物图

（a）IGBT 的结构　（b）简化等效电路　（c）电气图形符号　（d）大功率 IGBT

以上所示 PNP 晶体管与 N 沟道 MOSFET 组合而成的 IGBT 称为 N 沟道 IGBT，相应的，改变半导体的类型可制成 P 沟道 IGBT，即 MOSFET 为 P 沟道，GTR 为 NPN 型，

其符号和 N 沟道 IGBT 箭头方向相反。

2. 工作原理

IGBT 的驱动原理与 MOSFET 基本相同，它是一种压控型器件。其开通和关断是由栅极和发射极间的电压 U_{GE} 决定的，当 U_{GE} 为正且大于开启电压 $U_{GE(th)}$ 时，MOSFET 内形成沟道，并为晶体管提供基极电流使其导通；当栅极与发射极之间加反向电压或不加电压时，MOSFET 内的沟道消失，晶体管无基极电流，IGBT 关断。

任务二 新能源汽车 DC/DC 转换器主电路分析

教学课件

新能源汽车 DC/DC 转换器主电路分析

一、学习目标

(1) 了解 DC/DC 变换电路的组成。
(2) 熟悉 DC/DC 变换电路的工作模式。
(3) 掌握 DC/DC 变换电路的工作原理及波形分析。
(4) 会检测直流斩波电路。
(5) 会正确使用维修工具、仪器、仪表，具备一定的技术数据分析能力。
(6) 会按照实训操作流程，制定检测计划、流程并实施。
(7) 通过直流斩波电路检测，培养学生科学探索、创新意识的品质；吃苦耐劳的劳动素养和实干争先的工匠精神，树立职业理想。

二、相关知识

开关电源的核心技术就是 DC/DC 变换电路。DC/DC 变换电路就是将直流电压变换成固定的或可调的直流电压。DC/DC 变换电路广泛应用于开关电源、无轨电车、地铁列车、蓄电池供电的机车车辆的无级变速以及 20 世纪 80 年代兴起的电动汽车的调速及控制。常见的 DC/DC 变换电路有非隔离型电路、隔离型电路和软开关电路。

（一）非隔离型电路

非隔离型电路即各种直流斩波电路，根据电路形式的不同可以分为降压型电路、升压型电路、升降压电路、库克式斩波电路和全桥式斩波电路。其中降压式和升压式斩波电路是基本形式，升降压式和库克式是它们的组合，而全桥式则属于降压式类型。下面重点介绍斩波电路的工作原理、升压及降压斩波电路。

教学视频

斩波电路的工作原理

1. 直流斩波器的工作原理

最基本的直流斩波电路如图 5-7（a）所示，负载为纯电阻 R，当开关 S 闭合时，负载电压 $u_0=U$，并持续时间 T_{ON}；当开关 S 断开时，负载上电压 $u_0=0V$，并持续时间 T_{OFF}。则 $T=T_{ON}+T_{OFF}$ 为斩波电路的工作周期，斩波器的输出电压波形如图 5-7（b）所示。若定义斩波器的占空比 $D=\frac{T_{ON}}{T}$，则由波形图上可得输出电压的平均值为：

$$U_0=\frac{T_{ON}}{T_{ON}+T_{OFF}}U=\frac{T_{ON}}{T}U=DU$$

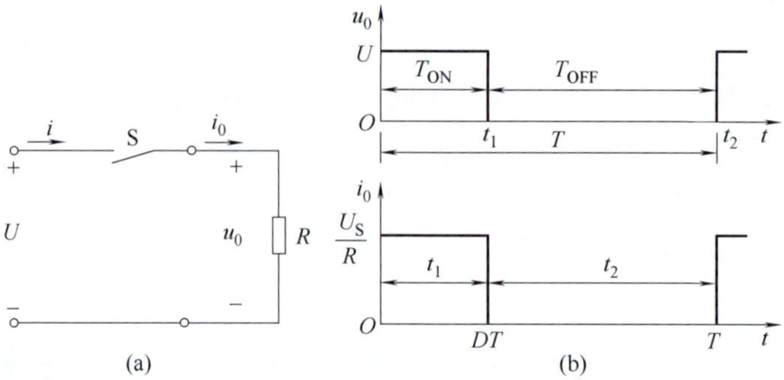

图 5-7　基本斩波电路及其波形

（a）电路　（b）波形（R 负载）

只要调节 D（导通比或占空比），即可调节负载的平均电压。

2. 降压斩波电路

（1）电路的结构　降压斩波电路是一种输出电压的平均值低于输入直流电压的电路。它主要用于直流稳压电源和直流电机的调速。降压斩波电路的原理图及工作波形，如图 5-8 所示。图中，U 为固定电压的直流电源，V 为晶体管开关（可以是大功率晶体管，也可以是功率场效应晶体管）。L、R、电动机为负载，为在 V 关断时给负载中的电感电流提供通道，还设置了续流二极管 VD。

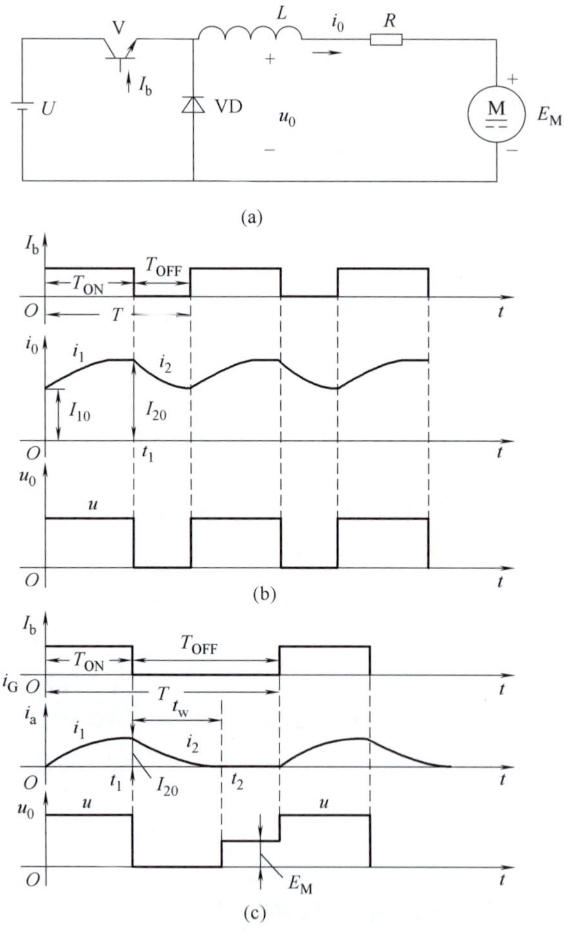

图 5-8　降压斩波电路的原理图及工作波形

（a）电路图　（b）电流连续时的波形　（c）电流断续时的波形

（2）电路的工作原理。为了获得各类开关型变换器的基本工作原理分析而又能简化分析，假定变换器都是有理想器件组成的（本书后续的开关型变换器电路均作如此假定）。即开关管 V 和二极管 VD 从导通变为阻断，或从阻断变为导通的过渡时间均为零。开关器件的通态电阻为零，管压降为零；断态电阻为无限大，漏电流为零。电路中电感和电容均为无损耗的理想储能元件。线路阻抗为零。电源输出到变换器的功率等于变换器的输出功率。

$t=0$ 时刻，驱动 V 导通，电源 U 向负载供电，忽略 V 的导通压降，负载电压 $U_0=U$，负载电流按指数规律上升。

$t=t_1$ 时刻，撤去 V 的驱动使其关断，因感性负载电流不能突变，负载电流通过续流二极管 VD 续流，忽略 VD 导通压降，负载电压 $U_0=0$V，负载电流按指数规律下降。为使负载电流连续且脉动小，一般需串联较大的电感 L，L 也称为平波电感。

$t=t_2$ 时刻，再次驱动 V 导通，重复上述工作过程。当电路进入稳定工作状态时，负载电流在一个周期内的起始值和终值。

由前面的分析知，这个电路的输出电压平均值为：

$$U_0=\frac{T_{ON}}{T_{ON}+T_{OFF}}U=\frac{T_{ON}}{T}U=DU$$

由于导通比 $D<1$，所以 $U_0<U$，即斩波器输出电压平均值小于输入电压，故称为降压斩波电路。而负载平均电流为：

$$I_0=\frac{U_0-E_M}{R}$$

当平波电感 L 较小时，在 V 关断后，未到 t_2 时刻，负载电流已下降到零，负载电流发生断续。负载电流断续时，其波形如图 5-8（c）所示。由图可见，负载电流断续期间，负载电压 $U_0=E_M$。因此，负载电流断续时，负载平均电压 U_0 升高，带直流电动机负载时，特性变软，是所不希望的。所以在选择平波电感 L 时，要确保电流断续点不在电动机的正常工作区域。

3. 升压斩波电路

（1）电路的结构。升压斩波电路的输出电压总是高于输入电压。升压式斩波电路与降压式斩波电路最大的不同点是，斩波控制开关 V 与负载呈并联形式连接，储能电感与负载呈串联形式连接，升压斩波电路的原理图及工作波形，如图 5-9 所示。

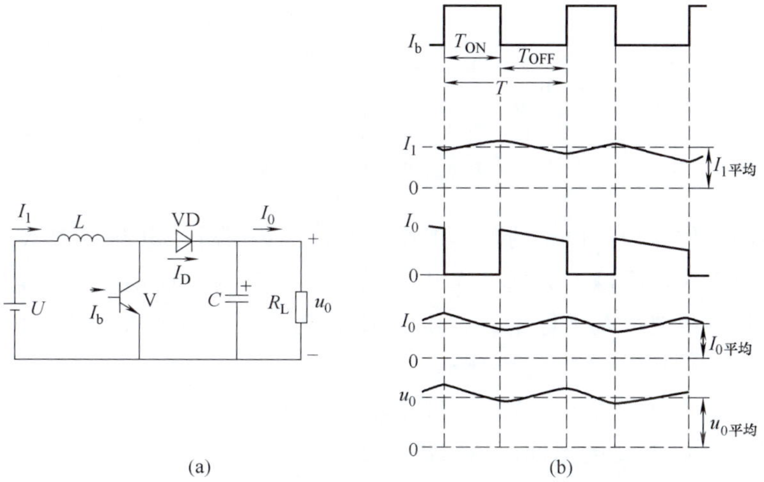

图 5-9　升压斩波电路及其工作波形

（a）电路图　（b）波形

（2）电路的工作原理。工作原理如图 5-9 所示。假设电路中 L 值、C 值很大。当 V 处于通态时，电源 U 向电感 L 充电，充电电流基本恒为 I_1，同时 C 的电压向负载供电，因 C 值很大，输出电压 U_0 为恒值，记为 U_0。设 V 处于通态的时间为 T_{ON}，此阶段 L 上

积蓄的能量为 $U \cdot I_1 \cdot T_{ON}$；V 处于断态时，U 和 L 共同向 C 充电并向负载 R 供电。设 V 关断的时间为 T_{OFF}，则此期间电感 L 释放能量为 $(U_0-U)I_1T_{OFF}$。

稳态时，一个周期 T 中 L 积蓄能量与释放能量相等，即：

$$UI_1T_{ON}=(U_0-U)I_1T_{OFF}$$

化简得：

$$U_0=\frac{T_{ON}+T_{OFF}}{T_{OFF}}U=\frac{T}{T-T_{ON}}U=\frac{U}{1-D}$$

上式中的 $\frac{1}{1-D}>1$，输出电压 U_0 高于输入电源电压 U，故称升压斩波电路，也称之为 boost 变换器。

升压斩波电路能使输出电压 U_0 高于电源电压 U 的原因，L 储能之后具有使电压泵升的作用，电容 C 可将输出电压保持住。

升压斩波电路目前的典型应用，一是用于直流电动机传动，二是用作单相功率因数校正电路，三是用于其他交直流电源中。

4. 升降压斩波电路

（1）电路的结构。升降压斩波电路可以得到高于或低于输入电压的输出电压。电路原理图如图 5-10 所示，该电路的结构特征是储能电感与负载并联，续流二极管 VD 反向串联接在储能电感与负载之间。电路分析前可先假设电路中电感 L 很大，使电感电流 i_L 和电容电压及负载电压 u_0 基本稳定。

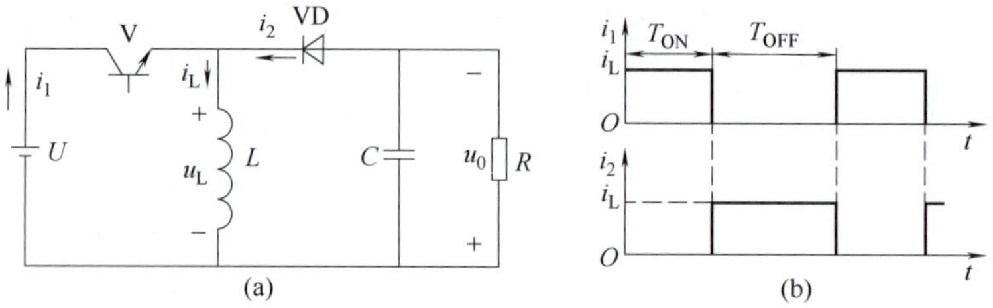

图 5-10 升降压斩波电路及其工作波形

（a）电路图 （b）工作波形

（2）电路的工作原理。电路的基本工作原理是：V 通时，电源 U 经 V 向 L 供电使其储能，此时二极管 VD 反偏，流过 V 的电流为 i_1。由于 VD 反偏截止，电容 C 向负载 R 提供能量并维持输出电压基本稳定，负载 R 及电容 C 上的电压极性为上负下正，与电源极性相反。

V 断时，电感 L 极性变反，VD 正偏导通，L 中储存的能量通过 VD 向负载释放，电流为 i_2，同时电容 C 被充电储能。负载电压极性为上负下正，与电源电压极性相反，该电路也称作反极性斩波电路。稳态时，一个周期 T 内电感 L 两端电压 u_L 对时间的积分为零，即：

$$\int_0^T u_L \mathrm{d}t = 0$$

当 V 处于通态期间，$u_L=U$；而当 V 处于断态期间，$u_L=-u_0$。于是有：

$$UT_{ON}=U_0T_{OFF}$$

所以输出电压为：

$$U_0=\frac{T_{ON}}{T_{OFF}}U=\frac{T_{ON}}{T-T_{ON}}U=\frac{D}{1-D}U$$

上式中，若改变导通比 D，则输出电压既可高于电源电压，也可能低于电源电压。

由此可知，当 $0<D<1/2$ 时，斩波器输出电压低于直流电源输入，此时为降压斩波器；当 $1/2<D<1$ 时，斩波器输出电压高于直流电源输入，此时为升压斩波器。

5. 库克斩波电路

（1）Cuk 电路的结构。Cuk 电路的特点与升降压电路相似，Cuk 电路的一个突出优点是输入和输出端都串联了电感，减小了输入和输出电流的脉动，可以改善电路产生的电磁干扰问题。工作原理如图 5-11 所示。

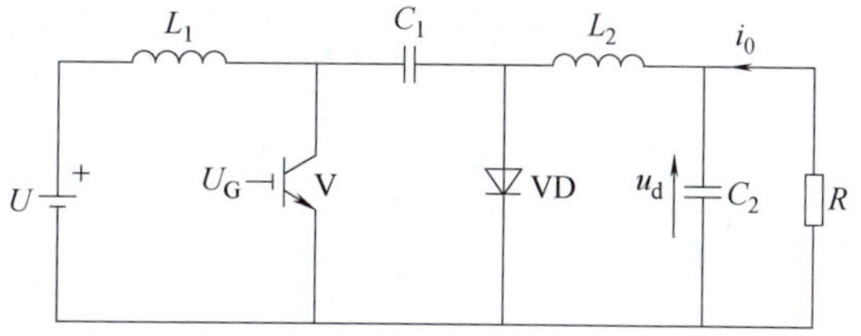

图 5-11　Cuk 斩波电路

Cuk 斩波电路也只有一个开关管，因此电路也只有两种工作模式。

（2）工作原理。如图 5-12 所示，开关管 V 导通时，$T_{ON}=DT$，电源 U 经 L_1 和开关管 V 短路，i_{L_1} 线增加，L_1 储能，与此同时，电容 C_1 经开关管 V 对 C_2 和负载 R 放电，并使电感 L_2，电流增加，L_2 储能。在这阶段，因为 C_1 释放能量，二极管反偏而处于截止状态。

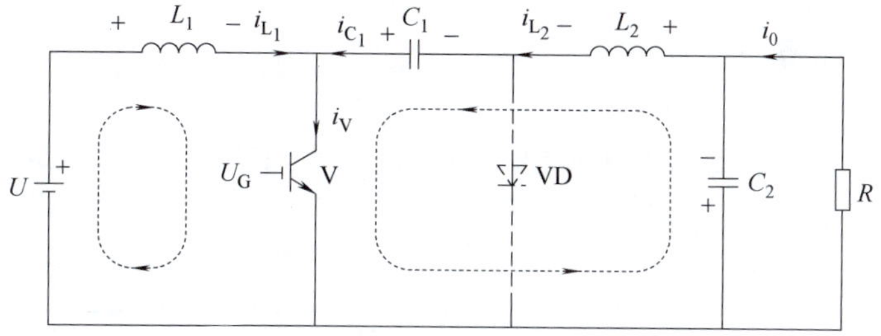

图 5-12　开关管 V 导通时 Cuk 斩波电路工作模式

开关管 V 关断时，$T_{OFF}=(1-D)T$，根据电感 L_2 电流的情况，有电流 i_{L_2} 连续和断续两种状态。工作模式如图 5-13 所示。

在 Cuk 电路中，一般 C_1、C_2 值都较大，u_{C_1}、u_{C_2} 波动较小，L_1、L_2 的电流脉动也较小，忽略这些脉动，二极管 VD 导通时，电容 C_1 的平均电压 $U_{C_1}=\frac{T_{ON}}{T}U=DU$，在 VD 截止时，$U_{C_1}=\frac{T_{OFF}}{T}U=(1-D)U$，因此有 $DU=(1-D)U_d$，$U_d=\frac{D}{1-D}U$。

从上述原理分析可以得出，Cuk 电路与升降压斩波电路的功能是一样的，但是 Cuk 斩波电路的电源和负载电流都是连续的，纹波很小，Cuk 斩波电路只是对开关管和二极管的耐压和电流要求较高。

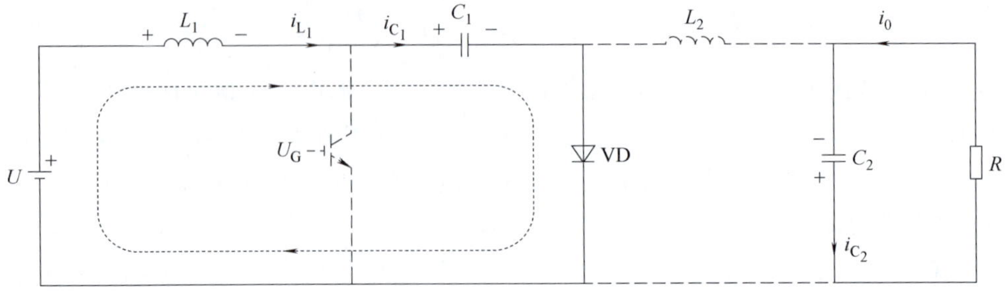

(a)

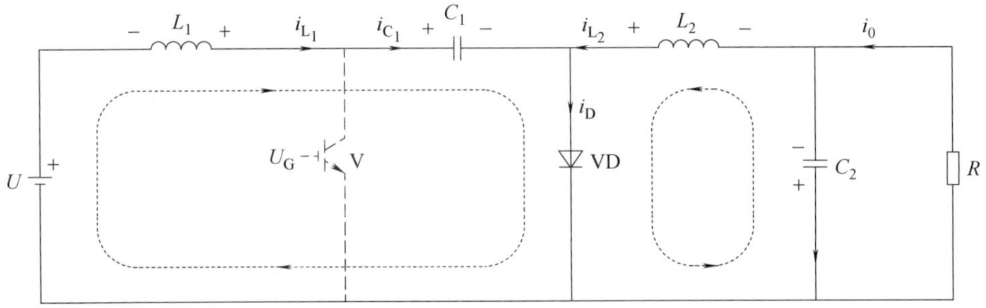

(b)

图 5-13　开关管关断时 Cuk 电路工作模式

（a）电流 i_{L_2} 连续　（b）电流 i_{L_2} 断续

（二）隔离型电路

1. 正激电路

（1）电路结构。正激电路包含多种不同结构，典型的单开关正激电路及其工作波形，如图 5-14 所示。

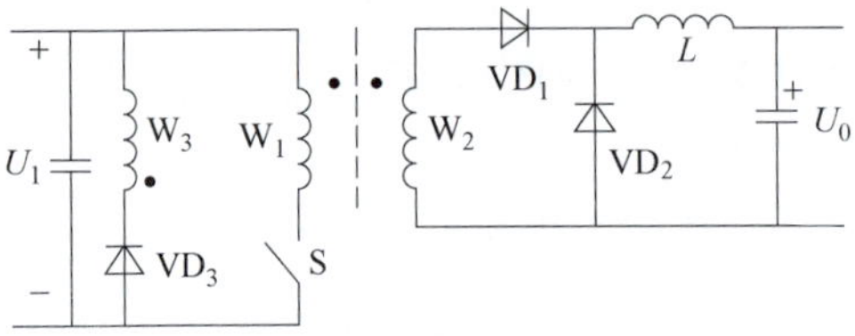

(a)

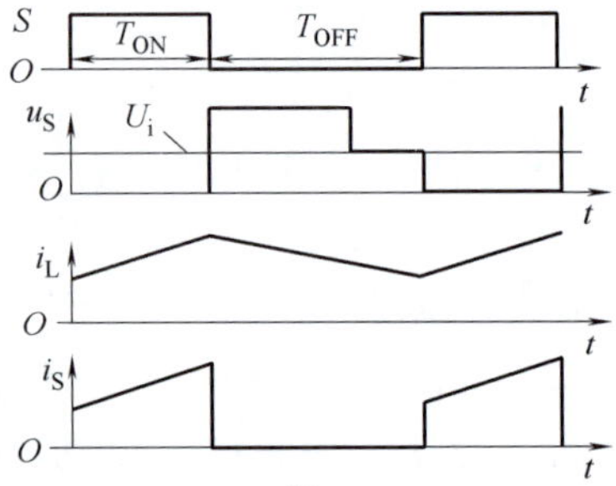

(b)

图 5-14　正激电路原理图及理想化波形

（a）电路原理图　（b）理想化波形

（2）工作原理。开关 S 开通后，变压器绕组 W_1 两端的电压为上正下负，与其耦合的绕组 W_2 两端的电压也是上正下负。因此 VD_1 处于通态，VD_2 为断态，电感上的电流逐渐增长；S 关断后，电感 L 通过 VD_2 续流，VD_1 关断，L 的电流逐渐下降。S 关断后变压器的励磁电流经绕组 W_3 和 VD_3 流回电源，所以 S 关断后承受的电压为：

$$u_s=\left(1+\frac{N_1}{N_3}\right)U_i$$

式中，N_1——变压器绕组 W_1 的匝数；

N_3——变压器绕组 W_3 的匝数。

开关 S 开通后，变压器的励磁电流 i_m 由零开始，随着时间的增加而线性地增长，直到 S 关断。S 关断后到下一次再开通的一段时间内，必须设法使励磁电流降回零，否则下一个开关周期中，励磁电流将在本周期结束时的剩余值基础上继续增加，并在以后的开关周期中依次累积起来，变得越来越大，从而导致变压器的励磁电感饱和。励磁电感饱和后，励磁电流会更加迅速地增长，最终损坏电路中的开关器件。因此在 S 关断后使励磁电流降回零是非常重要的，这一过程称为变压器的磁心复位。在正激电路中，变压器的绕组 W_3 和二极管 VD_3 组成复位电路。

开关 S 关断后，变压器励磁电流通过 W_3 绕组和 VD_3 流回电源，并逐渐线性的下降为零。从 S 关断到 W_3 绕组的电流下降到零所需的时间 $T_{rst}=\frac{N_3}{N_1}T_{ON}$。S 处于断态的时间必须大于 T_{rst}，以保证 S 下次开通前励磁电流能够降为零，使变压器磁心可靠复位。

在输出滤波电感电流连续的情况下，即 S 开通时电感 L 的电流不为零，输出电压与输入电压的比为$\frac{U_0}{U_i}=\frac{N_2}{N_1}\frac{T_{ON}}{T}$。如果输出电感电路电流不连续，输出电压 U_0 将高于上式的计算值，并随负载减小而升高，在负载为零的极限情况下，$U_0=\frac{N_2}{N_1}U_i$。

2. 反激电路

（1）电路结构。反激电路及其工作波形，如图 5-15 所示。同正激电路不同，反激电路中的变压器起着储能元件的作用，可以看作是一对相互耦合的电感。

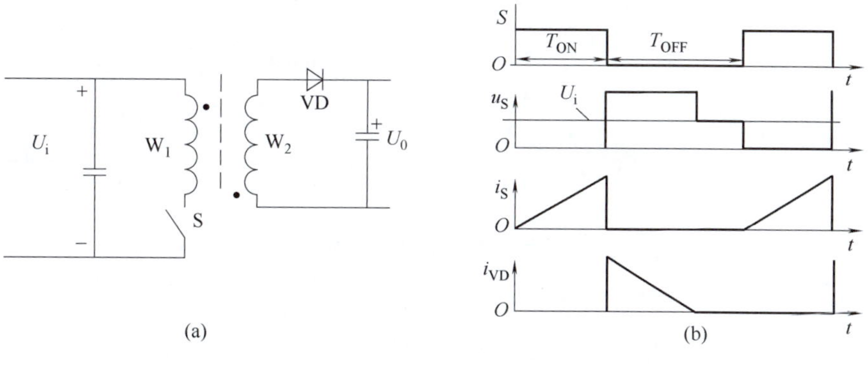

图 5-15　反激电路原理图及理想化工作波形

（a）电路原理图　（b）理想化波形

（2）工作原理。S 开通后，VD 处于断态，绕组 W_1 的电流线性增长，电感储能增加；S 关断后，绕组 W_1 的电流被切断，变压器中的磁场能量通过绕组 W_2 和 VD 向输出端释放。S 关断后承受的电压为：

$$u_S=\left(U_i+\frac{N_1}{N_2}\right)U_0$$

反激电路可以工作在电流断续和电流连续两种模式：

① 如果当 S 开通时，绕组 W_2 中的电流尚未下降到零，则称电路工作于电流连续模式。当工作于电流连续模式时，$\frac{U_0}{U_i}=\frac{N_2}{N_1}\frac{T_{ON}}{T_{OFF}}$。

② 如果 S 开通前，绕组 W_2 中的电流已经下降到零，则称电路工作于电流断续模式。

当电路工作在断续模式时，输出电压高于上式的计算值，并随负载减小而升高，在负载电流为零的极限情况下，$U_0\to\infty$，这将损坏电路中的器件，因此反激电路不应工作于负载开路状态。

3. 半桥电路

（1）电路结构。半桥电路的原理及工作波形，如图 5-16 所示。在半桥电路中，变压器一次绕组两端分别连接在电容 C_1、C_2 的中点和开关 S_1、S_2 的中点。电容 C_1、C_2 的中点电压为 $U_i/2$。S_1 与 S_2 交替导通，使变压器一次侧形成幅值为 $U_i/2$ 的交流电压。改变开关的占空比 D，就可改变二次整流电压 U_d 的平均值，也就改变了输出电压 U_0。

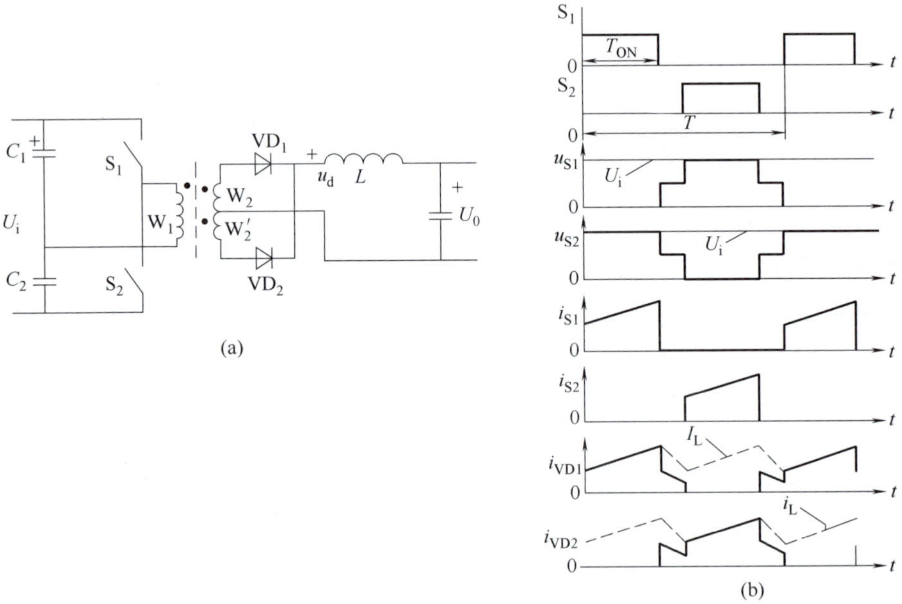

图 5-16　半桥电路原理图及理想化工作波形

（a）电路原理图　（b）理想化波形

（2）工作原理。S_1 导通时，二极管 VD_1 处于通态，S_2 导通时，二极管 VD_2 处于通态，当两个开关都关断时，变压器绕组 W_1 中的电流为零，根据变压器的磁动势平衡方程，绕组 W_2 和 W_3 中的电流大小相等、方向相反，所以 VD_1 和 VD_2 都处于通态，各分担一半的电流。S_1 或 S_2 导通时电感上的电流逐渐上升，两个开关都关断时，电感上的电流逐渐下降。S_1 和 S_2 断态时承受的峰值电压均为 U_i。

由于电容的隔离作用，半桥电路对由于两个开关导通时间不对称而造成的变压器一次电压的直流分量有自动平衡作用，因此不容易发生变压器的偏磁和直流磁饱和。

为了避免上下两开关在换流的过程中发生短暂的同时导通现象而造成短路损坏开关器

件，每个开关各自的占空比不能超过50%，并应留有裕量。

当滤波电感L的电流连续时，有：

$$\frac{U_0}{U_i}=\frac{N_2}{N_1}\frac{T_{ON}}{T}$$

如果输出电感电流不连续，输出电压U_0将高于式中的计算值，并随负载减小而升高，在负载电流为零的极限情况下，有：

$$U_0=\frac{N_2}{N_1}\frac{U_i}{2}$$

4. 全桥电路

（1）电路结构。全桥电路的原理图和工作波形，如图5-17所示。全桥电路中互为对角的两个开关同时导通，而同一侧半桥上下两开关交替导通，将直流电压成幅值为U_i的交流电压，加在变压器一次侧。改变开关的占空比，就可以改变U_d的平均值，也就改变了输出电压U_0。

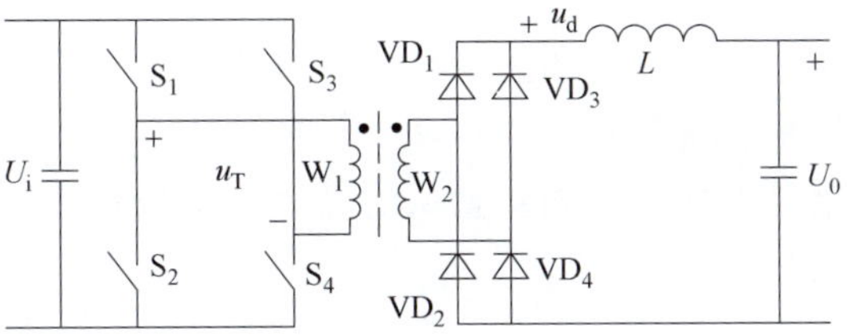

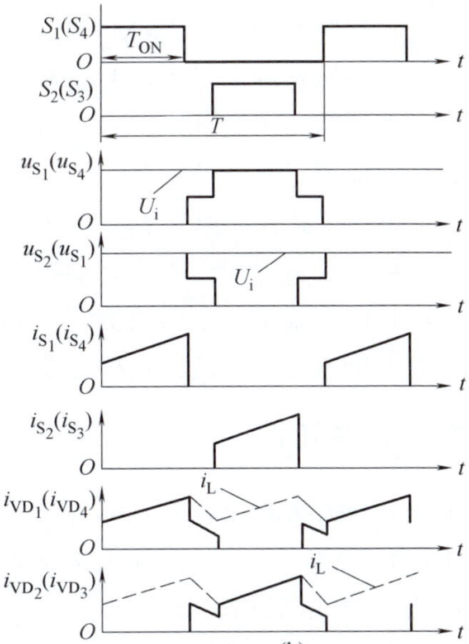

图5-17　全桥电路原理图及理想化工作波形

（a）电路原理图　（b）理想化波形

（2）工作原理。当S_1与S_4开通后，二极管VD_1和VD_4处于通态，电感L的电流逐渐上升；S_2与S_3开通后，二极管VD_2和VD_3处于通态，电感L的电流也上升。当4个开关都关断时，4个二极管都处于通态，各分担一半的电感电流，电感L的电流逐渐下降。S_1和S_4断态时承受的峰值电压均为U_i。

若S_1、S_4与S_2、S_3的导通时间不对称，则交流电压u_T中将含有直流分量，会在变压器一次电流中产生很大的直流分量，并可能造成磁路饱和，因此全桥应注意避免电压直流分量的产生，也可以在一次回路电路中串联一个电容，以阻断直流电流。

为了避免同一侧半桥中上下两开关在换流的过程中发生短暂的同时导通现象而损坏开

关，每个开关各自的导通比不能超过50%，并应留有裕量。

当滤波电感 L 的电流连续时，有：

$$\frac{U_0}{U_i}=\frac{N_2}{N_1}\frac{2T_{ON}}{T}$$

如果输出电感电流不连续，输出电压 U_0 将高于式中的计算值，并随负载减小而升高，在负载电流为零的极限情况下，有：

$$U_0=\frac{N_2}{N_1}U_i$$

任务三　新能源汽车开关状态控制电路分析

教学课件

新能源汽车开关状态控制电路分析

一、学习目标

（1）了解脉宽调制（PWM）控制技术原理。

（2）了解脉宽调制（PWM）控制电路的基本结构与原理。

（3）了解脉宽调制（PWM）控制芯片的类型及应用情况。

（4）会检测直流斩波电路。

（5）会正确使用维修工具、仪器、仪表，具备一定的技术数据分析能力。

（6）会按照实训操作流程，制定检测计划、流程并实施。

（7）通过直流斩波电路检测，培养学生科学探索、创新意识的品质；吃苦耐劳的劳动素养和实干争先的工匠精神，树立职业理想。

二、相关知识

（一）开关状态控制方式的种类

开关电源中，开关器件开关状态的控制方式主要有占空比控制和幅度控制两大类。

1. 占空比控制方式

占空比控制又包括脉冲宽度控制和脉冲频率控制两大类。

（1）脉冲宽度控制。脉冲宽度控制是指开关工作频率（即开关周期 T）固定的情况下直接通过改变导通时间（T_{ON}）来控制输出电压 U_0 大小的一种方式。因为改变开关导通时间 T_{ON} 就是改变开关控制电压 U_c 的脉冲宽度，因此又称脉冲宽度调制（PWM）控制。

PWM控制方式的优点是，因为采用了固定的开关频率，因此，设计滤波电路时就简单方便；其缺点是，受功率开关管最小导通时间的限制，对输出电压不能作宽范围的调节，此外，为防止空载时输出电压升高，输出端一般要接假负载（预负载）。

（2）脉冲频率控制。脉冲频率控制是指开关控制电压 U_c 的脉冲宽度（即 T_{ON}）不变的情况下，通过改变开关工作频率（改变单位时间的脉冲数，即改变 T）而达到控制输出电压 U_0 大小的一种方式，又称脉冲频率调制（PFM）控制。

目前，集成开关电源大多采用PWM控制方式。

2. 幅度控制方式

即通过改变开关的输入电压 U_s 的幅值而控制输出电压 U_0 大小的控制方式，但要配以滑动调节器。

（二） PWM 控制电路的基本构成和原理

1. 电路结构

图 5-18 是 PWM 控制电路的基本组成和工作波形。可见，PWM 控制电路由以下几部分组成：

（1）基准电压稳压器，提供一个供输出电压进行比较的稳定电压和一个内部 IC 电路的电源。

（2）振荡器，为 PWM 比较器提供一个锯齿波和与该锯齿波同步的驱动脉冲控制电路的输出。

（3）误差放大器，使电源输出电压与基准电压进行比较。

（4）以正确的时序使输出开关管导通的脉冲倒相电路。

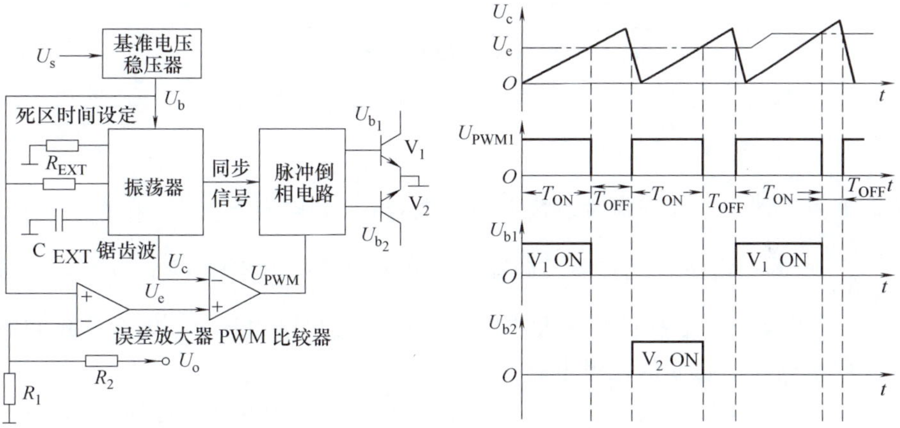

图 5-18　PWM 控制电路

2. 工作原理

输出开关管在锯齿波的起始点被导通。由于锯齿波电压比误差放大器的输出电压低，所以 PWM 比较器的输出较高，因为同步信号已在斜坡电压的起始点使倒相电路工作，所以脉冲倒相电路将这个高电位输出使 V_1 导通，当斜坡电压比误差放大器的输出高时，PWM 比较器的输出电压下降，通过脉冲倒相电路使 V_1 截止，下一个斜坡周期则重复这个过程。

（三） PWM 控制器集成芯片介绍

1. SG1524/2524/3524 系列 PWM 控制器

SG1524 是双列直插式集成芯片，其结构框图如图 5-19 所示。它包括基准电源、锯齿波振荡器、电压比较器、逻辑输出、误差放大以及检测和保护等部分。SG2524 和 SG3524 也属这个系列，内部结构及功能相同，仅工作电压及工作温度有差异。

基准电源由 15 端输入 8～30V 的不稳定直流电压，经稳压输出＋5V 基准电压，供片内所有电路使用，并由 16 端输出＋5V 的参考电压供外部电路使用，其最大电流可

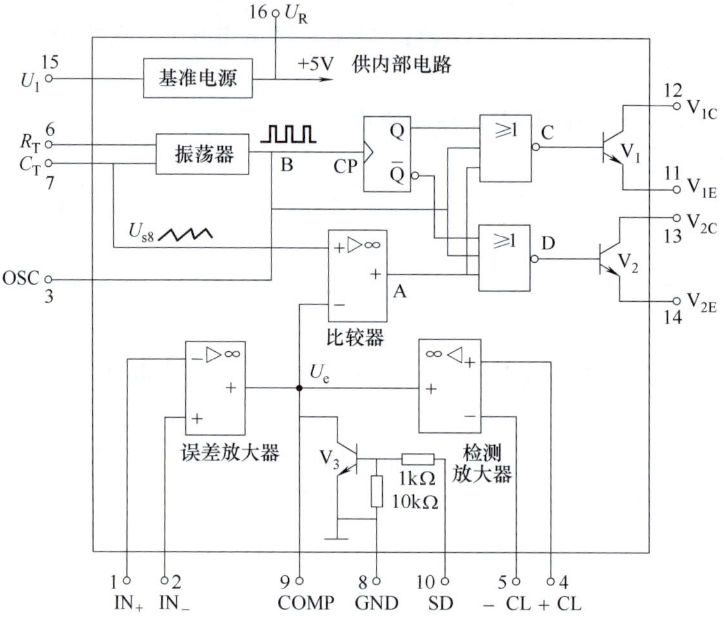

图 5-19 SG1524 结构框图

达 100mA。

振荡器通过 7 端和 6 端分别对地接上一个电容 C_T 和电阻 R_T 后，在 C_T 上输出频率为输入 $f_{osc}=\frac{1}{R_T C_T}$ 的锯齿波。比较器反向输入端输入直流控制电压 U_e；同相输入端输入锯齿波电压 U_{sa}。当改变直流控制电压大小时，比较器输出端电压 U_A 即为宽度可变的脉冲电压，送至两个或非门组成的逻辑电路。

每个或非门有 3 个输入端，其中：一个输入为宽度可变的脉冲电压 U_A；一个输入分别来自触发器输出的 Q 和 $\overline{Q}$ 端（它们是锯齿波电压分频后的方波）；再一个输入（B 点）为锯齿波同频的窄脉冲。在不考虑第 3 个输入窄脉冲时，两个或非门输出（C、D 点）分别经三极管 V_1、V_2 放大后的波形 T_1、T_2 如图 5-20 所示。它们的脉冲宽度由 U_e 控制，周期比 U_{sa} 大一倍，且两个波形的相位差为 180°。这样的波形适用于可逆 PWM 电路。或非门第 3 个输入端的窄脉冲使这期间两个三极管同时截止，以保证两个三极管的导通有一短时间间隔，可作为上、下两管的死区。当用于不可逆 PWM 时，可将两个三极管的 e、e 极并联使用。

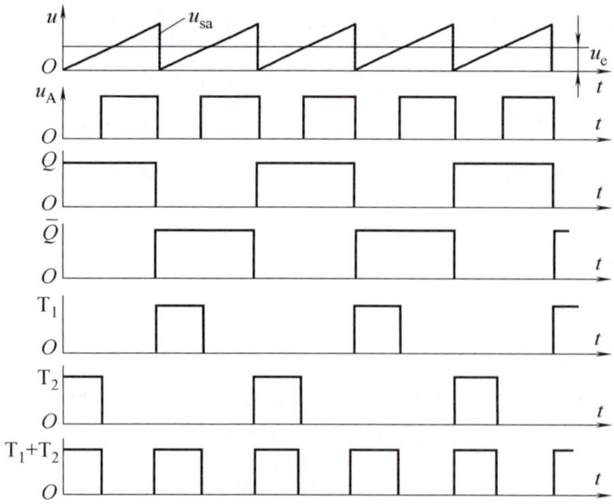

图 5-20 SG1524 工作波形

误差放大器在构成闭环控制时，可作为运算放大器接成调节器使用。如将 1 端和 9 端短接，该放大器作为一个电压跟随器使用，由 2 端输入给定电压来控制 SG1524 输出脉冲宽度的变化。

当保护输入端 10 的输入达一定值时，三极管 V_3 导通，使比较器的反相端为零，A 端一直为高电平，V_1、V_2 均截止，以达到保护的目的。检测放大器的输入可检测出较小的信号，当 4、5 端输入信号达到一定值时，同样可使比较器的反相输入端为零，也起保护作用。使用中可利用上述功能来检测需要限制的信号（如电流）对主电路实现保护。

2. SG3525A PWM 控制器

SG3525A 是 SG3524 的改进型，凡是利用 SG1524/SG2524/SG3524 的开关电源电路都可以用 SG3525A 来代替。应用时应注意两者的引脚连接的不同。

图 5-21 是 SG3525A 系列产品的内部原理图。

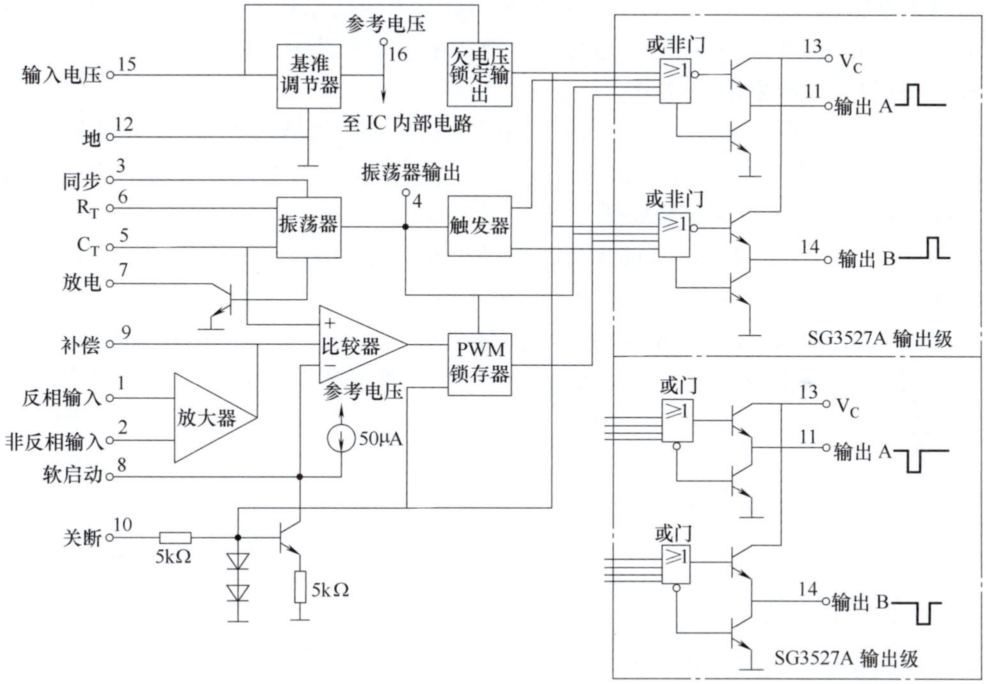

图 5-21　SG3525A 的内部原理图

图 5-21 的右下角是 SG3527A 的输出级。除输出级以外，SG3527A 与 SG3525A 完全相同。SG3525A 的输出是正脉冲，而 SG3527A 的输出是负脉冲。表 5-1 是 SG3525A 的引脚连接。

与 SG1524/SG2524/SG3524 相比较，SG3525A 的改进之处为：芯片内部增加了欠压锁定器和软启动电路；SG1524/SG2524/SG3524 没有限流电路，而是采用关断控制电路对逐个脉冲电流和直流输出电流进行限流控制；SG3525A 内设有高精度基准电压源。精度为 5.1V（±1%），优于 SG1524/SG2524/SG3524 的基准电源；误差放大器的供电由输入电压 U_i 来提供，从而扩大了误差放大器的共模电压输入范围；脉宽调制比较器增加了一个反相输入端，误差放大器和关断电路送到比较器的信号具有不同的输入端，这就避免了关断电路对误差放大器的影响；PWM 锁存器由关断置位，由振荡器来的时钟脉冲复位。

表 5-1　　SG3525A 的引脚连接

引脚号	功　能	引脚号	功　能
1	IN_-——误差放大器反向输入	9	COMP——频率补偿
2	IN_+——误差放大器同向输入	10	SD——关断控制
3	SYNC——同步	11	OUT_A——输出 A
4	OUTosc——振荡器输出	12	GND——地
5	C_T——定时电容器	13	V_C——集电极电压
6	R_T——定时电阻	14	OUT_B——输出 B
7	DIS——放电	15	U_i——输入电压
8	SS——软启动	16	U_{REF}——基准电压

这可保证在每个周期内只有比较器送来的单脉冲。当关断信号使输出关断，即使关断信号消失，也只有下一个周期的时钟脉冲使锁存器复位，才能恢复输出。这就保证了关断电路能有效地控制输出关断；SG3525A 的最大改进是输出级的结构。它是双路吸收/流出输出驱动器。它具有较高的关断速率，适合于驱动功率 MOS 器件。

3. SG3525A 的典型应用电路

（1）SG3525A 驱动 MOSFET 管的推挽式驱动电路，如图 5-22 所示。其输出幅度和拉灌电流能力都适合于驱动功率 MOSFET 管。SG3525A 的两个输出端交替输出驱动脉冲，控制两个 MOSFET 管交替导通。

（2）SG3525A 驱动 MOS 管的半桥式驱动电路，如图 5-23 所示。SG3525A 的两个输出端接脉冲变压器 T_1 的一次绕组，串入一个小电阻（10Ω）是为防止振荡。T_1 的两个二次绕组因同名端相反，以相位相反的两个信号驱动半桥上、下臂的两个 MOSFET。脉冲变压器 T_2 的副边接后续的整流滤波电路，便可得到平滑的直流输出。

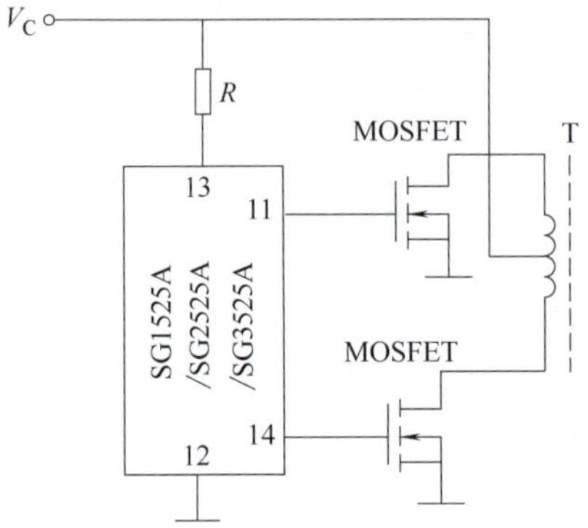

图 5-22　SG3525A 驱动 MOSFET 管的推挽式驱动电路

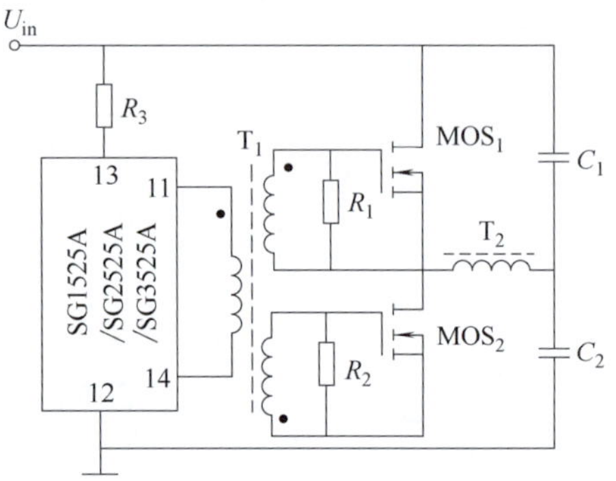

图 5-23　SG3525A 驱动 MOS 管的半桥驱动电路

项目实施　直流斩波电路的安装与调试

教学视频

直流斩波安装与调试

一、实训目的

（1）熟悉直流斩波电路的工作原理。

（2）熟悉各种直流斩波电路的组成及其工作特点。

（3）了解 PWM 控制与驱动电路的原理及其常用的集成芯片。

（4）熟悉直流斩波电路故障的分析与处理。

（5）会检测直流斩波电路。

（6）会正确使用维修工具、仪器、仪表，具备一定的技术数据分析能力。

（7）会按照实训操作流程，制定检测计划、流程并实施。

（8）通过直流斩波电路检测，培养学生科学探索、创新意识的品质；吃苦耐劳的劳动素养，和实干争先的工匠精神，树立职业理想。

二、仪器器材

模块化电力电子实训装置、双踪示波器、万用表。

三、实训内容及原理

（一）降压斩波电路

降压斩波电路（Buck Chopper）的原理图及工作波形，如图 5-24 所示，其中 V 为全控型器件 IGBT，D 为续流二极管。

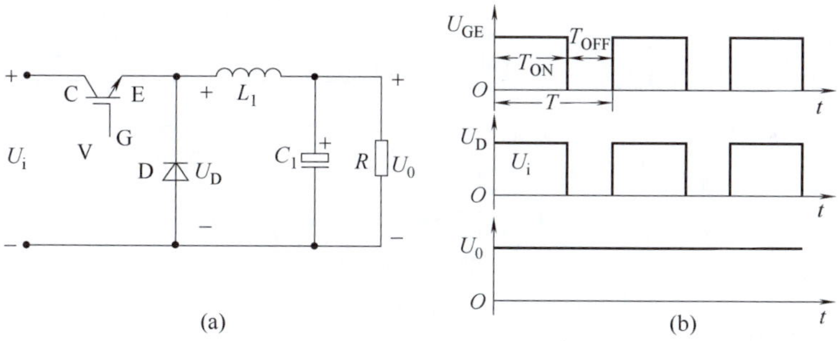

图 5-24 降压斩波电路的原理图及波形

（a）电路图 （b）波形图

负载电压的平均值为：

$$U_0=\frac{T_{ON}}{T_{ON}+T_{OFF}}U_i=\frac{T_{ON}}{T}U_i=DU_i$$

式中 T_{ON} 为 V 处于通态的时间，T_{OFF} 为 V 处于断态的时间，T 为开关周期，D 为导通比，或称为占空比（$D=T_{ON}/T$）。由此可知，输出到负载的电压平均值 U_0 最大为 U_i，若减小占导通 D，则 U_0 随之减小，由于输出电压低于输入电压，故称该电路为降压斩波电路。

（二）升压斩波电路

升压斩波电路（Boost Chopper）的原理图及工作波形，如图 5-25 所示。电路也使用一个全控型器件 V。

负载电压的平均值为：

$$U_0=\frac{T_{ON}+T_{OFF}}{T_{OFF}}U_i=\frac{T}{T_{OFF}}U_i$$

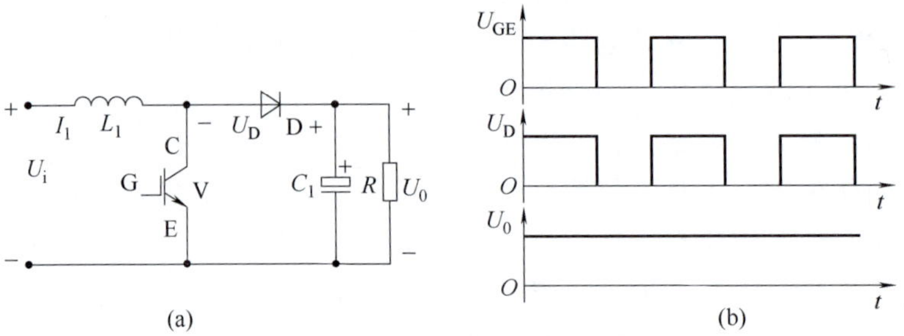

图 5-25　升压斩波电路的原理图及波形

（a）电路图　（b）波形图

上式中的 $T/T_{OFF} \geqslant 1$，输出电压高于电源电压，故称该电路为升压斩波电路。

（三）升降压斩波电路

升降压斩波电路（Boost-Buck Chopper）的原理图及工作波形，如图 5-26 所示。

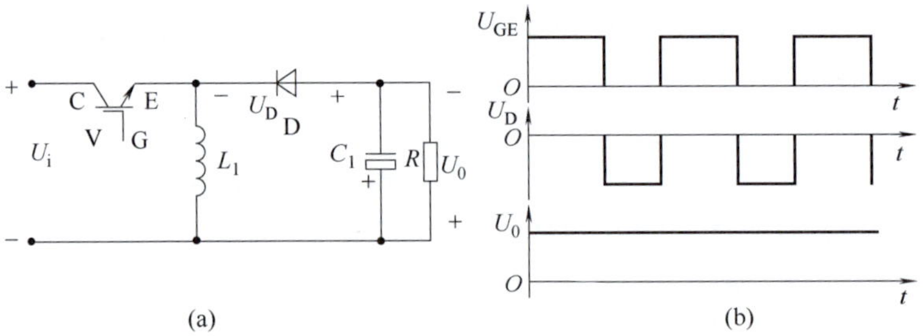

图 5-26　升降压斩波电路的原理图及波形

（a）电路图　（b）波形图

负载电压的平均值为：

$$U_0 = \frac{T_{ON}}{T_{OFF}} U_i = \frac{T_{on}}{T - T_{on}} U_i = \frac{D}{1-D} U_i$$

若改变导通比 D，则输出电压可以比电源电压高，也可以比电源电压低。当 $0<D<1/2$ 时为降压，当 $1/2<D<1$ 时为升压。

（四） Cuk 斩波电路

Cuk 斩波电路的原理图，如图 5-27 所示。

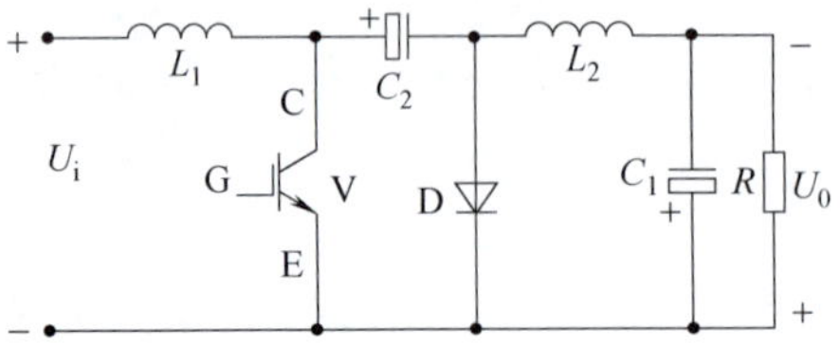

图 5-27　Cuk 斩波电路原理图

负载电压的平均值为：

$$U_0 = \frac{T_{ON}}{T_{OFF}} U_i = \frac{T_{ON}}{T - T_{ON}} U_i = \frac{D}{1-D} U_i$$

若改变导通比 D，则输出电压可以比电源电压高，也可以比电源电压低。当 $0<D<1/2$ 时为降压，当 $1/2<D<1$ 时为升压。

（五）控制与驱动电路

控制电路以 SG3525 为核心构成，SG3525 为美国 Silicon General 公司生产的专用 PWM 控制集成电路，其内部电路结构及各引脚功能，如图 5-28 所示，它采用恒频脉宽调制控制方案，内部包含有精密基准源、锯齿波振荡器、误差放大器、比较器、分频器和保护电路等。调节 U_r 的大小，在 A、B 两端可输出两个幅度相等、频率相等、相位相差、占空比可调的矩形波（即 PWM 信号）。它适用于各开关电源、斩波器的控制。

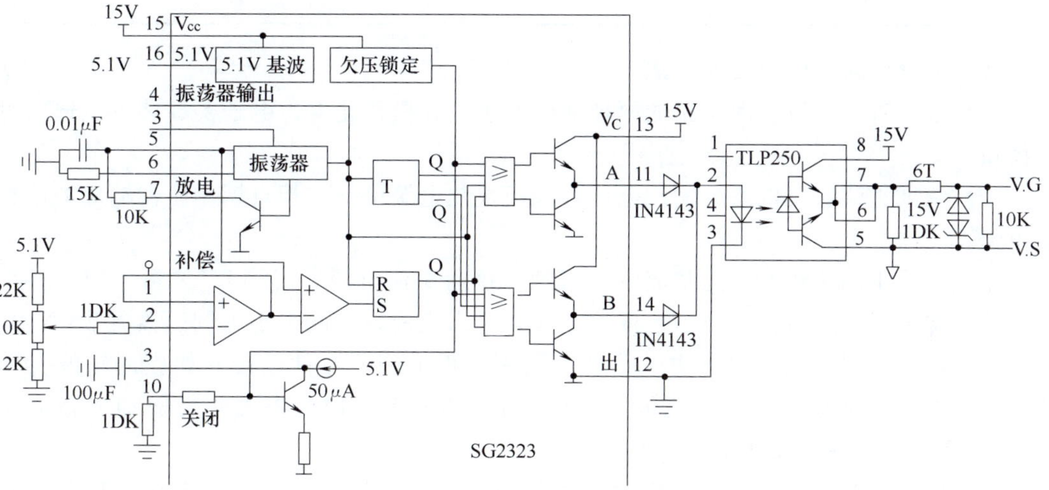

图 5-28 SG3525 芯片的内部结构与所需的外部组件

四、实训方法

（一）控制与驱动电路实训方法

（1）根据直流斩波驱动电路的原理测试要求，在模块化电力电子实训装置上选取对应的模块。

（2）根据选取的模块与对应的原理要求正确接线。

（3）接线正确后，启动电源，首先调试控制与驱动电路，调节 PWM 脉宽调节电位器改变 U_r，用双踪示波器分别观测 SG3525 的第 11 脚与第 14 脚的波形，观测输出 PWM 信号的变化情况，并填入表 5-2。

表 5-2 输出 PWM 信号变化情况

U_r/V	1.4	1.6	1.8	2.0	2.2	2.4	2.5
11(A)占空比/%							
14(B)占空比/%							
PWM 占空比/%							

（4）用示波器分别观测 A、B 和 PWM 信号的波形，记录其波形、频率和幅值，并填入表 5-3。

（5）用双踪示波器的两个探头同时观测 11 脚和 14 脚的输出波形，调节 PWM 脉宽调节电位器，观测两路输出的 PWM 信号，测出两路信号的相位差，并测出两路 PWM 信号之间最小的“死区”时间。

表 5-3　　波形、频率、幅值记录

观测点	A(11 脚)	B(14 脚)	PWM
波形类型			
幅值 A/V			
频率 f/Hz			

（二）直流斩波电路实训方法

（1）根据直流斩波驱动电路的原理测试要求，在模块化电力电子实训装置上选取对应的模块。

（2）调试直流斩波电路的输入电源，经模块化电源中的三相自耦调压器输出的单相交流电经。

整流模块中的单相不可控整流电路得到。接通交流电源，观测 U_i 波形，记录其平均值（注：本装置限定直流输出最大值为 50V，输入交流电压的大小由调压器调节输出）。

（3）切断电源，根据前述主电路图，利用面板上的元器件连接好相应的斩波实训线路，并接上电阻负载，负载电流最大值限制在 200mA 以内。将控制与驱动电路的输出"V-G""V-E"分别接至 V 的 G 和 E 端。

（4）检查接线正确，尤其是电解电容的极性是否接反后，接通主电路和控制电路的电源。

（5）用示波器观测 PWM 信号的波形、U_{GE} 的电压波形、U_{CE} 的电压波形及输出电压 U_0 和二极管两端电压 U_D 的波形，注意各波形间的相位关系。

（6）调节 PWM 脉宽调节电位器改变 U_r，观测在不同占空比（D）时，记录 U_i、U_0 和 D 的数值于表 5-4 中，从而画出 $U_0=f(D)$ 的关系曲线。

表 5-4　　U_i、U_0、D 记录表

U_r/V	1.4	1.6	1.8	2.0	2.2	2.4	2.5
占空比 D/%							
U_i/V							
U_0/V							

五、实训报告

（1）分析图 5-28 中产生 PWM 信号的工作原理。

（2）整理各组实训数据绘制各直流斩波电路的 U_i/U_0-D 曲线，并作比较与分析。

（3）讨论并分析实训中出现的故障现象，作出书面分析。

六、注意事项

（1）在主电路通电后，不能用示波器的两个探头同时观测主电路元器件之间的波形，否则会造成短路。

（2）用示波器两探头同时观测两处波形时，要注意共地问题，否则会造成短路，在观测高压时应衰减 10 倍，在做直流斩波器测试实验时，最好使用一个探头。

知识拓展——全桥斩波可逆控制电路

一、全桥双极式斩波供电直流电力拖动

全桥式斩波也称 H 型斩波电路，其电路如图 5-29 所示。在电路中，若 VT_1、VT_3 导通，则有电流自电路 A 点经电动机流向 B 点，电动机正转；在 VT_2、VT_4 导通时，则有电流自 B 点经电动机流向 A 点，电动机反转。

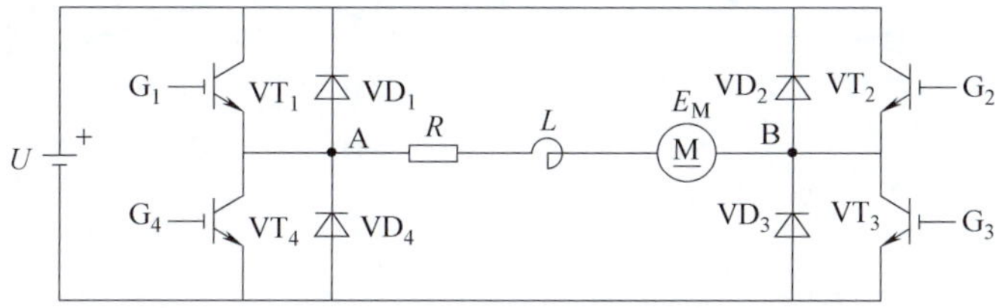

图 5-29 全桥式斩波电路

双极式可逆斩波的控制方式是：VT_1、VT_3 和 VT_2、VT_4 成对做 PWM 控制，并且 VT_1、VT_3 和 VT_2、VT_4 的驱动脉冲工作在互补状态，即在 VT_1、VT_3 导通时，VT_2、VT_4 关断，在 VT_2、VT_4 导通时，VT_1、VT_3 关断，VT_1、VT_3 和 VT_2、VT_4 交替导通和关断。双极式斩波控制有正转和反转两种工作状态、四种工作模式，对应的电压电流波形，如图 5-30 所示。

模式 1 如图 5-30（a）所示，t_1 时 VT_1、VT_3 同时驱动导通，VT_2、VT_4 关断，电流 i_{d1} 的路径是 $U+ \to VT_1 \to R \to L \to E_M \to VT_3 \to U-$，$L$ 电流上升，e_L 和 E_M 极性，如图 5-31 所示。

模式 2 如图 5-30（a）所示，在 t_2 时 VT_1、VT_3 关断，VT_2、VT_4 驱动，因为电感电流不能立即为 0，这时电流 i_{d2} 的通路是 $U_- \to VD_4 \to R \to L \to E_M \to VD_2 \to U_+$，$L$ 电流下降。因为电感经 VD_2、VD_4 续流，短接了 VT_2 和 VT_4，VT_2 和 VT_4 虽然已经被触发，但是并不能导通，e_L 和 E_M 极性如图 5-32 所示。

在模式 1 和模式 2 时，电流的方向是从 $A \to B$，电动机正转，设 VT_1、VT_3 导通时间为 T_{on}，关断时间为 T_{off}，在 VT_1 导通时 A 点电压为 $+U_s$，VT_3 导通时 B 点电压为 $-U_s$，因此 AB 间电压为：

$$U_d=\frac{T_{ON}}{T_s}U-\frac{T_{OFF}}{T_s}U=\left(\frac{2T_{ON}}{T_s}-1\right)U=DU$$

式中导通比 $D=\frac{2T_{ON}}{T_s}-1$

在 $T_{ON}=T_s$ 时，$D=1$；在 $T_{ON}=0$ 时，$D=-1$，导通比的调节范围为 $-1 \leqslant D \leqslant 1$。在 $0<D\leqslant 1$ 时，$U_d>0$ 电动机正转，电压电流波形如图 5-30（a）所示。

模式 3 如图 5-33 所示，如果 $-1\leqslant D\leqslant 1$，$U_d<0$，即 AB 间电压反向，在 VT_2、VT_4 被驱动导通后，电流 i_{d3} 的流向是 $U_+ \to VT_2 \to E_M \to L \to R \to VT_4 \to U_-$，$L$ 电流反向上升，e_L 和 E_M 极性如图 5-33 所示，电动机反转。

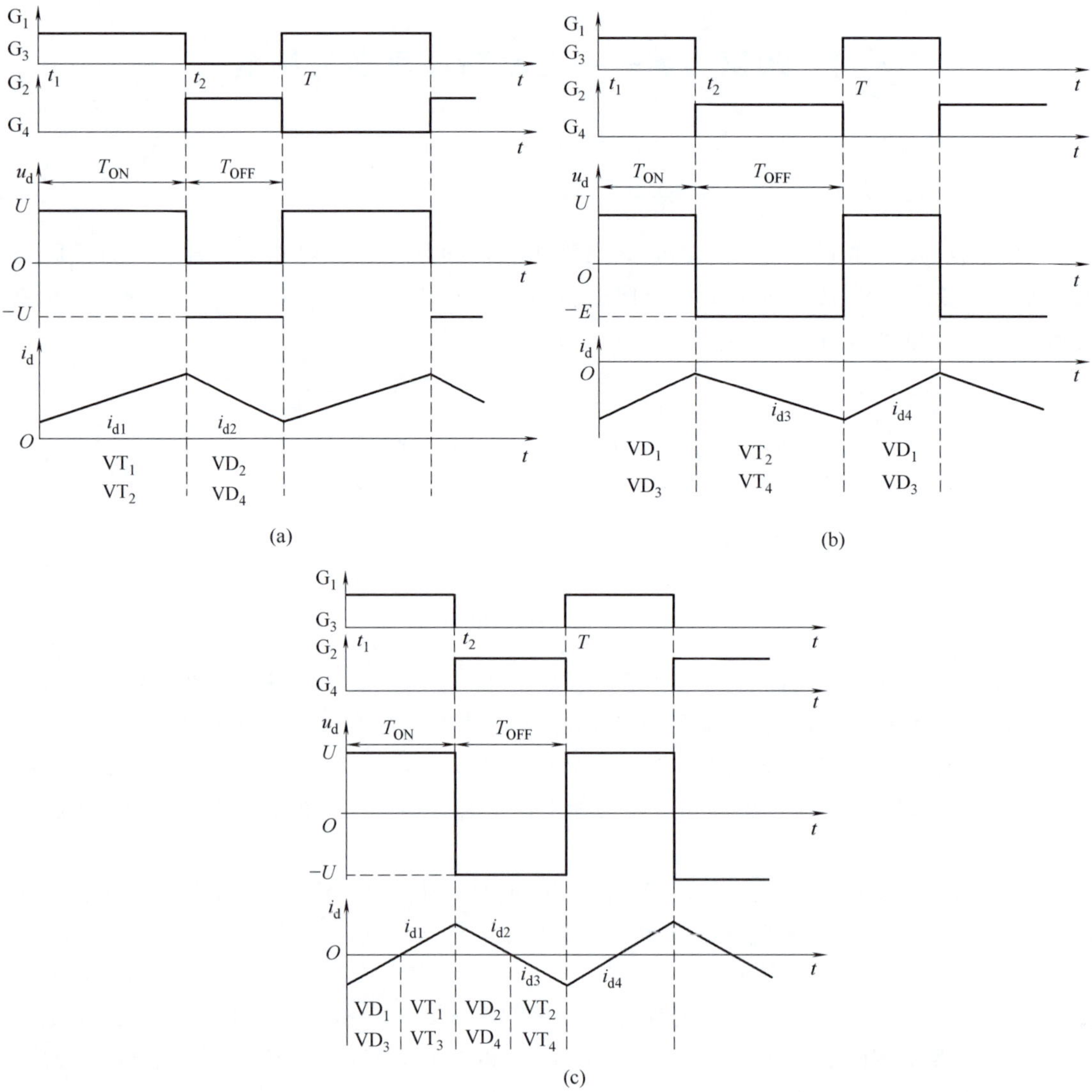

图 5-30　电动机正反转控制波形

（a）正向电路　（b）反向电路　（c）零电流

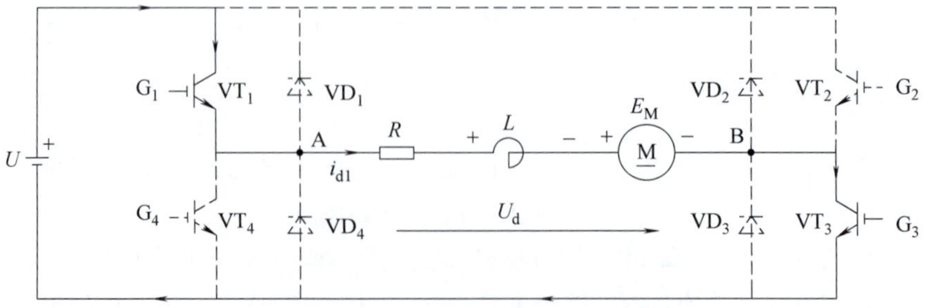

图 5-31　模式 1（双极式斩波电路工作）

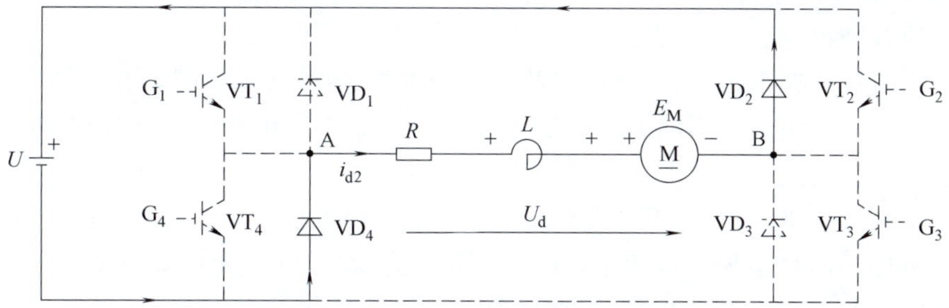

图 5-32　模式 2（双极式斩波电路工作）

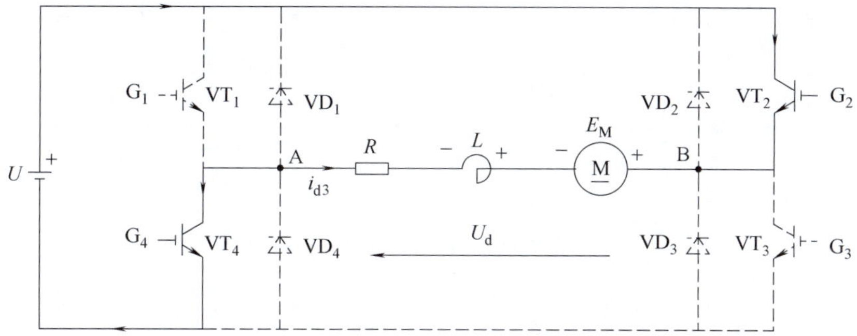

图 5-33　模式 3（双极式斩波电路工作）

模式 4 如图 5-34 所示，在电机反转状态，如果 VT_2、VT_4 关断。L 电流要经 VD_1、VD_3 续流，i_{d4} 的流向是 $U_- \to VD_3 \to E_M \to L \to R \to VD_1 \to U_+$，$L$ 电流反向下降。

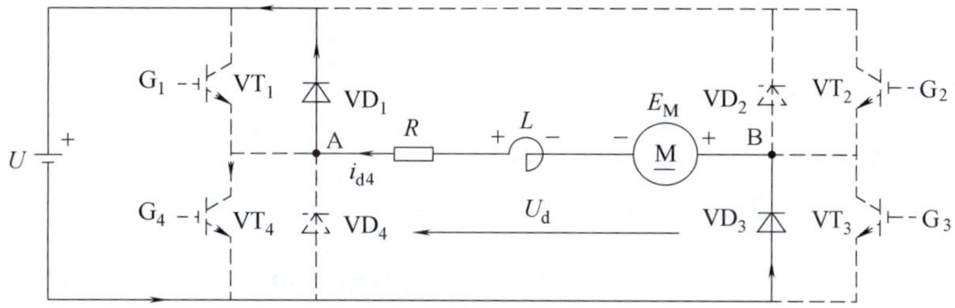

图 5-34　模式 4（双极式斩波电路工作）

模式 3 和模式 4 是电动机反转情况。如果 D 从 $1 \to -1$ 逐步变化，则电动机电流 i_d 从正逐步变到负，在这变化过程中电流始终是连续的，这是双极性斩波电路的特点。即使在 $D=0$ 时，$U_d=0$，电动机也不是完全静不动，而是在正反电流作用下微报，电路以 4 种模式交替工作，如图 5-30（c）所示。这种电动机的微振可以加快电动机的正反转响应速度，可以控制电动机的正反转，这也是半桥式直流斩渡电路优越的特点。

二、全桥单极式斩波供电直流电力拖动

单极式可逆斩波控制制是在图 5-29 中使 VT_1、VT_3 工作在互反的 PWM 状态，起调压作用，以 VT_2、VT_4 控制电动机的转向，在正转时 VT_3 门极始正信号，始终导通，

VT_2 门极给负信号，始终关断；反转时情况相反，VT_2 恒通，VT_3 恒关断，这就减小 VT_2、VT_3 的开关损耗和直通可能。

单极式斩波控制在正转 VT_1 导通时状态与图 5-31 的模式 1 相同，在反转 VT_4 导通时的工作状态和模式 3 相同。不同的是 VT_1 或 VT_4 关断时，电感 L 的续流回路与双极式斩波电路的模式 2 和模式 4 不同。

在正转 VT_1 关断时，因为 VT_3 恒通，电感 L 要经 $E_M \rightarrow VT_3 \rightarrow VD_4$ 形成回路，如图 5-35 所示，电感的能量消耗在电阻上，$U_d = U_{AB} = 0$。在 VD_4 续流时，尽管 VT_4 有驱动信号，但是被导通的 VD_4 短接，VT_4 不会导通。

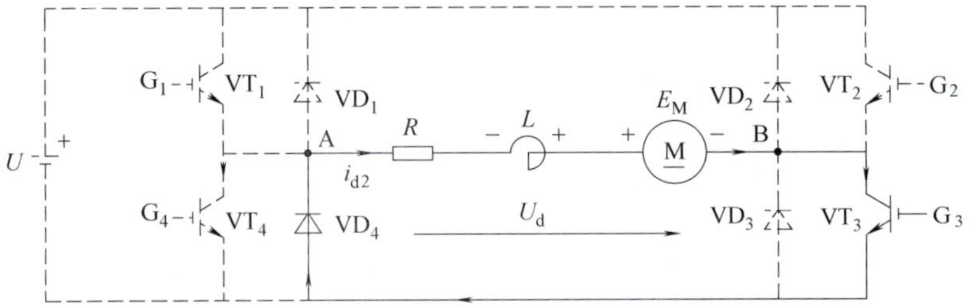

图 5-35　单极式可逆斩波控制正转时模式 1

但是，电感续流结束后（负载较小的情况），VD_4 截止，VT_4 就要导通，电动机反电动势 E_M 将通过 VT_4 和 VD_3 形成回路，如图 5-36 所示，电流反向，电动机处于能耗制动阶段，但仍有 $U_d = U_{AB} = 0$。

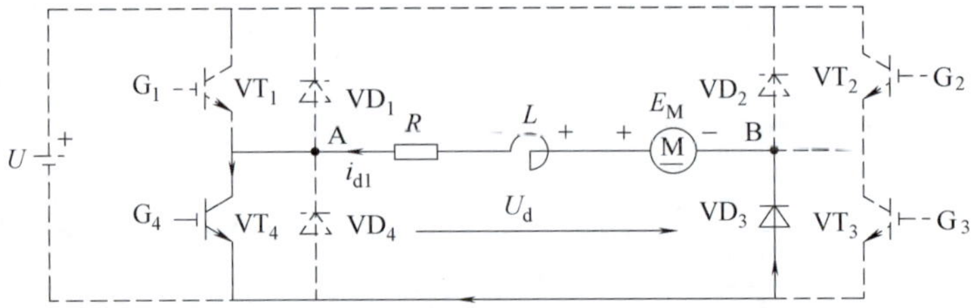

图 5-36　单极式可逆斩波控制正转时模式 2

在一个周期结束（即 $t = T$）时，VT_4 关断，电感 L 将经 $VD_1 \rightarrow U \rightarrow VD_3$ 放电，如图 5-37 所示，电动机处机处回馈制动状态，$U_d = U_{AB} = U$。

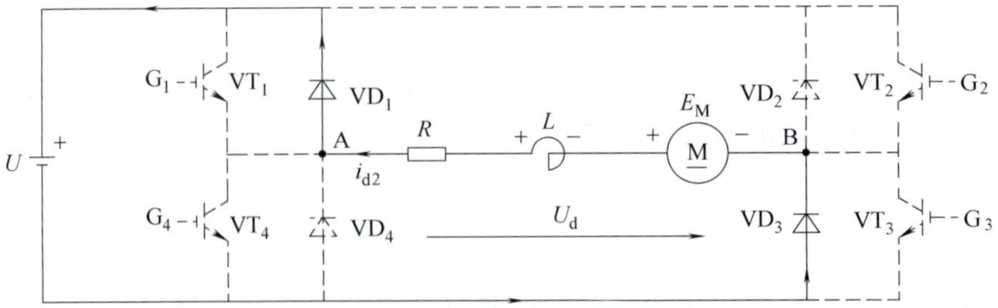

图 5-37　单极式可逆斩波控制正转时模式 3

不管何种情况，一个周期中负载电压 U_d 只有正半周，如图 5-35 所示，故称为单极式斩波控制。图 5-38 同时给出了负载较大和较小两种情况电流波形。

电动机反转时的情况与正转相似，图 5-33 的模式 4 也有类似的变化，读者可自行分析。因为单极式控制正转时 VT_3 恒通，反转时 VT_2 恒通，所以单极式可逆斩波控制的输出平均电压为：

$$U_d=\frac{T_{ON}}{T_s}U=DU$$

式中的导通比 $D=\dfrac{T_{ON}}{T_S}$

T_{ON} 在正转时是 VT_1 的导通时间，在反转时是 VT_4 的导通时间；且在正转时 U_d 为“+”，反转时 U_d 为“−”。

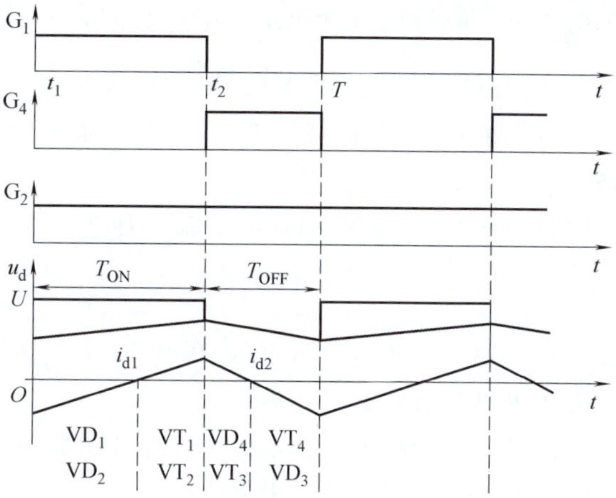

图 5-38　单极式斩波控制波形（正转）

项目小结

(1) 电力晶体管 GTR 又称为双极型功率晶体管，具有自关断能力，属于电流型控制自关断器件。电力晶体管存在二次击穿损坏问题。

(2) 功率场效应晶体管 MOSFET 又称为电力场效应晶体管，仅是由一种多数载流子参与导电，故也称为单极型电压控制器件。MOSFET 具有自关断能力，不存在二次击穿问题，工作频率可以达到 1MHz。

(3) 绝缘栅双极型晶体管 IGBT 具有输入阻抗高，工作速度快，通态电压低，阻断电压高，承受电流大，驱动功率小且驱动电路简单的特性。

(4) 脉冲宽度调制方式 PWM (Pulse Width Modulation)，保持 T_S 不变（开关频率不变），改变 T_{ON}，即改变输出脉冲电压的宽度调制输出电压 U_0。

(5) 脉冲频率调制方式 PFM (Pulse Frequency Modulation)，保持 T_{ON} 不变，改变开关频率 f 或周期 T_{ON} 调制输出电压 U_0。

(6) 直流升压斩波电路输出电压为：

$$U_d=\frac{U}{1-D}$$

(7) 当占空比 D 越接近于 1，U_d 越高，因为在 VT 关断期间，电容 C 在电源 U_S 和电感反电动势的共同作用下充电，$u_c=u_d=U+\left|L\dfrac{di_L}{dt}\right|$，因此负载侧电压 U_d 可以大于 U，电路起升压作用，并且 U_d 的大小与电感值和 VT 导通时间，以及电容和负载值都有关。

(8) 半桥式直流斩波电路在电动机电动工作时，工作原理和波形也与降压斩波电动机负载时相同，$U_d=DU$，调节占空比可以调节电动机转速。在制动时，与升压斩波器有相同结构，工作原理也与升压斩波电路相同，而且 $U_d=\frac{U}{1-D}$。

（9）直流降压-升压斩波电路（Buck-Boost Chopper）的特点是：输出电压可以低于电源电压，也可以高于电源电压，是将降压斩波和升压斩波电路结合的一种直流变换电路。

（10）Buck-Boost 电路输出直流电压为：

$$U_d=\frac{D}{1-D}U$$

当 $0\leqslant D\leqslant 0.5$ 时，$U_d<U$，在 $0.5\leqslant D<1$ 时，$U_d>U$，因此调节占空比 D，电路既可以降压也可以升压。

（11）Cuk 电路的特点是输入和输出端都串联了电感，减小了输入和输出电流的脉动，可以改善电路产生的电磁干扰问题。

（12）Cuk 电路与 Buck-Boost 电路的降压和升压功能一样，但是 Cuk 斩波电路的电源和负载电流都是连续的，纹波很小，Cuk 斩波电路只是对开关管和二极管的耐压和电流要求较高。

（13）双极式可逆新波的控制方式是：VT_1、VT_3 和 VT_2、VT_4 成对作 PWM 控制，并且 VT_1、VT_3 和 VT_2、VT_4 的驱动脉冲工作在互补状态，即在 VT_1、VT_3 导通时，VT_2、VT_4 关断；在 VT_2、VT_4 导通时，VT_1、VT_3 关断，VT_1、VT_3 和 VT_2、VT_4 交替导通和关断。

（14）单极式可逆斩波通制是让 VT_1、VT_3 工作在互反的 PWM 状态，起调压作用，以 VT_2、VT_4 控制电动机的转向。在正转时 VT_3 极给正信号，始终导通，VT_2 门极给负信号，始终关断，反转时情况相反，VT_2 恒通，VT_3 恒关断，这就减小了 VT_2、VT_3 的开关损耗和直通可能。

项目测试

一、选择题

1. 功率场效应管 MOSFET 是（　　）控制型器件。

A. 电流　　B. 电压　　C. 电阻　　D. 不可控

2. 绝缘栅双极晶体管 IGBT 是（　　）。

A. 电压　　B. 电流　　C. 电阻　　D. 不可控

3. 功率晶体管 GTR 是（　　）控制型器件。

A. 单极性　　B. 双极性　　C. 电流型　　D. 不可控

4. 直流升压斩波电路中占空比 D 越接近于 1（　　）。

A. U_d 越高　　B. U_d 越低　　C. 与 U_d 值无关　　D. U_d 值不变

5. 直流升压斩波电路 U_d 的大小与（　　）值有关。

A. 频率 f　　B. 占空比 D　　C. 周期 T　　D. 初相位

6. Cuk 电路当（ ）时，$U_d<U_s$ 电路可以降压。

A. $0\leqslant D\leqslant 0.5$ B. $0.5\leqslant D<1$ C. $1\leqslant D$ D. $1\leqslant D\leqslant 2$

二、判断题

1. 工作温度升高，会导致 GTR 的寿命减短。（ ）
2. 实际使用电力晶体管时，必须要有电压电流缓冲保护措施。（ ）
3. 直流斩波电路中功率 MOSFET 工作在饱和区。（ ）
4. 功率 MOSFET 开关频率越高，所需要的驱动功率越大。（ ）
5. Buck-Boost 电路在 $0.5\leqslant D<1$ 时，$U_d>U_s$，电路可以升压。（ ）
6. Cuk 电路的特点是输入和输出端都串联了电容，减小了输入和输出电流的脉动，可以改善电路产生的电磁干扰。（ ）

三、思考题

1. 电力晶体管 GTR 和小信号有何区别？
2. 试说明 GTR、GTO、MOSFET 和 IGBT 各自的优缺点，它们的应用场合有何不同？
3. 什么是直流斩波器？它有哪些方面的应用？
4. 正激电路的工作过程中为什么需要磁芯复位？
5. 直流斩波器有哪几种控制方式？常采用的是哪种控制方式？
6. 试说明直流斩波器在电力传动中的应用。
7. 简述反激电路的工作原理。
8. 用全控型电力电子器件组成的斩波器比普通晶闸管组成的斩波器有哪些优点？

项目六

新能源汽车变频器

【项目描述】

汽车变频器（Variable-frequency Drive，简称 VFD）是应用变频技术与微电子技术，通过改变电机工作电源频率方式来控制交流电动机的电力控制设备。变频器主要由整流（交流变直流）、滤波、逆变（直流变交流）、制动单元、驱动单元、检测单元微处理单元等组成。变频器靠内部 IGBT 的开断来调整输出电源的电压和频率，根据电机的实际需要来提供其所需要的电源电压，进而达到节能、调速的目的，另外，变频器还有很多的保护功能，如过流、过压、过载保护等，如图 6-1 所示。

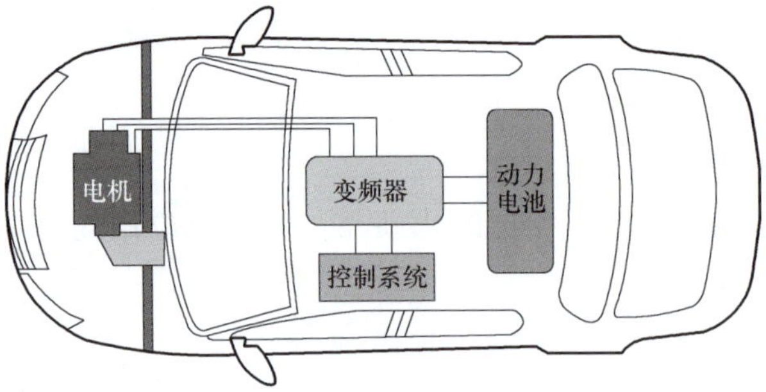

图 6-1　新能源汽车变频器

【项目分析】

电动车中 HEV 混合动力和 EV 纯电动车辆使用的电机型号和规格不一样，混合动力车型的电机安装在变速器内部，动力的输出是由发动机和驱动电机交替改变动力输出行驶，而 EV 车辆一直都是使用电机驱动行驶。EV 车辆的逆变器经过 CAN 的转矩指令值，通过电流反馈值来控制电机运转。纯电动汽车上的逆变器位于电机控制器（MCU 内），除了逆变器外，还有控制器一起组合在 MCU 内，MCU 是整个动力系统的控制中心。控制器是接受驱动电机的需求信号，当车辆制动或者加速时，控制器控制变频器的频率升降使汽车行驶。其中逆变主电路的组成及控制电路的组成与控制方式是怎样的？逆变电路时如何工作的等问题将在本项目中具体来学习，现在还有很多变频器在整流回路用到 PWM 整流，因此，本项目也将简要介绍 PWM 整流电路。

任务一　新能源汽车变频器电路分析

教学课件

新能源汽车变频器电路分析

一、学习目标

（1）了解掌握通用变频器的结构。

（2）掌握变频器主电路的工作原理。

（3）会检测单相正弦波脉宽调制（SPWM）逆变电路。

（4）会正确使用维修工具、仪器、仪表，具备一定的技术数据分析能力。

（5）会按照实训操作流程，制订检测计划、流程并实施。

（6）通过单相正弦波脉宽调制（SPWM）逆变电路检测，培养学生厚德至诚、创新致远的工匠精神和吃苦耐劳的劳动素养，培养学生职业道德和树立职业理想。

二、相关知识

（一）变频器的基本原理

• 变频器组成原理

（1）变频器的基本结构。通用变频器通常由主电路、控制电路和保护电路组成。其基本结构和各部分的基本功能，如图 6-2 所示。

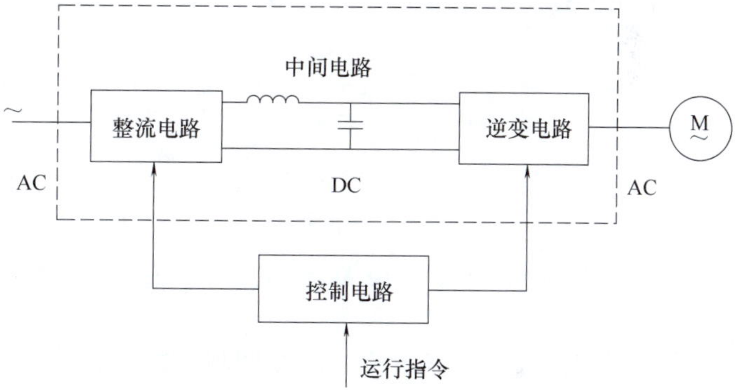

图 6-2　变频器基本结构

整流电路：对外部的工频交流电源进行整流，给逆变电路和控制电路提供所需的直流电源。

中间电路：对整流电路的输出进行平滑滤波，以保证逆变电路和控制电路能够获得质量较高的直流电源。

逆变电路：将中间环节输出的直流电源转换为频率和电压都任意可调的交流电源。

控制电路：包括主控制电路、信号检测电路、基极驱动电路、外部接口电路以及保护电路。

（2）变频器主电路工作原理。目前已被广泛地应用在交流电动机变频调速中的变频器是交-直-交变频器，它是先将恒压恒频（CVCF：Constant Voltage Constant Frequecy）的交流电通过整流器变成直流电，再经过逆变器将直流电变换成可控交流电的间接型变频电路。

在交流电动机的变频调速控制中，为了保持额定磁通基本不变，在调节定子频率的同时必须同时改变定子的电压。因此，必须配备变压变频（VVVF：Variable Voltage Variable Frequency）装置。它的核心部分就是变频电路，其结构框图如图 6-3 所示。

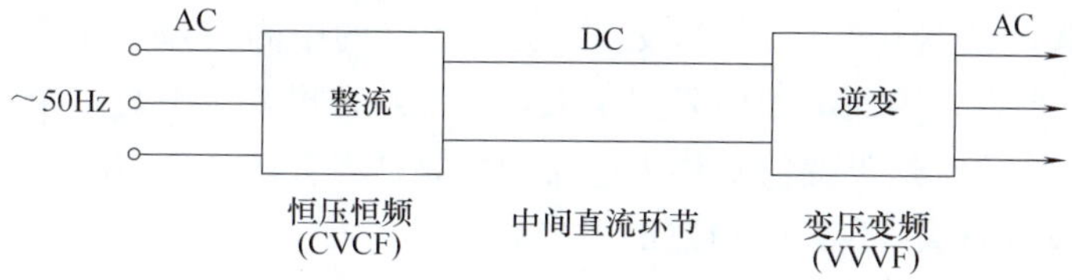

图 6-3　VVVF 变频器主电路结构框图

按照不同的控制方式，交-直-交变频器可分成以下 3 种方式：

① 采用可控整流器调压、逆变器调频的控制方式，其结构框图如图 6-4 所示。在这种装置中，调压和调频在两个环节上分别进行，在控制电路上协调配合，结构简单，控制方便。但是，由于输入环节采用晶闸管可控整流器，当电压调得较低时，电网端功率因数较低。而输出环节多用由晶闸管组成多拍逆变器，每周换相六次，输出的谐波较大，因此这类控制方式现在用的较少。

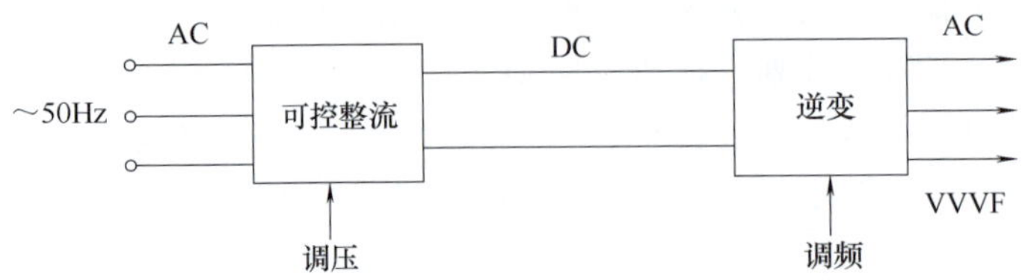

图 6-4　可控整流器调压、逆变器结构框图

② 采用不控整流器整流、斩波器调压、再用逆变器调频的控制方式，其结构框图如图 6-5 所示。整流环节采用二极管不控整流器，只整流不调压，再单独设置斩波器，用脉宽调压，这种方法克服功率因数较低的缺点；但输出逆变环节未变，仍有谐波较大的缺点。

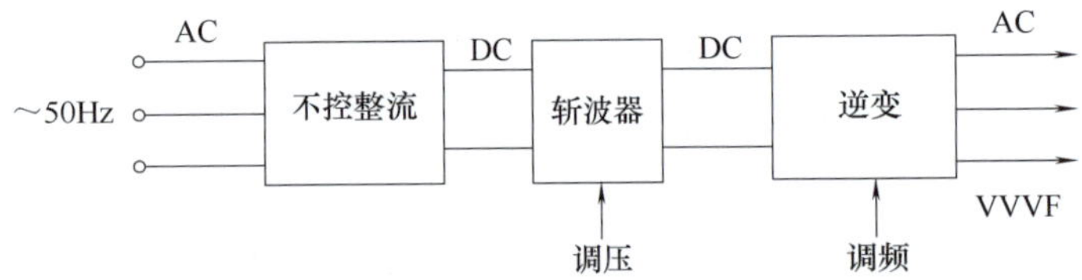

图 6-5　不控整流器整流、斩波器调压、再用逆变器结构框图

③ 采用不控制整流器整流、脉宽调制（PWM）逆变器同时调压调频的控制方式，其结构框图，如图 6-6 所示。在这类装置中，用不控整流，则输入功率因数不变；用（PWM）逆变，则输出谐波可以减小。这样图 6-6 装置的两个缺点都消除了。PWM 逆变器需要全控型电力半导体器件，其输出谐波减少的程度取决于 PWM 的开关频率，而开关频率则受器件开关时间的限制。采用绝缘双极型晶体管 IGBT 时，开关频率可达 10kHz 以上，输出波形已经非常逼近正弦波，因而又称为 SPWM 逆变器，成为当前有发展前途的一种装置形式。

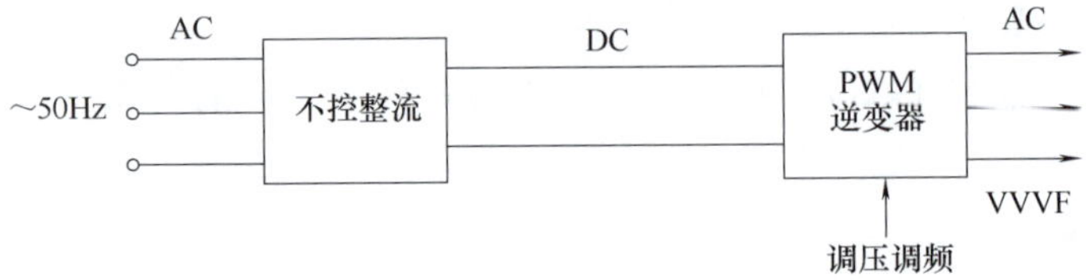

图 6-6　不控制整流器整流、脉宽调制（PWM）逆变器结构框图

在交-直-交变频器中，当中间直流环节采用大电容滤波时，直流电压波形比较平直，在理想情况下是一个内阻抗为零的恒压源，输出交流电压是矩形波或阶梯波，这类变频器称为电压型变频器，见图 6-7（a），当交-直-交变频器的中间直流环节采用大电感滤波时，直流电流波形比较平直，因而电源内阻抗很大，对负载来说基本上是一个电流源，输出交流电流是矩形波或阶梯波，这类变频器称为电流型变频器，如图 6-7（b）所示。

（二）几种典型的交-直-交变频器的主电路

1. 交-直-交电压型变频电路

图 6-8 是一种常用的交-直-交电压型 PWM 变频电路。它采用二极管构成整流器，完

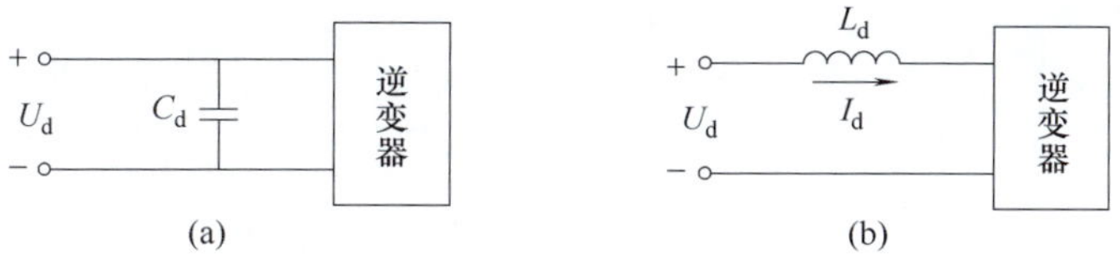

图 6-7 变频器结构框图

（a）电压型变频器 （b）电流型变频器

成交流到直流的变换，其输出直流电压 U_d 是不可控的；中间直流环节用大电容 C 滤波；电力晶体管 $V_1 \sim V_6$ 构成 PWM 逆变器，完成直流到交流的变换，并能实现输出频率和电压的同时调节，$VD_1 \sim VD_6$ 是电压型逆变器所需的反馈二极管。

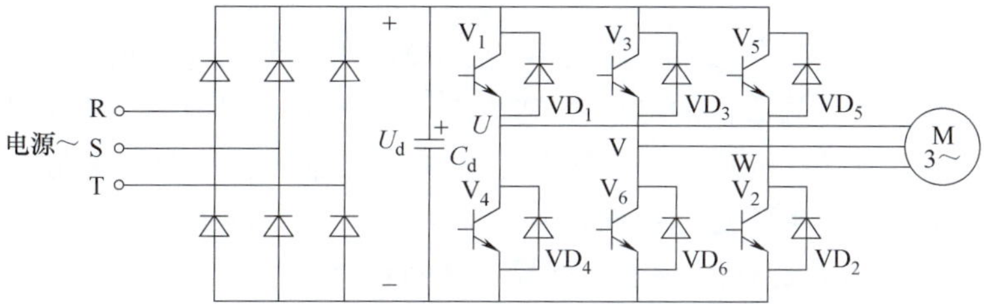

图 6-8 交-直-交电压型 PWM 变频电路

从图 6-8 中可以看出，出于整流电路输出的电压和电流极性都不能改变，因此该电路只能从交流电源向中间直流电路传输功率，进而再向交流电动机传输功率，而不能从直流中间电路向交流电源反馈能量。当负载电动机由电动状态转入制动运行时，电动机变为发电状态，其能量通过逆变电路中的反馈二极管流入直流中间电路，使直流电压升高而产生过电压，这种过电压称为泵升电压。为了限制泵升电压，如图 6-9 所示，可给直流侧电容并联一个由电力晶体管 V_0 和能耗电阻 R 组成的泵升电压限制电路。当泵升电压超过一定数值时，使 V_0 导通，能量消耗在 R 上。这种电路可运用于对制动时间有一定要求的调速系统中。

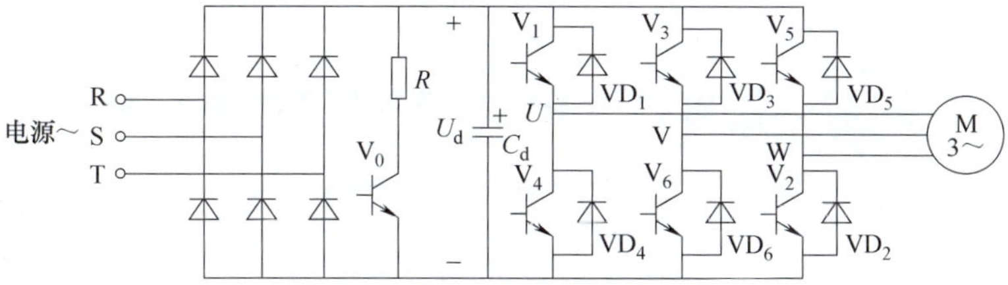

图 6-9 带有泵升电压限制电路的变频电路

2. 交-直-交电流型变频电路

图 6-10 给出了一种常用的交-直-交电流型变频电路。其中，整流器采用晶闸管构成的可控整流电路，完成交流到直流的变换，输出可控的直流电压 U，实现调压功能；中间直流环节用大电感 L 滤波；逆变器采用晶闸管构成的串联二极管式电流型逆变电路，完成直流到交流的变换，并实现输出频率的调节。

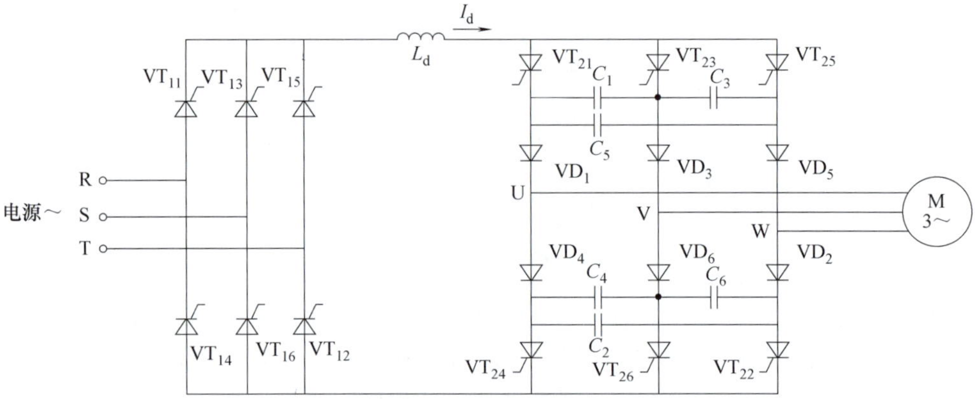

图 6-10　交-直-交电流型变频电路

图 6-11 给出了一种交-直-交电流型 PWM 变频电路，负载为三相异步电动机。逆变器为采用 GTO 作为功率开关器件的电流型 PWM 逆变电路，图中的 GTO 用的是反向导电型器件，因此，给每个 GTO 串联了二极管以承受反向电压。逆变电路输出端的电容 C 是为吸收 GTO 关断时所产生的过电压而设置的，它也可以对输出的 PWM 电流波形而起滤波作用。整流电路采用晶闸管而不是二极管，这样在负载电动机需要制动时，可以使整流部分工作在有源逆变状态，把电动机的机械能反馈给交流电网，从而实现快速制动。

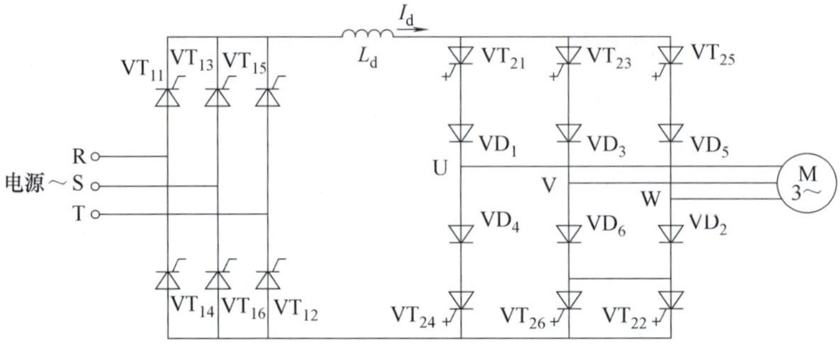

图 6-11　交-直-交电流型 PWM 变频电路

任务二　PWM 型整流电路分析

教学课件

PWM 型整流电路分析

一、学习目标

（1）了解 PWM 型整流电路的优势及应用领域。

（2）熟悉单相、三相电压型 PWM 整流器（VSR）拓扑结构。

（3）会正确使用维修工具、仪器、仪表，具备一定的技术数据分析能力。

（4）会按照实训操作流程，制定检测计划、流程并实施。

（5）通过单相正弦波脉宽调制（SPWM）逆变电路检测，培养学生厚德至诚、创新致远的工匠精神和吃苦耐劳的劳动素养，培养学生职业道德和树立职业理想。

二、相关知识

目前这些变流装置中的很大一部分都需要整流环节，从而获得直流电压，因为常规的整流环节多采用了二极管不控整流电路或晶闸管相控整流电路，所以对电网注入了大量的谐波和无功，造成了严重的电网“污染”。要想治理这种“污染”，最根本的措施就是使变流装置的网侧电流实现正弦化，并运行于单位功率因数。对此，大量学者为此展开了研究工作。其核心思想就是，在整流器的控制中引入 PWM 技术，使整流器网侧电流正弦化，并可运行于单位功率因数。

根据能量是否可以双向流动，有可逆 PWM 整流器和不可逆 PWM 整流器两种不同拓扑结构的 PWM 整流器。

因为 PWM 整流器实现了电流正弦化，并运行于单位功率因数，且能量可双向传输，所以真正实现了“绿色电能变换”。因为 PWM 整流器网侧呈现出受控电流源特性，所以这一特性使 PWM 整流器及其控制技术得到了进一步的发展和拓宽，并且取得了更为广泛和更为重要的应用，如有源电力滤波（APF）、超导储能（SMES）、电气传动（ED）、静止无功补偿（SVG）、统一潮流控制（UPFC）、高压直流输电（HVDC）、新型 UPS 以及太阳能、风能等可再生能源的并网发电等。

• PWM 整流电路的拓扑结构及原理

随着电力电子技术发展的研究与应用，PWM 整流技术得到广泛的发展和推广，至今已设计出多种 PWM 整流器。PWM 整流器的分类可以按照如图 6-12 所示。

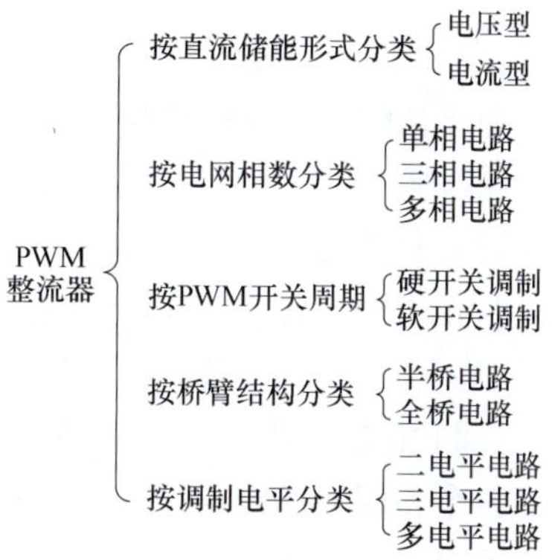

图 6-12　PWM 整流器分类图

由图 6-12 可知 PWM 整流器分类具有多种多样的性质，实际通过主电路结构和控制技术把 PWM 整流器基本分为电压型 PWM 整流器与电流型 PWM 整流器两种类型。不管是电压型整流器还是电流型整流器，其两种整流器的主电路结构都具有对偶性，主要区别在于电压型 PWM 整流器的结构简单、损耗较低、控制方便，所以一直是人们重点研究的对象，并且电压型的开关管是用场效应管（电压控制）。而电流型 PWM 整流器由于需要较大的直流储能电感，以及存在交流侧滤波问题，并且电流型的开关管是用双极型大功率三极（电流控制），所以它的发展受到了制约。随着技术的革新超导技术慢慢浮出水面，超导技术使得电流型 PWM 整流器有更大的优势，因为超导线圈可以直接作为直流储能电感，克服了电流型 PWM 整流器原有的不足。电压型 PWM 整流器的主要特征是直流侧采用电容进行直流储能，使电压型 PWM 整流器直流侧呈低阻抗的电压源特征；电流型 PWM 整流器的主要特征是直流侧采用电感进行直流储能，从而使电流型 PWM 整流器直流侧呈现高阻抗的电流源特征。

下面介绍几种常见的 VSR 电路拓扑结构。

1. 单相电压型 PWM 整流器（VSR）拓扑结构

图 6-13（a）为电压型 PWM 整流器单相半桥主电路，图 6-13（b）为全桥主电路。由

图 6-13 可知，两种 VSR 交流侧具有相同的电路结构。在图 6-13（a）中，单相半桥型 VSR 电路只有其中一个桥臂有功率开关管，而另一桥臂则是由两个电容相互串联而成的；在图 6-13（b）中，单相全桥型 VSR 电路中含有 4 个功率开关管的 H 桥结构。由图 6-13 可知，相对单相半桥型 VSR 而言，单相全桥型 VSR 的主电路拓扑结构较为复杂，且功率开关管数是单相半桥的两倍，故其造价成本相对高。通过不断深入探索可以得出，如若两种单相电压型 PWM 整流器在网侧电路参数具有一样的网侧电流控制特性，单相半桥电压型 PWM 整流器电路直流电压是单相全桥电压型 PWM 整流器电路直流电压的两倍，此时需提高单相全桥电压型 PWM 整流器电路的耐压值。如果对电容进行均压控制可以使单相半桥电压型 PWM 整流器电路中的电容中点电位不发生变化。

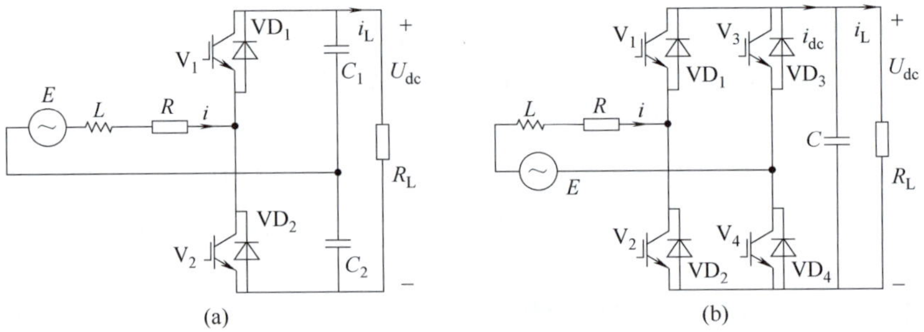

图 6-13　单相 VSR 电路结构

（a）半桥主电路　（b）全桥主电路

2. 三相 VSR 拓扑结构

图 6-14 为三相半桥电路拓扑结构。三相半桥 VSR 网侧采用的是三相对称无中线连接方式，并且通过 6 只功率开关管连接而成的桥臂，其结构上与三项逆变器的结构有些相似。三相半桥电路是三相电压型 PWM 整流器相关研究设计中的代表作品，所以其应用相对较多。三相半桥电压型 PWM 整流器适用于三相电网平衡系统，当三相电网不平衡的时候其控制性能将恶化，严重甚至可能发生故障。为了弥补三相半桥 VSR 的缺点，可以采用三相全桥设计方法，图 6-15 为三相全桥电路拓扑结构。所以当电网不平衡时，三相全桥并不会严重影响其控制性能，但因为三相全桥所需功率开管是三相半桥的一倍，所以三相全桥电路的应用较少采用。

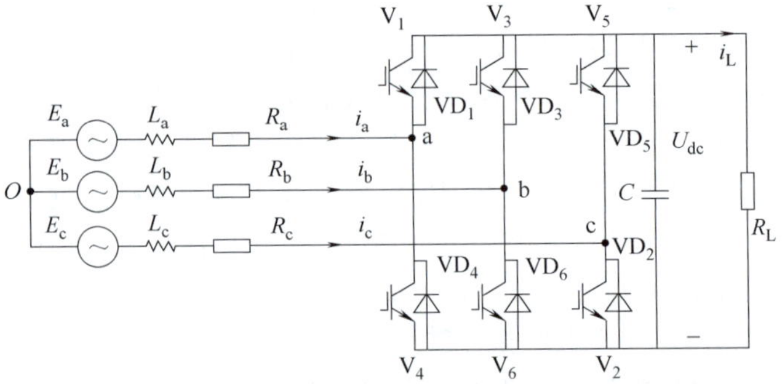

图 6-14　三相电压型 PWM 整流器半桥电路拓扑结构

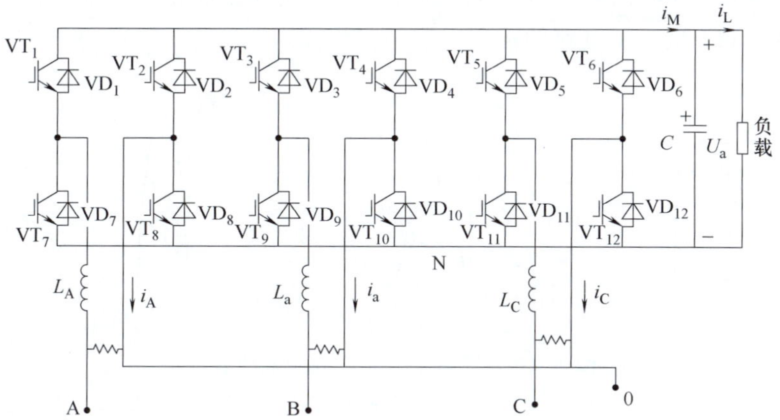

图 6-15　三相电压型 PWM 整流器全桥电路拓扑结构

任务三　脉宽调制（PWM）型逆变电路分析

教学课件

脉宽调制（PWM）型逆变电路分析

一、学习目标

（1）了解 PWM 控制的基本原理。

（2）熟悉 PWM 变频电路的拓扑结构及工作原理。

（3）熟悉 PWM 变频电路的调制控制方式。

（4）掌握 SPWM 波形的生成方法。

（5）会正确使用维修工具、仪器、仪表，具备一定的技术数据分析能力。

（6）会按照实训操作流程，制订检测计划、流程并实施。

（7）通过单相正弦波脉宽调制（SPWM）逆变电路检测，培养学生厚德至诚、创新致远的工匠精神和吃苦耐劳的劳动素养，培养学生职业道德和树立职业理想。

二、相关知识

（一）PWM 控制的基本原理

在采样控制理论中有一个重要结论：冲量（脉冲的面积）相等而形状不同窄脉冲，如图 6-16 所示，分别加在具有惯性环节的输入端，其输出响应波形基本相同，也就是说尽管脉冲形状不同，但只要脉冲在面积相等，其作用的效果基本相同。这就是 PWM 控制的重要理论依据。如图 6-17 所示，一个正弦半波完全可以用等幅不等宽的脉冲列来等效，但必须做到正弦半波所等分的 6 块阴影面积与相对应的 6 个脉冲列的阴影面积相等，其作用的效果就基本相同，对于正弦波的负半周，用同样方法可得到 PWM 波形来取代正弦负半波。

在 PWM 波形中，各脉冲的幅值是相等的，若要改变输出电压等效正弦波的幅值，只要按同一比例改变脉冲列中各脉冲的宽度即可。所以 U_d 直流电源采用不可控整流电路获得，不但使电路输入功率因数接近于 1，而且整个装置控制简单，可靠性高。以下主要分析单相和三相 PWM 型变频电路的控制方法与工作原理。

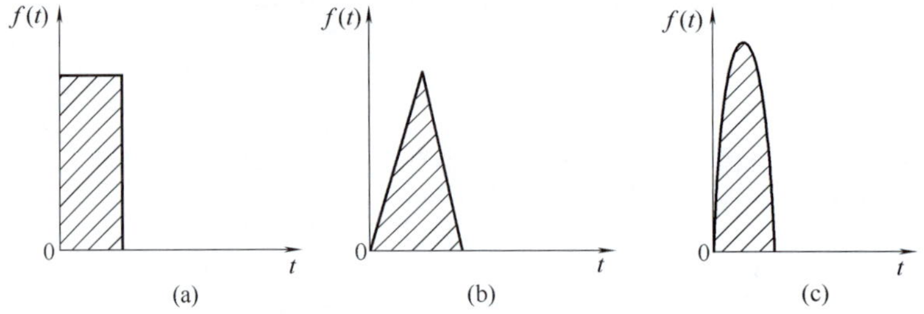

图 6-16　形状不同而冲量相同的各种窄脉冲

（a）矩形脉冲　（b）三角形脉冲　（c）正弦半波脉冲

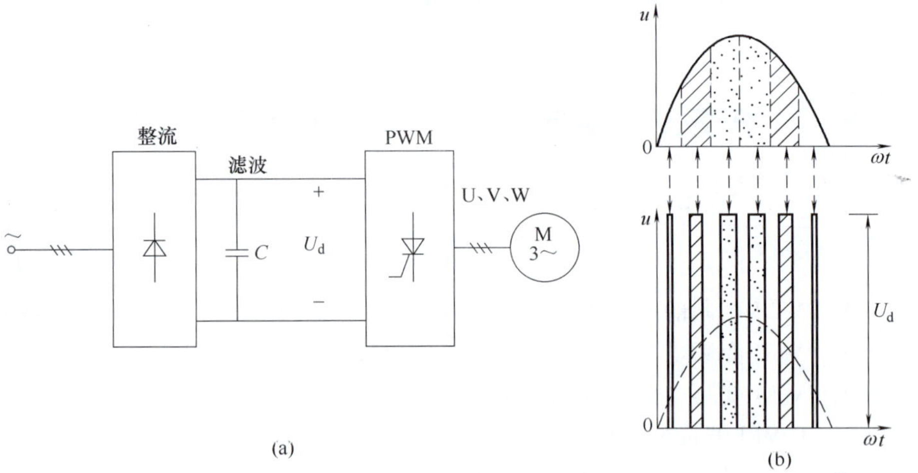

图 6-17　PWM 控制的基本原理示意图

（a）PWM 控制电路图　（b）波形图

1. 单相桥式 PWM 变频电路工作原理

电路如图 6-18 所示，采用 GTR 作为逆变电路的自关断开关器件。设负载为电感性，

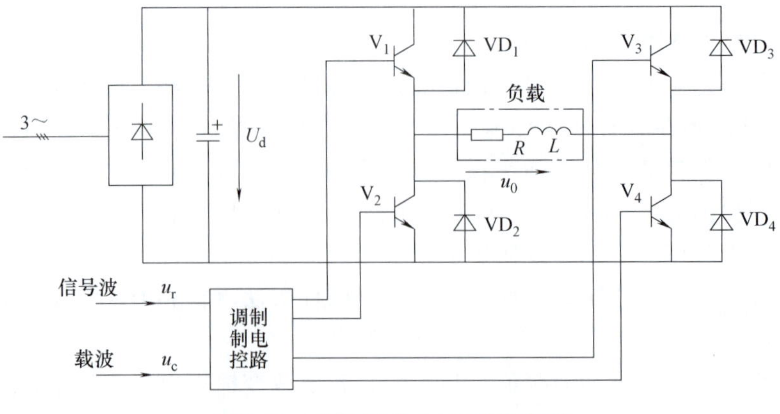

图 6-18　单相桥式 PWM 变频电路

控制方法可以有单极性与双极性两种。

(1) 单极性 PWM 控制方式工作原理。按照 PWM 控制的基本原理，如果给定了正弦波频率、幅值和半个周期内的脉冲个数，PWM 波形各脉冲的宽度和间隔就可以准确地计算出来。依据计算结果来控制逆变电路中各开关器件的通断，就可以得到所需要的 PWM 波形，但是这种计算很烦琐，较为实用的方法是采用调制控制，如图 6-19 所示，把所希望输出的正弦波作为调制信号 u_r，把接受调制的等腰三角形波作为载波信号 u_c。

对逆变桥 $V_1 \sim V_4$ 的控制方法是：

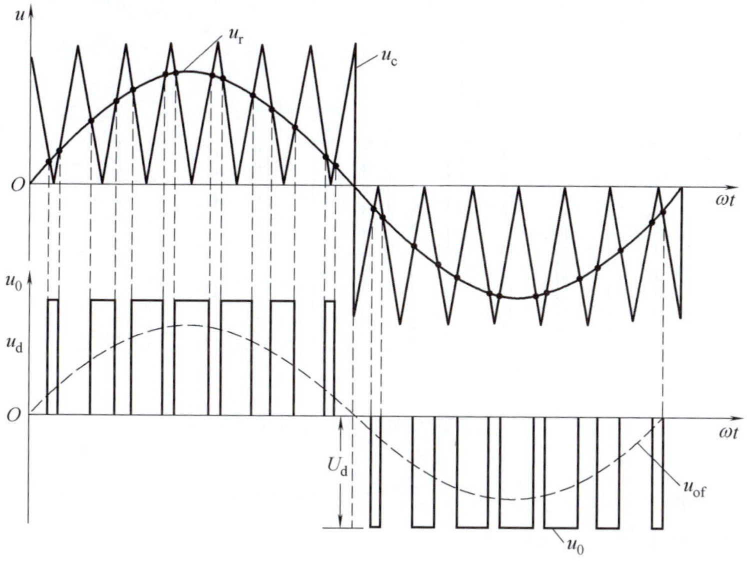

图 6-19 单极性 PWM 控制方式原理波形

① 当 u_r 正半周时，让 V_1 一直保持通态，V_2 保持断态。在 u_r 与 u_c 正极性三角波交点处控制 V_4 的通断，在 $u_r > u_c$ 各区间，控制 V_4 为通态，输出负载电压 $u_0 = U_d$。在 $u_r < u_c$ 和区间，控制 V_4 为断态，输出负载电压 $u_0 = 0$，此时负载电流可以经过 VD_3 与 V_1 续流。

② 当 u_r 负半周时，让 V_2 一直保持通态，V_1 保持断态。在 u_r 与 u_c 负极性三角波交点处控制 V_3 的通断。在 $u_r < u_c$ 各区间，控制 V_3 为通态，输出负载电压 $u_0 = -U_d$。在 $u_r > u_c$ 各区间，控制 V_3 为断态，输出负载电压 $u_0 = 0$，此时负载电流可以经过 VD_4 与 V_2 续流。

逆变电路输出的 u_0 为 PWM 波形，如图 6-19 所示，u_{of} 为 u_0 的基波分量。由于在这种控制方式中的 PWM 波形只能在一个方向变化，故称为单极性 PWM 控制方式。

(2) 双极性 PWM 控制方式工作原理。电路仍然是图 6-18，调制信号 u_r 仍然是正弦波，而载波信号 u_c 改为正负两个方向变化的等腰三角形波，如图 6-20 所示。

对逆变桥 $V_1 \sim V_4$ 的控制方法是：

① 在 u_r 正半周，当 $u_r > u_c$ 的各区间，给 V_1 和 V_4 导通信号，而给 V_2 和 V_3 关断信号，输出负载电压 $u_0 = U_d$。在 $u_r < u_c$ 的各区间，给 V_2 和 V_3 导通信号，而给 V_1 和 V_4 关断信号，输出负载电压 $u_0 = -U_d$。这样逆变电路输出的 u_0 为两个方向变化等幅不等宽的脉冲列。

② 在 u_r 负半周，当 $u_r < u_c$ 的各区间，给 V_2 和 V_3 导通信号，而给 V_1 和 V_4 关断信

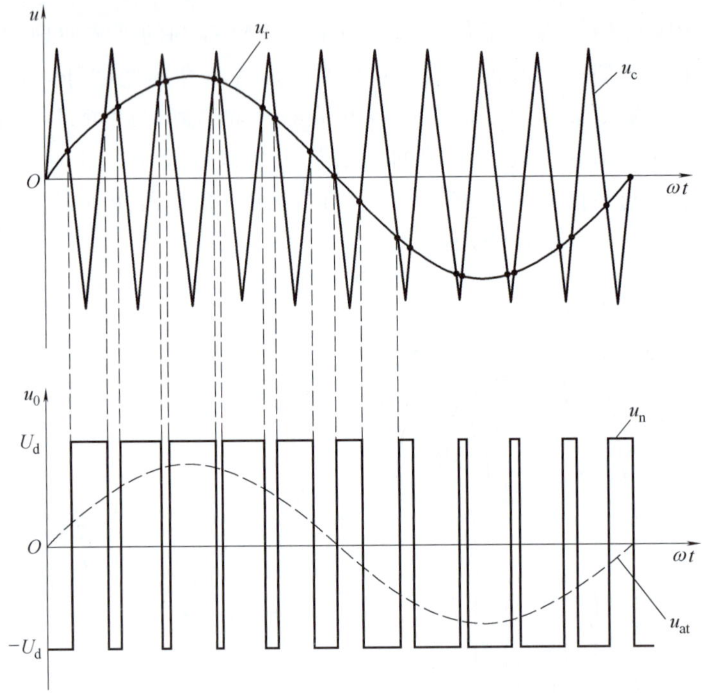

图 6-20　双极性 PWM 控制方式原理波形

号，输出负载电压 $u_0=-U_d$。当 $u_r>u_c$ 的各区间，给 V_1 和 V_4 导通信号，而给 V_2 与 V_3 关断信号，输出负载电压 $u_0=U_d$。

双极性 PWM 控制的输出 u_0 波形，如图 6-20 所示，它为两个方向变化等幅不等宽的脉列。这种控制方式特点是：同一平桥上下两个桥臂晶体管的驱动信号极性恰好相反，处于互补工作方式；电感性负载时，若 V_1 和 V_4 处于通态，给 V_1 和 V_4 以关断信号，则 V_1 和 V_4 立即关断，而给 V_2 和 V_3 以导通信号，由于电感性负载电流不能突变，电流减小感生的电动势使 V_2 和 V_3 不可能立即导通，而是二极管 VD_2 和 VD_3 导通续流，如果续流能维持到下一次 V_1 与 V_4 重新导通，负载电流方向始终没有变，V_2 和 V_3 始终未导通。只

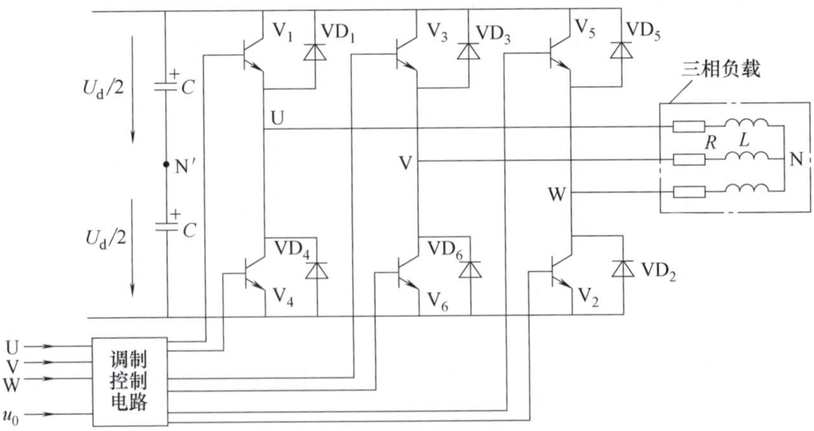

图 6-21　三相桥式 PWM 变频电路

有在负载电流较小无法连续续流情况下，在负载电流下降至零，VD_2 和 VD_3 续流完毕，V_2 和 V_3 导通，负载电流才反向流过负载。但是不论是 VD_2、VD_3 导通还是 V_2、V_3 导通，u_0 均为 $-U_d$。从 V_2、V_3 导通向 V_1、V_4 切换情况也类似。

2. 三相桥式 PWM 变频电路的工作原理

电路如图 6-21 所示，本电路采用 GTR 作为电压型三相桥式逆变电路的自关断开关器件，负载为电感性。从电路结构上看，三相桥式 PWM 变频电路只能选用双极性控制方式，其工作原理如图 6-22 所示。

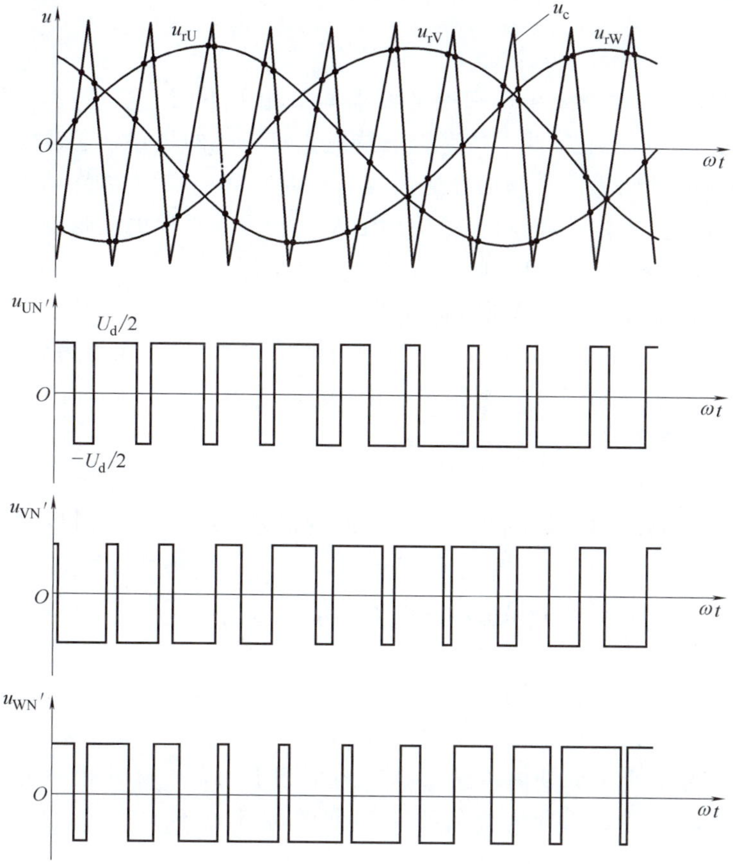

图 6-22　三相桥式 PWM 变频波形

三相调制信号 u_{rU}、u_{rV} 和 u_{rW} 为相位依次相差 120°的正弦波，而三相载波信号是共用一个正负方向变化的三角形波 u_c，如图 6-22 所示。U、V 和 W 相自关断开关器件的控制方法相同，现以 U 相为例：在 $u_{rU}>u_c$ 的各区间，给上桥臂电力晶体管 V_1 以导通驱动信号，而给下桥臂 V_4 以关断信号，于是 U 相输出电压相对直流电源 U_d 中性点 N′为 $u_{UN'}=U_d/2$。在 $u_{rU}<u_c$ 的各区间，给 V_1 以关断信号，V_4 为导通信号，输出电压 $u_{UN'}=-U_d/2$。图 6-23 所示的 $u_{UN'}$ 波型就是三相桥式 PWM 逆变电路，U 相输出的波形（相对 N′点）。

图 6-21 电路中 VD_1～VD_6 二极管是为电感性负载换流过程提供续流回路，其他两相的控制原理与 U 相相同。三相桥式 PWM 变频电路的三相输出的 PWM 波形分别为 $u_{UN'}$、$u_{VN'}$ 和 $u_{WN'}$，如图 6-23 所示。U、V 和 W 三相之间的线电压 PWM 波形以及输出三相

相对于负载中性点 N 的相电压 PWM 波形，读者可按下列计算式求得线电压如下：

$$\begin{cases}u_{UV}=u_{UN'}-u_{VN'}\\u_{VW}=u_{VN'}-u_{WN'}\\u_{WU}=u_{WN'}-u_{UN'}\end{cases}$$

相电压如下：

$$\begin{cases}u_{UN}=u_{UN'}-\dfrac{1}{3}(u_{UN'}+u_{VN'}+u_{WN'})\\u_{VN}=u_{VN'}-\dfrac{1}{3}(u_{UN'}+u_{VN'}+u_{WN'})\\u_{WN}=u_{WN'}-\dfrac{1}{3}(u_{UN'}+u_{VN'}+u_{WN'})\end{cases}$$

在双极性 PWM 控制方式中，理论上要求同一相上下两个桥臂的开关管驱动信号相反，但实际上，为了防止上下两个桥臂直通造成直流电源的短路，通常要求先施加关断信号，经过 Δt 的延时才给另一个施加导通信号。延时时间的长短主要由自关断功能率开关器件的关断时间决定。这个延时将会给输出 PWM 波形带来偏离正弦波的不利影响，所以在保证安全可靠换流前提下，延时时间应尽可能取小。

（二） PWM 变频电路的调制控制方式

在 PWM 变频电路中，载波频率 f_c 与调制信号频率 f_r 之比称为载波比 N，即 $N=f_c/f_r$。根据载波和调制信号波是否同步，PWM 逆变电路有异步调制和同步调制两种控制方式，现分别介绍如下。

1. 异步调制控制方式

当载波比 N 不是 3 的整数倍时，载波与调制信号波就存在不同步的调制，就是异步调制三相 PWM，如 $f_c=10f_r$，载波比 $N=10$，不是 3 的整数倍。在异步调制控制方式中，通常 f_c 固定不变，逆变输出电压频率的调节是通过改变 f_r 的大小来实现的，所以载波比 N 也随时跟着变化，就难以同步。

异步调制控制方式的特点是：

① 控制相对简单。

② 在调制信号的半个周期内，输出脉冲的个数不固定，脉冲相位也不固定，正负半周的脉冲不对称，而且半周期内前后 1/4 周期的脉冲也不对称，输出波形就偏离了正弦波。

③ 载波比 N 越大，半周期内调制的 PWM 波形脉冲数就越多，正负半周不对称和半周内前后 1/4 周期脉冲不对称的影响就越大，输出波形越接近正弦波。所以在采用异步调制控制方式时，要尽量提高载波频率 f_c，使不对称的影响尽量减小，输出波形接近正弦波。

2. 同步调制控制方式

在三相逆变电路中当载波比 N 为 3 的整数倍时，载波与调制信号波能同步调制。图 6-23 所示为 $N=9$ 时的同步调制控制的三相 PWM 变频波形。

在同步调制控制方式中，通常保持载波比 N 不变，若要增高逆变输出电压的频率，必须同时增高 f_c 与 f，且保持载波比 N 不变，保持同步调制不变。

同步调制控制方式的特点是：

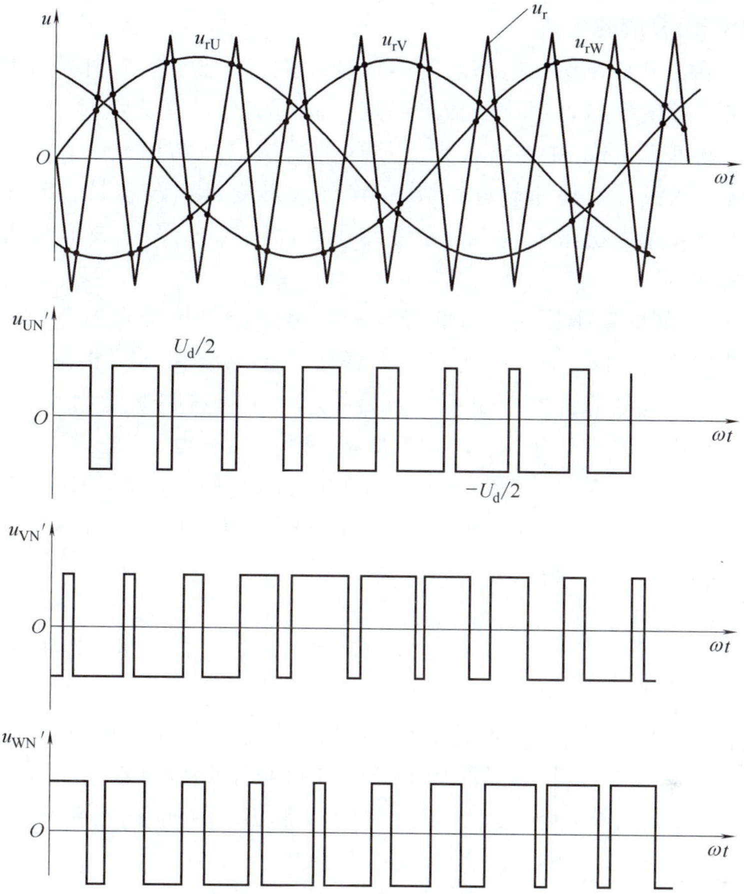

图 6-23 同步调制的三相 PWM 变频波形

① 控制相对较复杂，通常采用微机控制。

② 在调制信号的半个周期内，输出脉冲的个数是固定不变的，脉冲相位也是固定的。正负半周的脉冲对称，而且半个周期脉冲排列其左右也是对称的，输出波形等效于正弦。

但是，当逆变电路要求输出频率 f_0 很低时，由于半周期内输出脉冲的个数不变，所以由 PWM 调制而产生 f_0 附近的谐波频率也相应很低，这种低频谐波通常不易滤除，而对三相异步电动机造成不利影响，例如电动机噪声变大、震动加大等。

为了克服同步调制控制方式低频段的缺点，通常采用“分段同步调制”的方法，即把逆变电路的输出频率范围划分成若干个频率段，每个频率段内都保持载波比为恒定，而不同频率段所取的载波比不同：

① 在输出高频率段时，取较小的载波比，这样载波频率不致过高，能在功率开关器件所允许的频率范围内。

② 在输出频率为低频率段时，取较大的载波比，这样载波频率不致过低，谐波频率也较高且幅值也小，也易滤除，从而减小了对异步电动机的不利影响。

综上所述，同步调制方式效果比异步调制方式好，但同步调制控制方式较复杂，一般要用微机进行控制。也有的电路在输出低频率段时采用异步调制方式，而在输出高频率段时换成同步调制控制方式。这种综合调制控制方式，其效果与分段同步调制方式相接近。

（三） SPWM 波形的生成

按照前面介绍的 PWM 逆变电路的基本原理和控制方法，可以用模拟电路构成三角波载波和正弦调制波发生电路，用比较器来确定它们的交点，在交点时刻对功率开关器件的通断进行控制，就可以生成 SPWM 波形。但这种模拟电路结构复杂，难以实现精确地控制。微机控制技术的发展使得用软件生成 SPWM 波形变得比较容易，因此，目前 SPWM 波形的生成和控制多用微机来实现。这里介绍用软件生成 SPWM 波形的几种基本算法。

1. 自然采样法

按照 SPWM 控制的基本原理，在正弦波和三角波的自然交点时刻控制功率器件的通断，这种生成 SPWM 波形的方法称为自然采样法。正弦波在不同相位角时其值不同，因而与三角波相交所得到的脉冲宽度也不同。另外，当正弦波频率变化或幅值变化时，各脉冲的宽度也相应变化。要准确生成 SPWM 波形，就应准确地算出正弦波和三角波的交点。

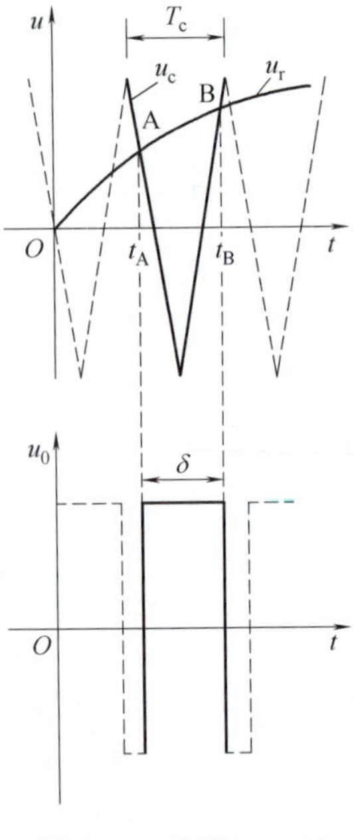

图 6-24　生产 SPWM 波形的自然采样法

图 6-24 给出了用自然采样法生产 SPWM 波形的方法。图 6-24 中取三角波的相邻两个峰值之间为一个周期，正弦调制波为：

$$u_r = a\sin\omega_r t$$

式中 a 为调制度，$0 \leqslant a < 1$；ω_r 为正弦调制信号的角频率。

从图 6-24 中可以看出，在三角波载波一个周期 T_c 内，其下降段和上升段各自与正弦调制波有一个交点，其焦点分别为 A 和 B。并设 A 和 B 所对应的时刻分别为 t_A 和 t_B。脉冲宽度 δ 可由下式求出：

$$\delta = t_A - t_B$$

2. 规则采样法

自然采样法是最基本的 SPWM 波形生成法，它以 SPWM 控制的基本原理为出发点，可以准确地计算出各功率开关器件的通断时刻，所得的波形很接近正弦波。但是这种方法计算量过大，因而在工程上实际使用并不多。规则采样法是一种应用较广泛的工程实用方法，它的效果接近自然采样法，但计算量比自然采样法小得多。

图 6-25 说明了采用锯齿波作为载波的规则采样法。由于锯齿波的一条边是垂直的，因而它和正弦调制波的交点时刻是确定的，所需计算的只是锯齿波斜边和正弦调制波的交点时刻，如图 6-25 中 t_A。这样，使计算量明显减小。

锯齿波是非对称的波形，用锯齿波作为载波时只控制脉冲的上升或下降时刻中的一个。这种调制方式称为单边调制，而用三角波作为载波信号时称为双边调制。单边调制比双边调制计算量小，这是优点；但其输出波形中含有偶次谐波，总的谐波分量也比双边调制时大，这是缺点。

实际应用较多的还是采用三角波作为载波的规则采样法。在自然采样法中，每个脉冲的中点并不和三角波中点（即负峰点）重合。规则采样法则使两者重合，即使每个脉冲的中点都以相应的三角波中点为对称，这样就使计算大为简化。图 6-26 为这种方法的示意图。如图 6-26 所示，在三角波的负峰时刻 t_D 对正弦调制波采样面得到 D 点，过 D 电作一水平直线和三角波分别交于 A 点和 B 点，在 A 点时刻 t_A 和 B 时刻 t_B 控制功率开关器件的通断。可以看出，用这种规则采样法所得到的脉冲宽度 δ 和用自然采样法所得到的脉冲宽度非常接近，所以此方法最为常用。

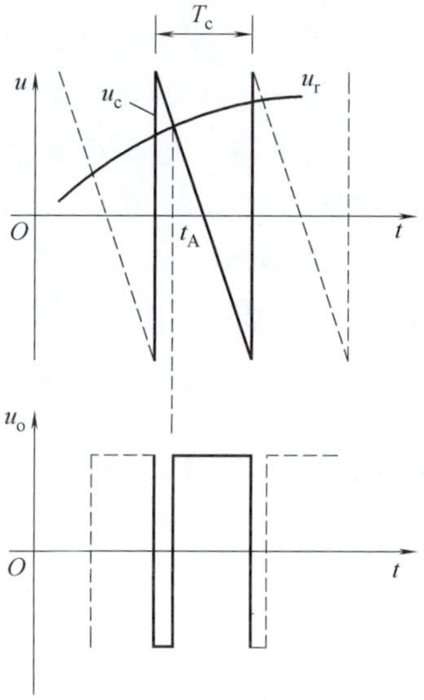

图 6-25　采用锯齿波的规则采样法

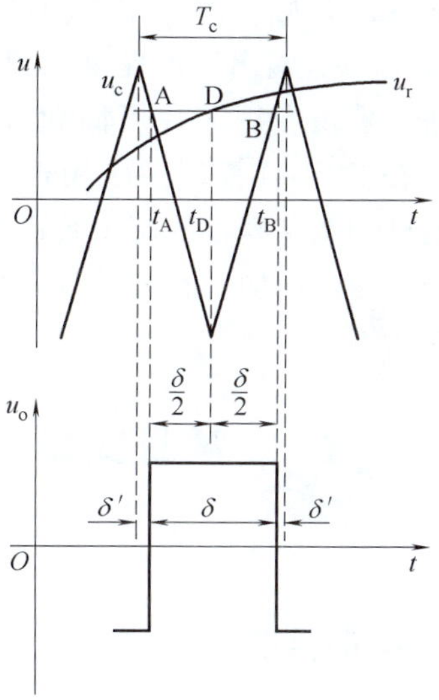

图 6-26　采用三角载波的规则采样法

3. 低次谐波消去法

以消去 PWM 波形中某些主要的低次谐波为目的，通过计算来确定各脉冲的时刻，这种方法称为低次谐波消去法。在这种方法中，已经不用载波和正弦调制波的比较，但其目的仍是使输出波形尽可能接近正弦波，因此也算是 SPWM 波形生成的一种方法。

上述各种 SPWM 生成方法均用于同步调制方式中，因为在异步调制方式中，信号波各周期内脉冲发生的时刻并不相同。在用微机控制生成 SPWM 波形时，通常有查表法和实时计算法两种方法。查表法是根据不同的开关时刻和频率先离线计算出各开关器件的通断时刻，把计算结果存于 EPROM 中，运行时查表读出所需要的数据进行实时控制。这种方法适用于计算量较大、在线计算困难的场合，但所需内存容量往往较大。实时计算法是不进行离线计算，而是运行时进行在线计算求得所需的数据。这种方法适用于计算量不大的场合。实际所用的方法往往是上述两种方法的结合。即先离线进行必要的计算存入内存，运行时再进行较为简单的在线计算。这样既可保证快速性，又不会占用大量的内存。

自然采样法计算量大，一般采用查表法。当调制频率和调制度变化范围较大，开关时刻和频率分级较细时，需要的内存容量较大。

规则采样法通常事先存入正弦函数表和不同载波频率的 $T_c/2$，运行时根据所要求的 T_c、开关时刻和频率等进行乘法和加法运算即可求出开关器件的通断时刻。这种方法的开关时刻和频率都可以是连续变化的。

低次谐波消去法计算复杂，也只能用查表法。当想要消去的谐波种类较多时，要控制的开关时刻的个数就要增加，需要存入的数据也就繁多。因此，可以输出频率较低时采用规则采样法，而在输出频率较高，半周期内脉冲数较少时采用低次谐波消去法。

除上述用微机生产 SPWM 波形外，专门用来产生 SPWM 波形大规模集成电路芯片也得到了较多的应用。较早推出的这类专用芯片是 HEF4752。这种芯片可以输出三对互补的 SPWM 信号来驱动三相桥式逆变电路，从而实现交流电机的变频调速。芯片的输入控制信号全为数字量，适合微机控制。

SLE4520 是另一种专用 SPWM 芯片，其开关频率和输出频率分别可达 20kHz 和 2.6kHz，有 3 个输出通道提供三相逆变桥 6 个 20mA 电流的驱动信号，可用来驱动 IGBT 逆变电路。采用专用芯片可简化硬件电路和软件设计，降低成本，提高可靠性。目前，DSP 芯片在 SPWM 控制中应用也广泛。例如 TI 公司的 TMS320LF240X 系列 DSP 是专为数字电机控制和其他控制系统而设计。它内部不但有高性能的 CPU 内核，配置有高速数字信号处理的结构，且有单片电机控制的外设。可用于控制功率开关转换器，可提供多电机的控制等。

项目实施　单相正弦波脉宽调制（SPWM）逆变电路安装与调试

一、实训目的

（1）熟悉单相交-直-交变频电路原理及电路组成。

（2）熟悉 ICL8038、M57962L 的功能。

（3）掌握 SPWM 波产生的机理。

（4）分析交直交变频电路在不同负载时的工作情况和波形，并研究工作频率对电路工作波形的影响。

（5）会正确使用维修工具、仪器、仪表，具备一定的技术数据分析能力。

（6）会按照实训操作流程，制定检测计划、流程并实施。

（7）通过单相正弦波脉宽调制（SPWM）逆变电路检测，培养学生厚德至诚、创新致远的工匠精神和吃苦耐劳的劳动素养，培养学生职业道德和树立职业理想。

二、仪器器材

模块化电力电子实训装置、数字示波器、万用表。

三、实训内容及原理

采用 SPWM 正弦波脉宽调制，通过改变调制频率，实现交-直-交变频的目的。实训电路由三部分组成：即主电路，驱动电路和控制电路。

（一）主电路

如图 6-27 所示，交-直流变换部分（AC/DC）为不可控整流电路；逆变部分（DC/AC）由四只 IGBT 管组成单相桥式逆变电路，采用双极性调制方式。输出经 LC 低通滤波器，滤除高次谐波，得到频率可调的正弦波（基波）交流输出。

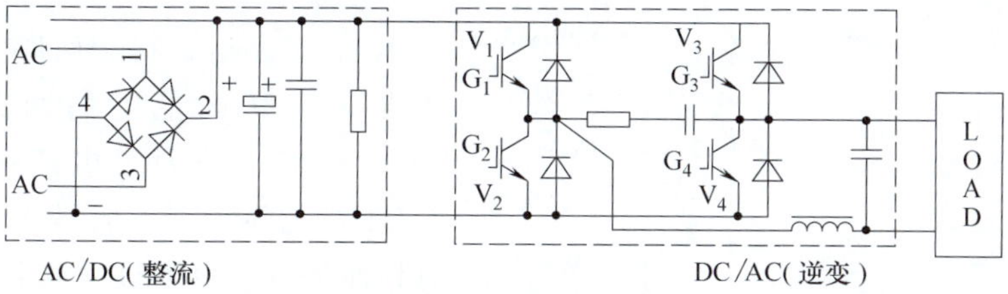

图 6-27　主电路结构原理图

所需负载为电阻性或电阻电感性负载，在满足一定条件下，可接电阻启动式单相鼠笼式异步电动机。

（二）驱动电路

如图 6-28（以其中一路为例）所示，采用 IGBT 管专用驱动芯片 M57962L，其输入端接控制电路产生的 SPWM 信号，其输出可用以直接驱动 IGBT 管。其特点如下：

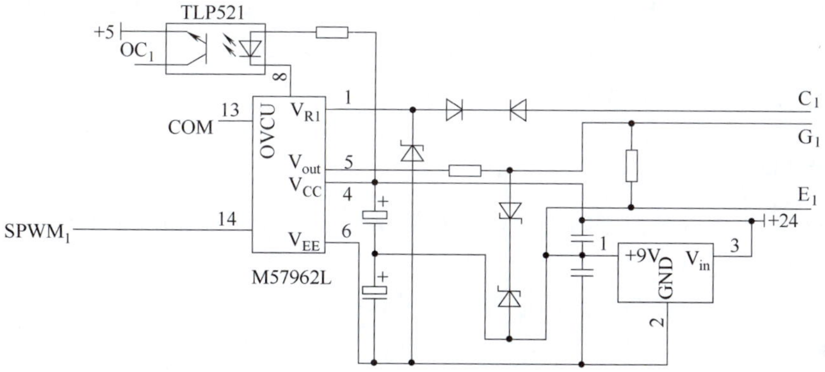

图 6-28　驱动电路原理图

（1）采用快速型的光藕实现电气隔离。

（2）具有过流保护功能，通过检测 IGBT 管的饱和压降来判断 IGBT 是否过流，过流时 IGBT 管 CE 结之间的饱和压降升到某一定值，使 8 脚输出低电平，在光藕 TLP521 的输出端 OC1 呈现高电平，经过流保护电路（图 6-29），使 4013 的输出 Q 端呈现低电平，送控制电路，起到了封锁保护作用。

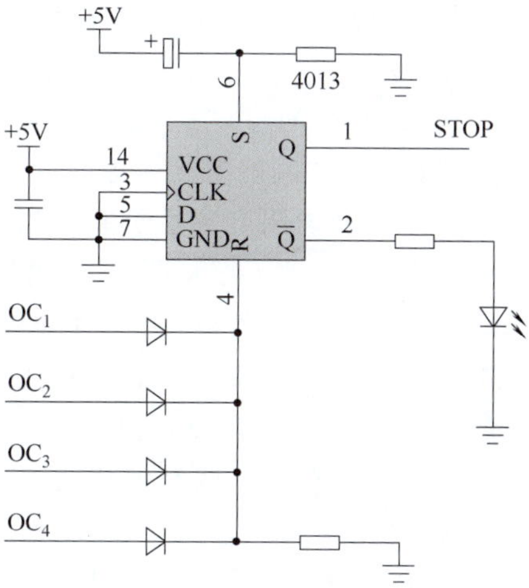

图 6-29　保护电路结构原理图

（三）控制电路

控制电路如图 6-30 所示，它是由两片集成函数信号发生器 ICL8038 为核心组成，其中一片 8038 产生正弦调制波 U_r，另一片用以产生三角载波 U_c，将此两路信号经比较电路 LM311 异步调制后，产生一系列等幅、不等宽的矩形波 U_m，即 SPWM 波。U_m 经反相器后，生成两路

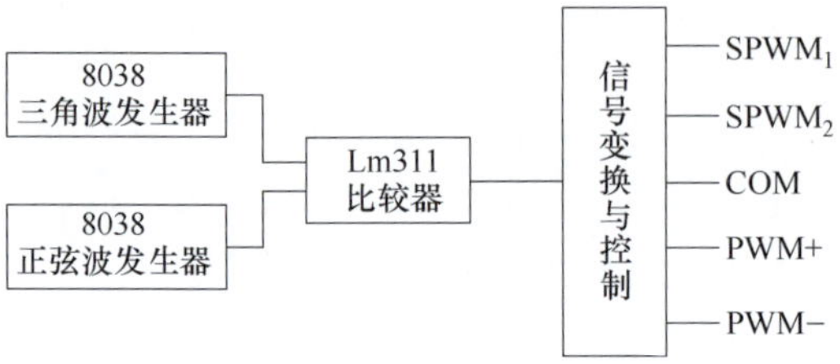

图 6-30　控制电路结构框图

相位相差 180°的±PWM 波，再经触发器 CD4528 延时后，得到两路相位相差 180°并带一定死区范围的两路 $SPWM_1$ 和 $SPWM_2$ 波，作为主电路中两对开关管 IGBT 的控制信号。各波形的观测点均已引到面板上，可通过示波器进行观测。

为了便于观察 SPWM 波，面板上设置了“测试”和“运行”选择开关，在“测试”状态下，三角载波 U_c 的频率为 180Hz 左右，此时可较清楚地观察到异步调制的 SPWM 波，通过示波器可比较清晰地观测 SPWM 波，但在此状态下不能带载运行，因载波比 N 太低，不利于设备的正常运行。在“运行”状态下，三角载波 U_c 频率为 10kHz 左右，因波形的宽窄快速变化致使无法用普通示波器观察到 SPWM 波形，通过带储存的数字示波器的存储功能也可较清晰地观测 SPWM 波形。

正弦调制波 U_r 频率的调节范围设定为 5～60Hz。控制电路还设置了过流保护接口端 STOP，当有过流信号时，STOP 呈低电平，经与门输出低电平，封锁了两路 SPWM 信号，使 IGBT 关断，起到保护作用。

四、实训方法

（1）根据三相桥式全控整流电路的原理测试要求，在模块化电力电子实训装置上选取对应的模块；

（2）根据选取的模块与对应的原理要求正确接线；

① 控制信号的观测。在主电路不接直流电源时，打开控制电源开关，并将 PAC22-1 挂箱左侧的钮子开关拨到“测试”位置。

a. 观察正弦调制波信号 U_r 的波形，测试其频率可调范围；

b. 观察三角载波 U_c 的波形，测试其频率；

c. 改变正弦调制波信号 U_r 的频率，再测量三角载波 U_c 的频率，判断是同步调制还是异步调制；

d. 比较“PWM+”“PWM−”和“$SPWM_1$”“$SPWM_2$”的区别，仔细观测同一相上下两管驱动信号之间的死区延迟时间。

② 带电阻及电阻电感性负载。当主电路接通电源时，将 PAC22-1 挂箱面板左侧的钮子开关拨到“运行”位置，将正弦调制波信号 U_r 的频率调到最小，选择负载种类：

a. 将输出接灯泡负载，然后将控制屏上的交流调压输出端接至 PAC09A“不控整流滤波电路”交流输入端，再把 PAC09A“不控整流滤波电路”直流输出端接至 PAC22-1 的直流电输入端口。启动电源后，通过调节调压器，使整流后输出直流电压保持为 200V。然后由小到大调节正弦调制波信号 U_r 的频率，观测负载电压的波形，记录其波形参数（幅值、频率）。

b. 将 PAC10 上的 100mH 电抗器与上步骤的灯泡负载串联，组成电阻电感性负载。然后将主电路接通由 PAC09A 提供的直流电源（通过调节交流侧的调压器，使输出直流电压保持为 200V），由小到大调节正弦调制波信号 U_r 的频率观测负载电压的波形，记录其波形参数（幅值、频率）。

③ 带电机负载（选做）。

主电路输出接 DJ21-1 电阻启动式单相交流异步电动机，启动前必须先将正弦调制波信号 U_r 的频率调至最小，然后将主电路接通由 PAC09 提供的直流电源，并由小到大调节交流侧的自耦调压器输出的电压，观察电机的转速变化，并逐步由小到大调节正弦调制波信号 U_r 的频率，用示波器观察负载电压的波形，并用转速表测量电机的转速的变化，并记录之。

五、实训报告

（1）整理并画出“测试”“运行”状态时各测试点的典型波形。

（2）对比、分析 SPWM 逆变电路在不同负载时的输出电压波形，并给出书面分析。

（3）讨论并分析实训中出现的故障现象，作出书面分析。

六、注意事项

（1）双踪示波器有两个探头，可同时测量两路信号，但这两探头的地线都与示波器的外壳相连，所以两个探头的地线不能同时接在同一电路的不同电位的两个点上，否则这两点会通过示波器外壳发生电气短路。为此，为了保证测量的顺利进行，可将其中一根探头的地线取下或外包绝缘，只使用其中一路的地线，这样从根本上解决了这个问题。当需要同时观察两个信号时，必须在被测电路上找到这两个信号的公共点，将探头的地线接于此处，探头各接至被测信号，只有这样才能在示波器上同时观察到两个信号，而不发生意外。

（2）在“测试”状态下，请勿带负载运行。

（3）面板上的“过流保护”指示灯亮，表明过流保护动作，此时应检查负载是否短路，若要继续实训，应先关机后，再重新开机。

（4）当作交流电机变频调速时，通常是与调压一起进行的，以保持 $V/F=$ 常数，本装置是采用手动调节输入的交流电压。

知识拓展——软开关技术

一、问题的提出

软开关的提出是基于电力电子装置的发展趋势，新型的电力电子设备要求小型、轻量、高效和良好的电磁兼容性，而决定设备体积、质量、效率的因素通常又取决于滤波电感、电容和变压器设备的体积和质量。解决这一问题的主要途径就是提高电路的工作频率，这样可以减少滤波电感、变压器的匝数和铁心尺寸，同时较小的电容容量也可以使得电容的体积减小。但是，提高电路工作频率会引起开关损耗和电磁干扰的增加，开关的转换效率也会下降。因此，不能仅仅简单地提高开关工作频率。软开关技术就是针对以上问题而提出的是以谐振辅助换流手段，解决电路中的开关损耗和开关噪声问题，使电路的开关工作频以提高。

二、软开关的基本概念

（一）硬开关与软开关

硬开关在开关转换过程中，由于电压、电流均不为零，出现了电压、电流的重叠，导致开关转换损耗的产生；同时由于电压和电流的变化过快，也会使波形出现明显的过冲，产生开关噪声。具有这样的开关过程的开关被称为硬开关。开关转换损耗随着开关频率的提高而增加，使电路效率下降，最终阻碍开率的进一步提高。

如果在原有硬开关电路的基础上增加一个很小的电感、电容等谐振元件，构成辅助网络，在开关过程前后引入谐振过程，使开关开通前电压先降为零，这样就可以消除开程中电压、电流重叠的现象，降低、甚至消除开关损耗和开关噪声，这种电路称为软开关电路。具有这样开关过程的开关称为软开关。

（二）零电压开关与零电流开关

根据上述原理可以采用两种方法，即在开关关断前使其电流为零，则开关关断时就不会产生损耗和噪声，这种关断方式称为零电流关断；或在开关开通前使其电压为零，则开关开通时也不会产生损耗和噪声，这种开通方式称为零电压开通。在很多情况下，不再指出开通或关断，仅称零电流开关（Zero Current Switch，简称 ZCS）和零电压开关（Zero Voltage Switch，简称 ZVS）。零电流关断或零电压开通要靠电路中的辅助谐振电路来实现，所以也称为谐振软开关。

三、软开关电路简介

软开关技术问世以来，经历了不断的发展和完善，前后出现了许多种软开关电路，直到目前为止，新型的软开关拓扑仍不断地出现。由于存在众多的软开关电路，而且各自有不同的特点和应用场合，因此对这些电路进行分类是很必要的。

根据电路中主要的开关元件是零电压开通还是零电流关断，可以将软开关电路分成零电压电路和零电流电路两大类。通常，一种软开关电路要么属于零电压电路，要么属于零电流电路。

根据软开关技术发展的历程可以将软开关电路分成准谐振电路、零开关 PWM 电路和零转换 PWM 电路。

由于每一种软开关电路都可以用于降压型、升压型等不同电路，因此可以用图 6-31

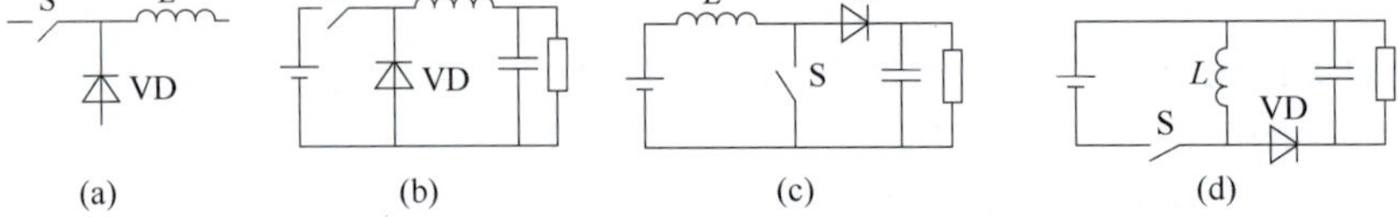

图 6-31 基本开关单元

（a）基本开关单元 （b）降压斩波器中的基本开关单元 （c）升压斩波器中的基本开关单元 （d）升降压斩波器中的基本斩波单元

基本开关单元来表示，不必画出各种具体电路。实际使用时，可以从基本开关单元导出具体电路，开关和二极管的方向应根据电流的方向做相应调整。

（一）准谐振电路

这是最早出现的软开关电路，其中有些电路现在还在大量使用。准谐振电路可以分为：

（1）零电压开关准谐振电路（ZVSQRC）。

（2）零电流开关准谐振电路（ZCSQRC）。

（3）零电压开关多谐振电路（ZVSMRC）。

（4）用于逆变器的谐振直流环节电路（Resonant DC Link）。

图 6-32 给出了前三种软开关电路的基本开关单元，谐振直流环节的电路，如图 6-33 所示。

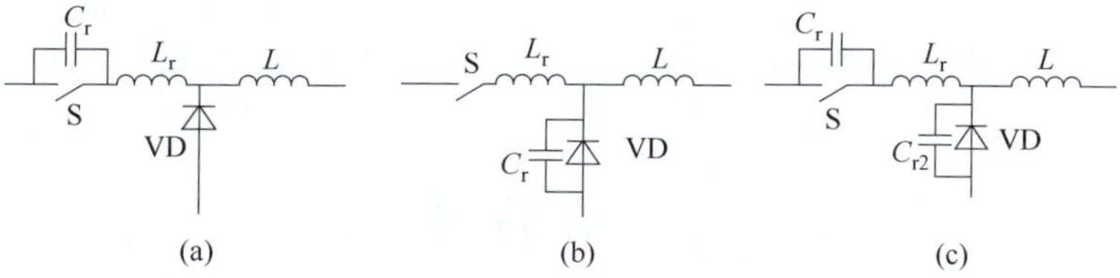

图 6-32　准谐振电路的基本开关单元

（a）零电压开关谐振　（b）零电流开关谐振　（c）零电压开关多谐振

准谐振电路中电压或电流的波形为正弦波，因此称之为准谐振。谐振的引入使得电路的开关损耗和开关噪声都大大下降，但也带来一些负面问题：谐振电压峰值很高，要求器件耐压必须提高；谐振电流的有效值很大，电路中存在大量的无功功率的交换，造成电路导通损耗加大；谐振周期随输入电压、负载变化而改变，因此电路只能采用脉冲频率调制（Pulse Frequency Modulation，简称 PFM）方式来控制，变频的开关频率给电路设计带来困难。

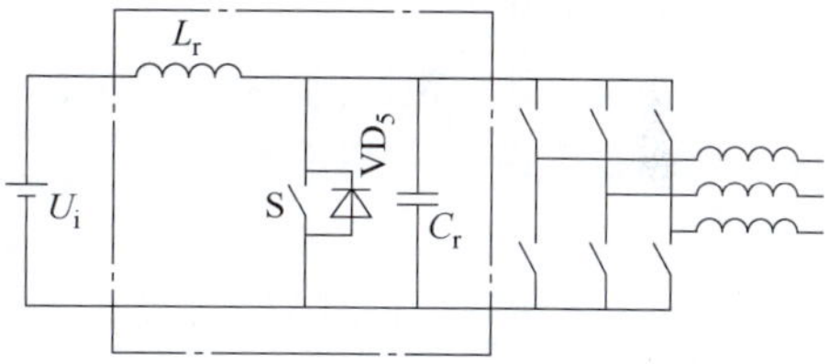

图 6-33　谐振直流环节电路

（二）零开关 PWM 电路

这类电路中引入了辅助开关来控制谐振的开始时刻，使谐振仅发生于开关过零前后。零开关 PWM 电路可以分为：

（1）零电压开关 PWM 电路（ZVSPWM）。

（2）零电流开关 PWM 电路（ZCSPWM）。

这两种电路的基本开关单元，如图 6-34 所示。

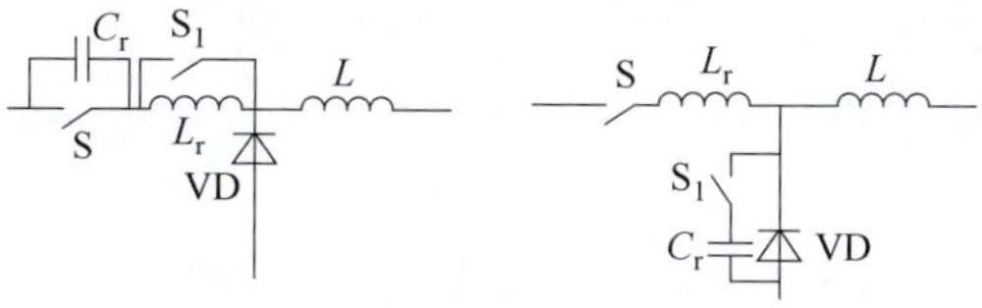

图 6-34　零开关 PWM 电路的基本开关单元

同准谐振电路相比，这类电路有很多明显的优势：电压和电流基本上是方波，只是上升沿和下降沿较缓，开关承受的电压明显降低，电路可以采用开关频率固定的 PWM 控制方式。

（三）零转换 PWM 电路

这类软开关电路还是采用辅助开关控制谐振的开始时刻，所不同的是，谐振电路是与主开关并联的，因此输入电压和负载电流对电路的谐振过程的影响很小，电路在很宽的输入电压范围内并从零负载到满载都能工作在软开关状态。而且电路中无功功率的交换被削减到最小，这使得电路效率有了进一步提高。零转换 PWM 电路可以分为：

（1）零电压转换 PWM 电路（ZVTPWM）。

（2）零电流转换 PWM 电路（ZCTPWM）。

这两种电路的基本开关单元，如图 6-35 所示。对于上述各类电路详细分析，感兴趣的读者可参阅有关资料。

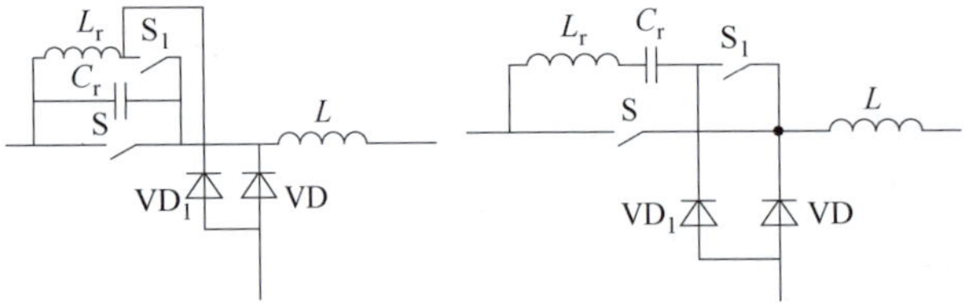

图 6-35　零转换 PWM 电路的基本开关单元

项 目 小 结

（1）变频器按照变换方式可以分为交-直-交变频器和交-交变频器两类。其中，交-直-交变频器又被称为间接变频器，交-交变频器又被称为直接变频器，现在使用的大多数变频器为交-直-交变频器。

（2）交-直-交变频器的主电路包括整流电路、中间电路和逆变电路三个组成部分。整流电路把电源供电的交流电压变换为直流电压。中间电路包括滤波电路和制动电路等不同形式。

（3）电压型逆变电路的输入端并接有大电容，输入直流电源为恒压源，逆变电路将直流电压变换成交流电压输出。

（4）电流型逆变电路的输入端串接有大电感，输入直流电源为恒流源，逆变电路将输入的直流电流变化为交流电流输出。

（5）根据能量是否可以双向流动，有可逆 PWM 整流器和不可逆 PWM 整流器两种不同拓扑结构的 PWM 整流器。因为 PWM 整流器实现了电流正弦化，并运行于单位功率因数，且能量可双向传输，所以真正实现了“绿色电能变换”。

（6）冲量相等而形状不同的窄脉冲加在具有惯性的环节上时，其效果相同。

（7）把希望输出的信号作为调制信号，把接受调制的三角波作为载波。要求载波的频率需远远大于正弦波的频率。

（8）PWM 控制的逆变电路的优点：可以得到接近正弦波的输出电压，满足负载需要。整流电路采用二极管整流，可获得较高的功率因数。只用一级可控的功率环节，电路结构简单。通过对输出脉冲宽度控制就可改变输出电压的大小，大大加快了逆变电路的动态响应速度。

（9）在调速过程，载频比是否改变，可以分为同步调制和异步调制两种方式。

（10）SPWM 波形的基本算法：自然采样法、规则采样法和低次谐波消去法。

项 目 测 试

一、选择题

1. 变频调速中的变频器一般由（　　）组成。

A. 整流器、滤波器、逆变器　　B. 整流器、滤波器

C. 放大器、滤波器、逆变器　　D. 逆变器

2. 电压型逆变器的直流端（　　）。

A. 串联大电容　　B. 串联大电感　　C. 并联大电感　　D. 并联大电容

3. 逆变器的任务是把（　　）。

A. 直流电变成交流电　　B. 交流电变成直流电

C. 直流电变成直流电　　D. 交流电变成交流电

4. 单相半桥逆变器（电压型）有（　　）导电臂。

A. 1　　B. 2　　C. 3　　D. 4

5. 单相半桥逆变器（电压型）的直流端接有两个相互串联的（　　）。

A. 大电感　　B. 小电感

C. 容量足够大的电容　　D. 容量足够小的电容

6. 对于三相 PWM 逆变系统同步调制时，为保持三相之间对称、互差 120°相位角，N 应取（　　）。

A. 2 的倍数　　B. 3 的倍数　　C. 4 的倍数　　D. 5 的倍数

7. 正弦波脉宽调制（SPWM），通常采用（　　）相交方案，来产生脉冲宽度按正弦波分布的调制波形。

A. 直流参考信号与三角波载波信号　　B. 正弦波载波信号与三角波载波信号

C. 正弦波参考信号与锯齿波载波信号　　D. 三角波载波信号与锯齿波载波信号

二、判断题

1. 变频器总是把直流电能变换成 50Hz 交流电能。（　　）

2. 变频调速装置属于无缘逆变的范畴。（　　）

3. PWM 脉宽调制型逆变电路中，采用不可控整流电源供电，也能正常工作。（　　）

4. 单相半桥逆变器（电压型）的输出电压为正弦波。（　　）

5. 在电压型逆变器中，是用大电感来缓冲无功能量的。（　　）

6. 变频调速实际上是改变电动机内部旋转磁场的速度达到改变输出转速的目的。（　　）

三、思考题

1. 请查资料，列举 5 种不同厂家的变频器。

2. 试比较有源逆变与无源逆变的不同？

3. 举例说明单相SPWM逆变器怎样实现单极性调制和双极性调制？在三相桥式SP-WM逆变器中，采用的是那种调制方法？

4. 交-直-交变频器主要由哪几部分组成？试简述各部分的作用。

5. 试说明PWM控制的基本原理。

6. 什么是脉宽调制型逆变电路？它有什么优点？

7. 单极性和双极性PWM脉宽调制有什么区别？

8. 什么叫异步调制？什么叫同步调制？

9. 试说明SPWM变频电路的优点。

参考文献

[1] 王兆安. 电力电子技术：[M]. 4 版. 北京：机械工业出版社，2017.

[2] 陈坚. 电力电子学：电力电子变换和控制技术 [M]. 北京：高等教育出版社，2004.

[3] 冯津，钟永刚. 新能源汽车电力电子技术 [M]. 北京：机械工业出版社，2020.

[4] 洪乃刚. 电力电子技术基础 [M]. 北京：清华大学出版社，2015.

[5] 刘杰，张立伟，宗长富. 电动的汽车电力电子技术应用 [M]. 北京：北京交通大学出版社，2018.

[6] 王瑜. 新能源汽车电力电子技术 [M]. 北京：高等教育出版社，2020.

[7] 马骏杰，王旭东. 电力电子技术在汽车中的应用. [M]. 2 版. 北京：机械工业出版社，2020.

[8] 赵振宁，侯丽春. 汽车电工电子与电力电子基础 [M]. 北京：机械工业出版社，2019.

[9] 刘福华，康朝国. 新能源汽车结构原理与检修 [M]. 北京：中国轻工业出版社，2021.